U0771651

北京知青与延安丛书

鸿书私语

我的心路历程

北京知青与延安丛书编委会 主编

中央编译出版社
CCTP Central Compilation & Translation Press

北京知青与延安丛书编委会

主　　　任：姚引良

副　主　任：梁宏贤

委　　　员：薛占海　薛义忠　姚靖江　杨军宪　刘小军
　　　　　　李慎健　方勇平　张春阳　樊晓霞　杨葆铭
　　　　　　谢文治　同　刚　曾鹿平

主　　　编：姚靖江

执 行 主 编：杨军宪

执行副主编：曾鹿平　樊晓霞　同　刚

核　　　稿：杨葆铭　谢文治

总　序
宝塔山下倾听历史的回声

　　圣地延安，三山鼎峙、二水交融。宝塔山、延河水相映生辉，构成了共产党人精神家园的红色符号，成为圣地延安绝佳的形象标志。

　　这套散发着陕北黄土气息的丛书，用以情纪史的笔法，向人们展示了近28000名北京知青，在延安黄土地上度过的峥嵘岁月和苦乐年华。丛书中所收录的每一个人，或作为插队岁月的亲历者、见证者，或作为对青春往事的追忆者，他们每个人的内心深处，都深藏着一个与自己相伴终生的"圣地情结"，他们对延安的宝塔山和延河水，对这片曾养育了中国革命的黄土地，始终怀着一种深深的眷恋。正是因为有了这样一种深植于灵魂深处的红色革命情结，在那场声势浩大的知识青年上山下乡运动中，这批满怀革命豪情的青年学子，告别了繁华的首都，开始了人生最初的"朝觐"。他们从金水桥头集结，向着一个越走情思越浓的熟悉而又陌生的圣地进发。他们每个人的心中，都怀着类似贺敬之在《回延安》中所表达出的那种真挚的感情，并在赶赴延安的征途中，就产生了一个朴素而又简单的意念——以延安的宝塔山和延河水为背景，照一张留驻青春倩影的照片，寄回北京，告慰父母及家人。这样的情感与意念，都出自对圣地延安的一种向往与景仰。从知青们当时所接受的教育来看，充满红色革命传奇的圣地延安，无疑成了他们最向往的地方。延安的宝塔山、延河水，以及山崖上错落有致的土窑洞所构建起的红色革命历史长廊，是最能表达革命豪情、展示英雄主义情怀、放飞青春梦想的绝佳之地。能在圣地延安的宝塔山下，倾听历史的回声，解读革命之所以能在穷乡僻壤取得胜利的历史逻辑，能在革命圣地接受延安精神的熏陶和滋养，对人生的成长，定会聚集起更加强大的精神力量。

浑雄苍茫的陕北高原，像被群山环绕成的一个巨大的聚宝盆，她以海纳百川的胸襟，在79年前，接纳过一支在枪林弹雨中转战大半个中国、用坚定的理想信念来传播共产党人改天换地革命理想的红军队伍。长征，是对人类历史进程产生过巨大影响的一个大事件。延安，作为红军长征的落脚点和中国共产党人演绎红色革命传奇的大舞台，已被载入中国革命的辉煌史册。近28000名北京知青来延安插队，堪称是一次规模巨大的社会群体实践活动，是继红军长征到达陕北后又一个庞大的外来群体，也是对延安产生了深远影响的一个重大历史事件。1969年那个多雪的冬天，充满红色革命印记的圣地延安，在接纳这批胸怀革命理想的青年学子的同时，也将这方地域严酷的自然环境和贫穷落后的面貌，以猝不及防的方式展示在他们的面前。在理想与现实的巨大反差中，知青们开始用一种平民的视角来观察体验生活，他们看到了生息在这方土地上的父老乡亲，面朝黄土背朝天，终年劳作却难以温饱的生存现状；看到了牛踩场、驴拉磨，传话隔山吼，点灯靠麻油的原生态的生活场景。在经历了痛苦的磨炼和深刻的思索之后，知青们很快就从浪漫、狂热和困惑中平静了下来，以一种平民意识和平民情怀来融入生活，用青春的激情，在贫瘠荒凉的黄土地上燃起了理想的火焰，以革命英雄主义的精神风貌，面对严酷的现实开始书写自己的人生。他们与延安人民一道，发扬自力更生、艰苦奋斗的延安精神，战天斗地，改造山河，搏击贫困，演绎出一幕幕"苦其心志、劳其筋骨、饿其体肤、空乏其身"的青春活剧。

从文化史、思想史和自我认知的结合上来看，陕北这块厚重的黄土地里，蕴涵着一种豁达、包容、互助、亲善的文化基因。知青们少小离家，来到这块被群山阻隔、举目无亲、多风少雨的荒僻之地后，很快就从这块厚重的土地上感受到了人生的艰辛，同时也感受到人性的温暖。这里淳朴的民风，古老、甚至近乎愚昧的乡俗，就像蹲在土窑洞里的粮食囤和酸菜缸，在不紧不慢地散发着一种湿润温和的气息，让远离父母的知青们有了一种归属感和家园感。

知识青年上山下乡，是为了接受一种"再教育"，而这种"教育"，实际上是让这些来自城市的年轻学子，通过自我认知的方式来阅读社会这部无字的大书；通过上山下乡的磨砺，来接受人生观和世界观的教育。知青们在延安插队的岁月里，看到了当时中国社会最真实、最基层的一面。他们在接受艰苦生活的考验中，懂得了人生的衣食之难，体会到了稼穑之苦，并在与延安人民朝夕相处、共同生活中，学会了坚忍、顽强与拼搏。艰难困苦，玉汝于成。正是因为有了这样的人生经历，才"玉成"了知青健康的人格、志存高远的情怀和坚忍不拔的精神气质；正是因为有了上山下乡"这碗酒垫底"，他们才会在日后漫长的人生岁月中，对遇到的各种人生风浪总能等闲视之。在圣地延安的土地上接受了精神洗礼的知青们，学到了在书本中根本就无法学到的东西，收获到一部不着一字、但却可以受用终生的人生宝典。作为一种回馈和反哺，知青们将大好的青春年华、将单纯而又质朴的青春热情挥洒在延安的土地上。

　　在那个困苦的年代，曾作为革命中心的延安，战争的创伤早已恢复，但经济建设和文化建设还十分落后，知青们的到来，为这两大建设注入了活力。他们将书本知识与生产劳动相结合，将聪明才智运用到生产实践中，对提高农村落后的生产力，改变延安贫穷落后面貌可谓勋业卓著、功莫大焉。尤其是在文化建设上，知青们更是领文明之首，开风气之先。他们每一个人，都成了文明的信使，成了乡村中一道亮眼的风景。他们将京城的先进文化、生活方式，将文明的种子和知识的甘霖，播撒在延安贫瘠的土地上；他们用自己的思维方式、行为方式和全新的生活理念深刻地影响着当地的乡俗和民风，给生活在这方闭塞土地上的群众进行了一次现代文明的启蒙。从历史的角度来重新看待和审视北京知青到延安插队落户，就能让人发现：闭塞的黄土地在党的十一届三中全会之后，能够很快顺应改革开放的时代大潮，这与知青在延安插队期间，对这块土地在思想和文化建设上所做出的贡献有着密切的关联。因此，从这个意义上来讲，对于这片远离现代文明的土地，对于生息在这方土地上的人民，知青们在插队岁月中，对这方土地所付出的热情，所洒下的每一滴汗水，都具有弥足珍贵的历史价值，并将会被这片土地和生息在这片土地上的延安父老乡亲所铭记。

宝塔山高延水长。感谢造化的恩赐，将这样一方圣洁的山水景象馈赠给了延安；感谢历史的垂青，将这道亮丽的风景演化成中国革命的一种象征。尽管岁月不居、时光荏苒，但宝塔山和延河水所激荡起的历史回声总在一代又一代人的心中回响。"羊羔羔吃奶眼望着妈/小米饭养活我长大"，这是从延安土窑洞中走出来的一代"老延安"对这块土地的深深眷恋；"踏遍了黄土吃遍了草/我也是你怀里的羊羔羔"，这是在延安度过青春岁月的插队知青的真诚吟唱。这种眷恋、这种吟唱，是跨越时空的心灵对心灵的回应，更是一种历史的链接。知青来延安插队的火红岁月，已成为延安红色革命历史的一部分，并丰富和拓展了延安红色革命文化的内涵。而今，英雄的延安人民可以引以为豪的是：这块浸润着英烈的鲜血、洒满了知青青春汗水的沧桑土地已发生了翻天覆地的历史性巨变。涌动着现代潮的延安城乡，蔚然深秀、满目苍翠的山川大地，以及洋溢在延安人民脸上的幸福笑容，这一切的一切，不正是曾在这块土地上生活和战斗过的革命前辈，不正是近28000名北京知青所希望看到的美好景象吗？

"对照过去我认不出了你，母亲延安换新衣。"延安变了，变得山绿了、水清了，变得文明了、富裕了，而唯一没有变的是延安人身上所具有的那种淳朴、厚道、善良的精神品质。寸草常念三春晖，涌泉永记滴水恩。40 多年来，延安人民与知青结下的这种亲情，在岁月的流逝中愈加显得弥足珍贵。曾在延安黄土地上插过队的知青，将对圣地延安的眷恋化成了一条条红色的感情纽带，将北京与延安紧紧地联结在一起。他们每个人的心中，都怀着一种"惜身家亦惜土地，终怀父母之心"的情愫。他们在这 40 多年间，时刻关注着延安的发展。让延安人民能过上幸福美满的好日子，是他们由衷的期盼。他们以游子感念慈母的情怀，发挥自身所长，整合知青们所拥有的各种资源，通过不同渠道，不遗余力地给延安经济社会的发展以无私的帮助，其情其意，令人感佩。为了铭记这段难忘的历史，珍藏这份亲情，我们觉得趁这段历史还不算久远，趁知青们当年在延安插队留下的珍贵史料还没有被岁月所尘封，我们有责任通过开展搜集、抢救和挖掘这批弥足珍贵的史料来以情修史、以诗纪史，这不仅是一种责任，也是一种使命所在。延安的历届领导，对知青来延安插队的这段历史向来十分珍视，延安曾在不同时期，编辑出版了北京知青在延安的画册、图书，拍摄了电视专题片以及举办图片展览，旨在通过各种形式，来真实地展示知青在延安度过的青春岁月和苦乐年华。为了更加完整地记录这段历史，让这段历史在建设"圣地延安、生态延安、幸福延安"，实现"中国梦"的历史进程中发挥"资治、存史、育人"的作用，延安市委决定开展广泛的史料征集活动，通过对那段峥嵘岁月的悉心梳理与钩沉，编辑出版这套从思想和文化视野上都具有经典和史实意义的大型系列丛书。丛书共分为六卷本，依照编著的内容和体例，第一卷以知青追忆插队生活为主，用第一人称的手法，真实地讲述了插队岁月所经历的思想感情的变化和人生成长的过程。文中所展示出的原生态的乡土场景，所散发出的青春气息，在朴素真诚的表达中，让人感到一种温馨。第二卷有一种浓得化不开的未了之情。卷中着重记述了知青返城之后，对当地经济社会的发展所给予的关注和所浸注的心血，让人在感受这份亲情中，看到在艰苦岁月中所结下的深情厚谊，历时愈久，愈加显得珍贵。第三卷中所收录的知青日记和书信，填补了记述知青史的一个空白。这些带有私密性质的日记和书信，像一幅幅清晰的心理图谱，照彻出知青们所经历的心路历程。第四卷按编年体的形式，将知青在延安插队期间大的历史事件给予了准确的记录，为后人勾勒出了一个清晰的历史脉络。第五卷则以更加直观的读图手法，来展示知青们来延安插队时的花样年华。尽管岁月流逝，青春不再，但面对这一幅幅泛黄的照片，犹如在时间的遗址前流连。第六卷所收录的许多篇什，在知青插队的年代曾被传诵一时，是谱写在他们心田里的人生华章。在对这六卷本丛书的编撰中，力求全方位、多角度来再现知青插队岁月的历史场景，让原生态的乡土风景在追忆中复活起来，让结缘于黄土地上的这份亲情，像陈年的老酒，散发出更加浓郁的芳香，让昔日高唱的理想之歌不要成为绝响，让每一幅老照片都留驻着知青们的青春梦想。对于已经走入人生秋天的知青来说，这套丛书不仅仅是他们对插队岁月的一种追忆和记录，而更多的是，表达了知青们的一种人生态度和人生情怀。在一年四季的轮回中，秋天是一个收获的季节；在生命的流程中，人生之秋是思想凯旋的岁月。这套丛书中所展示出插队岁月的乡土场景，所表达出知青与延安父老的那份真挚的感情，既能勾起知青们对青春岁月的怀想，又能让人感悟到：历史就是由一代又一代人的青春链接而成。这套丛书更像是一幅纷繁万状的历史画卷，那一幅幅熟悉的乡村景象，包含着一代人的集体记忆。飘着炊烟的村庄，朴素的窑洞，包括碾畔前的那盘石磨，窑壁上挂的那顶草帽，都在知青的心中成为一个有价值的景象和器物，并让人在阅读这些饱含真情的文字时，似乎看到陕北高高的山峁上，黄牛正在缓缓行走。犁尖像唱针，在嵌入土层的那一刻，一首无言的黄土之歌在心中骤然响起，那感人的旋律舒缓深沉，令人回味无穷。

宝塔山依然屹立在延河之滨，那高耸的塔尖上曾悬挂过当年来延安插队的北京知青的理想风帆。尽管岁月像延河水一样一去不复返，但历史已经将那段难忘的岁月，将曾在延安插过队的每一个知青的光荣的名字镌刻在延安的大地上。

宝塔含笑遥祝赤子幸福安康，
延河欢歌颂唱神州筑梦时代。

是为序。

中共陕西省委常委、延安市委书记

目 录
Contents

导读：走进知青心灵世界的一扇大门

　　风云激荡与折腾吊诡并存的 20 世纪 60 年代末到 70 年代中后期，在全国知识青年上山下乡运动的汹涌浪潮中，28000 余名北京知青来延安插队落户。这件对延安、对北京知青来说，都具有重大意义的历史事件，迄今的确并不久远。"北京学生"，延安城市乡村的人们，对这个必将进入延安史册的名词，仍然耳熟能详，这个名词所蕴涵的特定记忆，亦然鲜活；"干大"、"干妈"，这些许多北京知青魂牵梦绕的名称，依然温暖而甜蜜。但是，历史毕竟是昨天的事情，对于昨天的回味，总难避开今天的情愫。于是，当事者对于这个并不久远历史的回忆，就自然出现了两种不同的、甚至相反的情态。今天的"得意者"，或者说"成功者"，其回忆总是充满着温馨；今天的"失意者"，或者说"失败者"，其回忆又总是充满着苦涩。客观地说，温馨是真实的，苦涩也是真实的。因为历史从来就是复杂的、多元的，任何历史的回望，即使在这个历史过程中的当事人，都不可能逃离片面性的泥潭。但这并不等于说，这些回忆或者评价是无价值的，恰恰相反，这正是我们研究和认识这段历史的重要材料与视角。可是，这也仅仅是一种材料和一种视角，要全面、客观、真实地认识和研究这段历史，我们还需要更多的材料、更多的视角。

历史当事人在其所处的历史时期形成的日记、书信就是这样一种重要的材料和重要的视角。正如我们丛书"总序"所言的，"这些带有私密性质的日记和书信，像一幅幅清晰的心理图谱，照彻出知青们所经历的心路历程"。的确，个人日记和私人书信，一个很大的共同特征就是其私密性；也正是这种私密性，才使其具有了相对的真实性、可靠性。所以在专制统治下，才会有许许多多正直的人们，就是因日记、书信而惹来杀身之祸。知识青年上山下乡，包括北京知青到延安插队落户，是在"文化大革命"错误的大背景下发生的。实事求是地讲，"文革"的特定环境与氛围，已使人们即使在个人日记和私人通信中，也不敢说真话，不敢表露真实的情感。强大的的政治压力和强烈的功利诱惑，使个人日记、私人通信的私密性大打折扣，造成了一种很奇特的现象，许多人写日记的目的，从一开始就不是写给自己，而是写给别人，写给社会，乃至是写给当政者的。在私人通信中，即使亲人间的通信，往往在书写的时候，就想着有朝一日能在报刊公开发表，能为自己捞取政治名利，其投机心理昭然若揭。在我们本书所选编的日记、书信中，我们不敢保证绝对没有这种情况。但是，我们可以负责任地说，我们所选编的这些日记、书信，尽管深深地打上了那个时代的烙印，充斥着那个时代的话语体系，但所谓的投机却绝非主流。我们有理由相信，这些日记和书信中所表达的信仰是真诚的，情感是真挚的、是不容怀疑和亵渎的。因为这些日记和书信的作者，除了叶圣陶和叶至善是成年人之外，其他的人，按照我们今天的观念，他们还都是不谙世事的孩子，最小的不足 16 岁，最大的不足 20 岁。严格意义上讲，他们还未或者说还未完全进入成年。孩子的心灵世界与成人的心灵世界是完全不同的，他们还不会世故，即使世故也是羞怯的、幼稚的，是不会掩饰，也掩饰不住的。所以，我们说，这些日记和书信就是他们心灵世界的真实反映，是他们心路历程的客观记载。不管多么幼稚、多么荒唐，但是，他们的情怀是高尚的，信仰是真诚的，追求是崇高的。

的确，正如知青冠尘所说的，"真诚是最可贵、最动人的品质。无论它愚钝到什么程度。"从这些书信与日记中，我们感受到最多的也许就是这种"真诚"，理想是真诚的，情感是真诚，热情是真诚的，幼稚是真诚的，苦闷是真诚的，彷徨与迷茫也是真诚的。实事求是地讲，这许许多多的"真诚"里的确有愚钝，有盲从，有群体无意识。但年轻人的错误，上帝也会原谅。何况在那个复杂的时代，那个某些阴谋家将崇高与神圣玩弄在股掌之间、是非混淆的时代，要求没有人生阅历的年轻人都明察秋毫，那无异于痴人说梦。

非常感谢为我们提供这些日记和书信的知青们，他们把这样私密的作品提供给我们，并同意公开发表，这不仅是对我们的信任，更是对历史的负责，对人类美好追求的责任。对于他们的昨天和今天，对于他们的青春和壮年，对于他们的幼稚与成熟，我们都致以最崇高的敬意。

《光明日报》评论员刘文嘉先生，在《光明日报》2014 年 8 月 12 日刊载的"《北京知青与延安丛书》笔谈"中写道：

"对有阅历的中国人而言，'知青'二字带着复杂的意向。这里面有青春也有苦难，有家国情怀也有乡土眷恋，有理想主义也有群体无意识，有在政治运动中张弛的个体命运，也有个体生活必须背负的社会文化与意识形态。这段短短的历史，对制度、文化、国民性与复杂中国的展示达到了一个相当的深度，已经成为了之后几十年社会批判、文化批判的重要资源和参照。无怪乎在每个社会转型的节点上，我们都会不由自主地回头望向那里。"这话说得非常深刻，也道出了这段特殊历史的真正价值，而我们所选编的这些日记和书信，完全可以更确切、更丰富、更深刻地印证这一重要的观点。

本书所选作品的作者之一温东方在对其日记的评述中写道："'文化大革命'前的上山下乡是沿着一条健康的道路发展的。但是'文革'中的大规模知青插队作为一场运动显然是错误的，是十年动乱中的一部分，这一错误造成的危害和后果是极其严重的，这一点并不能因为发生过那么多可歌可泣的感人故事而改变。同样应该指出的是，那些在这一特定环境下，和社会最底层的乡亲们一起同甘共苦、流血流汗，为改变农村落后面貌而奋斗过的人，他们的功绩与光荣也不会因为这一运动的错误而失色。"作为当事者，能够理性而客观地对其奉献了青春与热血的错误运动做这样的评价，这是难能可贵的。同时，我们认为，这一评价也是科学与公正的，本书所选的书信与日记则完全可以佐证这种科学与公证。人类在探索真理与追求美好生活的征途上是充满着曲折与艰险的，也难免会犯错误，甚至严重错误。但是人类探索真理的坚定信念，以及追求平等、尊严、富裕、和谐、美好生活的火热激情，应该是永恒而崇高的。

疯狂英语的创始人李阳，在谈到他皈依佛门的原因时说道："只是教英语，是无法教育好下一代的……我们和我们的下一代必须拥有信仰！"李阳为信仰走进了虚幻的世界，而我们及我们的下一代则必须在现实的世界中寻找与培育我们的信仰。本书所选编的这些日记和书信，也许会从正反两方面为我们及我们的下一代，在现实的世界中寻找与培育我们的信仰提供经验与教训，并一定会给予我们无以替代的启示。

需要说明的是，为了保证历史的客观与真实，我们对本书所选编的日记和书信，内容上未做任何删改，力争完整地保持原貌。明显的文字及语句错误，及必要的注释，我们修改后用方括号［　］标出，个别实在无法辨别的文字，我们用□号标明。文中所有圆括号（　）中的内容均为作者原文。

今天是昨天的延续，我们了解昨天，是为了认识今天；而我们认识今天，是为了明天更加美好。薪火相传，中国的未来一定是无限光明的。

叶圣陶与叶至善家书选：
书香门第的下乡记忆

叶圣陶（1894—1988），江苏苏州人，中国现代著名作家、教育家及出版人。他是五四运动首个文学研究会的创立人之一，终身致力于出版及语文的教学。新中国成立后，曾任出版总署副署长、人民教育出版社社长、教育部副部长。他也是第六届全国政协副主席、第五届全国人大常委会委员、第五届全国政协常委会委员、民进中央主席。叶至善（1918—2006），叶圣陶之子。曾任开明书店编辑。建国后，历任中国青年出版社编辑，中国少年儿童出版社社长、总编辑兼《中学生》主编，中国青年出版社、中国少年儿童出版社编审委员会副主任，中国出版工作者协会第一届理事、第二届副主席，中国科普创作协会第二届副理事长，民进第七、八届中央副主席。是第二至五届全国政协委员，六、七届全国政协常委、副秘书长。

这是一个真正的书香门第，精英阶层，而且叶圣陶也是中国几代读书人无人不晓的大师级人物。在北京知青赴延安下乡插队落户的浪潮中，叶圣陶的孙子、叶至善的儿子、不满17岁的叶永和满怀激情地来到了延安地区延长县一个偏僻荒凉的小山村插队落户。此时受"文革"的冲击，担任中国少年儿童出版社社长的叶至善戴着"帽子"前往河南潢川，进入团中央"五七学校"，他的孩子们早已分别奔赴了密云林场、东北兵团。此时，家里只剩下75岁高龄的父亲叶圣陶先生，夫人夏满子，儿媳和年幼的孙女。叶圣陶也靠边站了，孤独地空守着北京的家。按说这个当代中国有名的书香门第，此时正是落难之际。然而，读读下面这些从人民出版社出版的《叶圣陶、叶至善干校家书》中所选的有关叶永和的家书，却丝毫没有落难的感觉，更没有悲凉和抱怨的情绪。相反，这些质朴、平和、圆润的文字，却如平地惊雷，于无声处震撼着我们的心灵。震撼我们的就是那种"不独亲其亲，不独子其子"崇高修养。而这正是我们今天的社会，尤其是知识分子、精英阶层所普遍缺乏的道德修养。所以，我们选编这部分书信，并非完全因为它与我们本书的主题——北京知青在延安相关（当然这也很重要）。更重要的原因还在于，这些书信字里行间那博大的情怀、高尚的品格、尊贵的精神、纯净的情感、至高的智慧；那种家事、国事、天下事，事事关心的天下意识，那种对"万家灯火，天下苍生"的大爱无疆。这是中国真正知识分子的品质使然，是书香门第的本质，更是我们民族的优秀传统。这一切与北京知青在延安下乡插队联系在一起，对我们更深入地认识这场运动，无疑是一个极其重要的切入点。

　　家信书写时间：1969年至1972年。家信涉及人物关系：

叶圣陶：叶永和的祖父；叶至善：叶永和的父亲；满子，阿满：叶永和的母亲；小妹，小沫：叶永和的姐姐；三午：叶永和的大哥；大奎：叶永和的二哥；小弟：叶永和。

叶永和在陕北

郑庄知青叶永和在放羊

1969 年

5 月 2 日　叶圣陶致叶至善

小弟来过简短的信，说寄去的皮袄已收到，附来一张照片，现在附在信里寄你。他那张照片大概还是初到的时候拍的，他说看了照片可以大略想见他那里的山水状貌。他说家里收到的时候，他大概已经在那个境界里挥镐垦地了。话虽只有简短的一句，我想见他的坚定。

7 月 19 日　叶圣陶致叶至善

写到这儿，满子接到小弟那个生产队里的农民叫做李长龙的来信，专为表扬小弟写的。说小弟不怕苦，挑重活干，能团结同志，能带头干，能节约。他们一批同学的好的情况，曾经向县里的安置办公室汇报过，安置办来调查过，在简报上表扬过几次。他们"真是毛主席的好学生，也是你的好儿子，真是你把你的儿子教育好了。像这些情况，你听了一定很高兴吧。我们是非常满意这些同学的。我望你以后给你的儿子寄信时，很好的鼓励一下吧"。看了这封信，还是先前的说法，我们固不该以此为骄傲，但是也可以欣慰。明后天我准备写一封简短的信复这个李长龙。

7月25日　叶圣陶致叶至善

北京的慰问团到了小弟那里，要耽搁一个半月，和农民、学生一起总结青年下乡的经验。这比较仅仅是看望一下当然有意思的多。待慰问团回京，必然要邀集家长开会，到那时满子决定去听听。慰问团出发之前，也来过通知，满子因事忙没有去。

8月18日　叶圣陶致叶至善

小弟的信说，看了称赞的话很惭愧。我又觉察他对于他那小组被评为先进的事从没在来信中提起，从而猜想他是在实践"谦虚谨慎，戒骄戒躁"8个大字。我认为这是好的，今天写回信给他说了，我说我不称赞，感到欣慰是真的。小妹在信中又大称赞小弟，说她自觉革命很不够，她那里条件比屈家圪台好，而收获不如小弟，小弟的进步给她起了促进作用。姊弟两个都把注意力放在思想方面，真是可喜的事。外语学校到陕西去看望学生的，是两位女教师，一位工人。他们去了一个半月，回来了，上星期五（15日）邀请家长，报告所见所闻。

满子去了。外语学校到陕西去的学生有 50 多人，大体说来，很受老乡的欢迎。有两个小组被评为先进集体，小弟的一组是其一。他那个组里有一个同学在县里开会（大概是先进单位的交流会或讲用会）。前次我告诉你的写信来表扬小弟的农民李长龙的信中写得不很清楚，似乎表扬不仅是县里范围，而是专区的范围，似乎发了通报。老师说到了那里看见那些学生劳动的劲头，思想的进步，感动得没法用语言来形容，用通常的说法，真可谓"朝气蓬勃，斗志昂扬"。老师问满子是谁的家长，满子告以叶永和，老师说叶永和棒，身体又壮硕多了，肩膀宽粗，能挑 200 斤的担子，能和 6 个小伙子角力。挑了麦捆上坡真是硬功夫。担子不能在中途放下，放下就要掉下许多麦粒。不能停步缓步，或停或缓，都有妨碍背后的人和麦捆。说小弟那里的坡并不缓，他们上去是双手双脚并用的。说他们有志要把屈家圪台改造为大寨式的农业基地。——今天我给小弟写信，我说这真是"其乐无穷"的大志愿、大事业，巴望他们和所有屈家圪台的人一起努力，抓住大寨的精神，真个化屈家圪台为大寨。

8 月 24 日　叶至善致叶圣陶

永和插队，与小沫和我都不同，有许多是在小沫和我的环境条件下所学不到的，主要当然在于自己的主观努力，有没有改造自己的要求和决心。这并不是说小沫和我的条件比永和差，而是说各有各的长处和短处。比如说，我们这里军代表领导得好，三八作风的教育抓得很紧，解放军同志处处时时身教言教，这个条件就比永和优越（小沫那里也有这个条件）。但是永和那里，许多事情都要自己处理，自己安排，更需要有革命的自觉性，这方面锻炼，我和小沫恐怕都比较弱。

11月1日　叶圣陶致叶至善

此刻又给你写信。先告诉你，小弟于今晨回来了。他是回家探亲，大队革委会批准的，为期一个半月。他们那个小集体共11人，7男4女，是先进集体。听他说说，确乎比较先进，且不详细说。他们商定，11人先后回家探亲，他那批是在先的，6个人，到期满回去，然后那5个人离队探亲。他与在京的4人（其中1人在张家口）约定，每十天碰头学习一次。就说这一点，也就很有道理了。他们是从延长到延安，往北到绥德，在军渡渡过黄河，乘山西省的公路车到太原，然后乘火车到京的。这比到铜川乘火车，从西安到北京省8块钱（龙兄家的小红与他在延安客店里碰头，小红是走西安的，比小弟先一天半到京，因此知道路费的确切差数）。省8块钱是小事，我说渡过黄河，在山西西边走一趟，见识见识，这很有意思，多走一天两天也值得。我想，这是〔19〕66年全国大串联培育出来的精神。看看小弟这样一个青年，真叫人高兴。满子看了他历次来的信，总说小弟不简单，今天看了他下乡8个月经过锻炼的"实体"，她虽不多说什么，我知道她心里是非常安慰，非常高兴的。

11月5日　叶至善致叶圣陶

永和在家里正需要人手的时候回来，真是最理想了。如果我们家在12月中旬还不迁离北京，我就不可能请假回来，这一回不能见到他了。我本来想，他如果回家，可以抽一个星期到我这里来看看，现在疏散的当口，铁路交通很紧张，来到这里也没个住处，不要凑这个热闹了。今年不能见面，明年总可以见面的。我想，最好要他请和他一同回来的几位同学到家里来一次，爹爹和阿满好跟他们认识一下，记下他们的姓名、家庭住址，以后不免有需要互相照应的时候。

11 月 17 日 叶圣陶致叶至善

小弟的同学，两男两女，都见过了。两个男的，一个叫王谦，一个叫胡京京，两个女的不记其姓名。给我的印象都很好，一股朝气，绝无某些学生的"流气"，虽然没听他们多说什么，可是他们在屈家圪台自己管自己的情况就够叫人佩服的了。似乎对于建设新农村还没有多大考虑和办法，但是安知过了一年两年，他们不更有长进，在这些方面做出成绩来呢？老乡不是很相信他们会在农村待多久。究竟能在那广阔天地里待多久，当然全看他们的思想和毅力。

11 月 28 日 叶圣陶致叶至善

据说，学生插队的办法，从今要停止了，理由是公社大队等管不好，学生就很易出毛病。这个话是三午听来的，好像并非无稽之谈。毛主席的指示说，"各地农村的同志应当欢迎他们去"。大概各地农村并未深切领会，以为"欢迎"只是敲锣打鼓开个会了事，因而未能真正落实。或者是认识水平有限，不知道学生插队有何深远意义，有没有对待这批青年的具体做法。又或者省级至县级的革委会亦未认真抓，因而没有引起公社以下几级的重视。小弟是不大肯多说的，昨晚才说起往陕北插队的学生颇有不良的，把一些流氓派头带了去。我在问他，他就说屈家圪台大队范围是没有，在郑庄公社范围内，就有那样的坏学生。他又说，这些人也是受了修正主义教育路线的坏影响而尚未醒悟尚未洗清的。他说他所以不说，只怕我们在家要经常不放心。我看了他们几个人（连小弟3男1女），知道他们确能自己管自己，其实也没有什么不放心了。打架和敲诈的事，他们没有碰上，如果碰上，我想也是能够对付的。祖璋的儿子一台收音机被偷了，他去说了，查出是个学生偷的。偷的人偷了去贡献给头头，据说头头收了喽啰的贡献，就往西安去吃喝玩乐。——这种情形，大概中央有所闻知了。对于已经插队的人如何加强管理，如何促成大队生产队对此事的积极性，是当前的要点。

12月10日 叶圣陶致叶至善

说起青年插队，昨天报上转载的《红旗》文章《论干部插队落户》好得很。这一篇说的，也完全适用于插队青年。现在回来的青年很多，往往说冬天没有活干。好像插队只是去干些农活、拿些工分的。伯翁说："农村里也不欢迎他们去。"小弟听我转述伯翁的话，他说："要做得让农民们欢迎才好。"都只是一句话，认识差得远了。

12月20日 叶圣陶致叶至善

尚有余纸，抄一首词给你看，是看了小弟他们在地里的照片，一股朝气，喜而有作的。调子是《水龙吟》：

"下乡知识青年，延长来到新天地。黄原刨土，层坡担麦，身亲农事。窑洞兴居，樵薪汲水，诸般堪喜。喜躬行实践，庶几符合，马、恩、列。自力更生交勉，建新村从今伊始。看他大寨，如何奋发，我犹是。服务人民，非徒国内，兼包全世。念前程似锦，容光自焕，一团朝气。"

1970 年

2 月 10 日　叶至善致叶圣陶

给小弟的信主要说两件事：一件是讲我们去参观的那个公社自办的水库，叫他们也要发动群众，宣传群众，改进开荒的办法，保护林木，大抓水土保持。要相信当群众知道这些工作是为了革命的利益、长远的利益时，他们不但会行动起来，还会想出切实可行的办法来。悲观的论点，无所作为的论点是错误的。一件是叫他们在春节期间请老贫农作忆苦思甜的报告，吃"忆苦饭"。这些活动，都要与当地青年一起搞，不要只限于他们 11 个人的小圈子。

2 月 18 日　叶至善致叶圣陶

永和那里，我已经去信。一是讲王谦的事，要他跟王谦说说，大家一同学习毛主席的有关语录，看他到底做得对不对。另一件是讲去年的分配问题，叫他们不能只关心自己分到多少，要把队里整个分配情况了解清楚，向国家交售多少，集体积累和储备多少，社员的收入是否有所增加，看一看是否兼顾国家、集体、个人，是否符合毛主席"备战备荒为人民"的战略方针，看一看在分配中是否有两条道路的斗争。还说了一层意思：目前这些流言，是阻碍知识青年插队的，如插队青年养活不了自己，连粮食也不够吃；插队青年侵占了社员的收入，因而生产队不欢迎等等。我希望他们不能只看到自己 11 个人的小圈子，许多活动，要与生产队的青年一起搞，至于改革生产方法，则非充分发动群众不可。但愿他们能牢记毛主席的群众路线，事事不脱离群众。永和、小沫都还没有信来。大奎来了封信，都是些泛泛的话，没有谈什么思想。

3 月 10 日　叶圣陶致叶至善

小弟那里的分配，你看得很重，叫他和同学要注重调研，得出改革方法，我积极赞同你的意见。小弟最初那封信，说分到那么多，也有点欣喜的意味。经你一指出，我想他也悟出当初未免想得简单了。他们那里办油印刊物了，名叫《希望》，已出两期，寄给我看了。不知他也寄给你否。像那分配的问题，如果他们调研有所得，是《希望》上的适当的材料。想得真不错。

3 月 20 日　叶圣陶致叶至善

你告诉我写给想得的信的内容，我全部赞同，说得比我着实。对于他们的《希望》，我的看法与你同。但是小弟要我提意见，我不能泼冷水，于是说首先要弄清楚刊物给谁看，其次在大家调研商讨，挑当前最切要的事儿来谈。至于怎么谈，要共同研究，广纳人家的意见。如果做得"说到咱们心坎儿上了"，才算有意义。照寄来的两份看，确乎是不痛不痒，有同于无。小弟来信说，他们那里除一般的农作物而外，还在搞一个较大的工程。平整一块300来亩的"原地"（平的山头），要在周围筑起围堰，用以保持水土。这有点儿大寨的气魄了，想来是全大队或全公社一起搞，一个雄伟的场面。我叫他把参加这个劳动中的种种告诉我。

4月20日 叶至善致叶圣陶

小沫进步确实不小，她给那个同学的信，批评得很有力，很有理。她们那里的"两忆三查"活动，也开展得很好，解放军搞思想工作，的确有一套完整的经验。永和那种走120里路背稻种、树苗的精神，也的确可以赞扬。延安地区的工作有总理亲自抓，我们对永和也可以更加放心了。希望爹爹把这些事常跟阿满讲讲，引导她多想高兴的事，不要没事就发愁。

5月29日 叶圣陶致叶至善

永和要参加农田基建队，又要学做赤脚医生参加医疗队，还有本分要做农活，真够忙了。但是今天接他来信，说"总觉得有用不完的力气，有做不完的工作"。话虽简单，说出实情。25日接他来信，说急于要医疗用具。我当天下午就到王府井，买了他所需的听诊器与压舌板。我抽斗里原有1956年购置的注射玻璃管与针头，他平时看在眼里，这会儿说要寄去。26日上午，就与满子把包裹寄出了。办得很迅速，我甚为得意。他们的《希望》又出了第三期了。我尚未看。

6月10日 叶圣陶致叶至善

小弟给小妹的信，小妹认为很好，抄来给我看，要我转给

你看。小弟的信确实好，我对小妹说，不是他"写"得好，而是他认识正确，明确，毫不拖泥带水。我还对小妹说，光是赞扬小弟如何如何好是不够的，最要紧的是她如何对待他这封专为策励她而写的信。

……

昨天接小弟信，说北京派去的干部，他们大队将有一人到来。至于凿井队打井，他们那里还轮不到，先要为完全处在大墚上的队打井。大概要打 1000 米或 800 米吧。

7 月 4 日　叶至善致叶圣陶

永和来了一封短信，说生产队派他作民工去修公路，任务是开石头造桥，为期一个月。民工的劳动强度很大，生活比较艰苦，很可能是他主动要求参加的。我对这件事很感到高兴。因为第一，下放青年参加民工，说明生产队把他们当做社员一样看待。他自己也把自己当做社员看待；第二，这种集体劳动和生活，是他接受贫下中农教育的极好机会；第三，对锻炼思想和身体大有益处。他的信写得太简单，没有说有哪个同志。就说他在抢八磅重的大铁锤，打炮跟炸石头，像欧阳海干过的那样。

7 月 8 日　叶至善致叶圣陶

永和那里，我已去了封短信，要他把当民工的收获好好总结一下，向党支部、生产队领导和那位下放干部同志做一次汇报，也向没有去的同学和其他青年谈一下，还有他详细地给我们写信。没有嘱咐他要注意安全的话，一则，他已经注意了；

二则，信到之日，可能工程已经结束了。还有他做好讲卫生、预防疾病的宣传工作，这是下放青年应该负担起来的。

7月21日 叶圣陶致叶至善

今天上午接小弟来信，说他于14日回到屈家垱台。工程并未完，是队里派别的人接替他。他说不写信给你了，要我写信的时候告诉你。因此我就写这封信。算来他当民工整一个月。他没有提起你叫他总结总结的事。或者过些时候他会写些出来也未可知。他倒提起了麦收，说这回分配要多加注意。

8月6日 叶圣陶致叶至善

永和来了信，说他们那里选拔送出去的工人的情形，又说他愿意久在延安地区的心情。现在把他的信附去。我觉得他的想法非常好，心在农村，没有见异思迁的思想苗头，真是好青年。我昨天给他写回信，着实称美他一番。不过我也说到，假如他当选，就得去，与当初奔赴延安一样的高高兴兴，这才是顾大局而毫不为个人。

8月19日 叶圣陶致叶至善

因为接到永和的信，此刻又给你写信了。这是接连三天写信了。永和这封信使我们看了大加叹赏，他的思想境界与实践的确越来越进步。你盼望他的消息，他也要把这封信转给你，故而尽快转给你。我已经回他一封信，写了3张，就他所提及的各点都说了些意思，总之是称扬他们一伙，还希望他们进一步努力。我想你看了这封信，也一定会非常兴奋，乐于从早给他们一些鼓励吧。

8月21日　叶至善致叶圣陶

永和来信说，这回招工人，他没有被推荐，条件不够。什么条件，他没有说。他们11个人，这回要走五六个，也没有说其中有没有王谦和胡京京。还说他思想上没有什么波动，只是战友要离开了，很舍不得，贫下中农也舍不得。还说以后这样的机会还很多，插队知识青年在农村受了三五年锻炼，多数要转到三线工业战线上去，而他认为留在农村一辈子同样是干革命。他们这11个人是先进单位，已出席了县的积代会，将要出席专区和省的积代会。他们留下的人一定要把这面红旗支撑下去。我回信要他们注意贫下中农的情绪，贫下中农早就说他们在农村待不长，现在走了一批，贫下中农更要这么想了。因此他们这些留下的人应该工作更加踏实，更要有长期打算，这样才能消除贫下中农的疑虑，把他们当做自己人，而不是"过客"。还希望他把他们出席积代会的发言或材料寄一份给我们看看。

9月2日　叶至善致叶圣陶

话也得说回来，如永和需要什么工具，我总是支持的。但是别的同学不这样做，也并不是吝啬，或对生产队不关心。例如我要他带一套理发工具下去，我在搞四清的时候观察到农村非常需要，而理发和治病一样，也是联系群众的好机会。木工工具，自己有一套方便得多。这是我来这里一年的体会，所以给永和带一套去。但是这些都不能要求大家都这样做。而龙兄家的小弘，我说可以送他一套木工工具，他说没有什么用处，我倒觉得有点奇怪。

看永和信上说的，他们搞医疗工作已经闯出来了，真是敢想敢干，我就没有那样的胆量。我也带了一套理发工具来，一直借给别人用，直到最近才放大胆试着给别人理发。永和是一带下去就用的。在这件事上，就相差一年半。最近我们也在采集中草药，号召每人至少采一斤。这里草多，可做药的草当然不少。放半天牛就可以采不少回来。就因为这样想，我还没有着手采集。明天一定得开始了，不能再一天一天推下去了。

9 月 6 日　叶圣陶致叶至善

你说永和他们搞医疗工作已经闯出来了。最近他来信中有一段说起医疗的事，现在把他的信附去。你看他为没有搞草药而惭愧，一语之流露，也足以见其思想境界。他们已能应用耳针，耳针有止痛奇效，我看了非常高兴。你来信谈起给别人理发，说在这件事情上比永和相差一年半。我说，如果以你的真敢动手给别人理发，与永和他们互相以身试验扎针，进而真会扎针相比较，那差距更要远些呢。青年们的"敢""干"真可钦慕。

9 月 10 日　叶圣陶致叶至善

昨天接永和的信，又写得很着实，附寄给你一看。他前回寄来的照相，我最欣赏的就是雪树丛中的一张。我留下了一张放大的。这次他信中所说的胶片，前几天就寄到了，立即托兀真的四姐夫陆费冲和印，一天工夫就交回来。我猜知他们青年急盼看一看，立即把印出的一份相片于前天寄出。比较照相馆冲印，提早一个星期。我真闲得很，做做这些后勤也很有味。他这回的照相，12 张中有 7 张是牛耕，把犁的有永和也有别人。有几张很不错。已经交照相馆复印了，将来寄你。

9 月 19 日　叶至善致叶圣陶

永和的照片，我看了很是高兴。他说自己 18 岁了，已经成人了，但是从照片看，还是个孩子。他们那里的牛长相很怪，角又细又长，身子小，脑袋大，真是个怪物，连在书上也没有看到过。犁地要用双套，看来力气不大。犁地的时候嘴上还得套上笼子，这也是别的地方没有的。听说他们那里的牛特别听话，不用穿鼻子，只要把缰绳拴在角上就可以驾驭，这在照片上看不清楚（我的眼睛远光程度增大了，这回回北京得配眼镜），不知是否真的。我们这里的牛，不论黄牛和水牛，角上的力气都很大，拴不住也抓不住。倒不是顶人，它只要随便一晃脑袋，就可以把人碰伤。至于角的样子，我寄回来的那张照片上的老黄牛，角样双鬏，南阳种的黄牛，角又短又尖，像冬笋。水牛的角很大，有的向两侧平展，也有的向上弯，成为环形。以后我拍照片给您看吧。胶卷寄到后，天一直没有晴过，拍照有等国庆以后了。如果小沫来的话，还可以和她一起照相哩。

永和选上粮食保管员，是贫下中农对他的信任。下放干部老李同志及时提醒他，注意两条道路的斗争，这是正确的。我已经去信，也就这方面特别叮嘱了他，要他支付粮食不能光看手续是否齐备，主要得看是否符合主席的指示和党的政策，不符合就得卡住不给，不能顾情面。他脾气比较随和，更应该特别注意。还有他掌握各户的存粮情况、用粮情况，宣传主席的教导，要节约用粮，兼发动群众杜绝倒卖粮食；要他主动请贫下中农检查和监督他的工作，在他们的协助下把粮食保管好。

10 月 25 日　叶至善致叶圣陶

永和的信只有寥寥几行，他忙得厉害，实在挤不出时间来写信。附来了一份《希望》。从这份油印小报上看出来，他们在"一打三反"运动中，集中打击了一些破坏知识青年下乡的现行反革命活动。这是很必要的。又知道，他们在学大寨，但是小报上没有讲具体怎样搞，思想建设方面，谈了一些，较原则，改造自然的规划则尚未提及。我又想到，他们学大寨，一定缺乏资料。最好能买些小册子（有连环画更好）寄给他。他说一定要把这份小报转寄爷爷和小沫，现在就附上，看过了就寄给小沫。

11 月 4 日　叶至善致叶圣陶

小弟的信看了很使人感到，我实在不如他。总觉得我能够做到现在这样子已经不很容易了，对自己没有更高的标准，更严的要求。同志们对我，大概也是这样，因而批评不多，照顾、表扬反而多一些。小弟他们一辈，正如八九点钟的太阳，前途无限；而我自己，年纪究竟大了，能改造一点算一点。这也是中游思想，不是力争上游。精神状态还是被动的，要别人推着走。小弟自己检查的这些问题，在我身上是更加严重，值得我好好思考。例如最近几天，早上起得早，中午没有休息，晚上又老有会，要开到十点多钟，困倦的不行，总想找个机会好好睡一觉，又想等到回家探亲，我得好好休息休息。这些想法比起小弟来，就差得太远了。

11 月 9 日　叶圣陶致叶至善

你说了自己和永和的差距，我说这是正常的事。人类的光明就在一代胜过一代，而事实上也绝不会像九斤老太所说的"一代不如一代"。当然，前一代的人如果以此自慰，安于落后，那也是很不对的。

12 月 24 日　叶至善致叶圣陶

永和自己也颇想回家一次。等我有了回家的日子就给他去个电报。我给他的信上要他把家里的情况向领导谈清楚，要求请假半个月到 20 天，决不超假。我想如果没有什么特别紧急的任务，他请假可能获准的。听有的同志说，他们的插队子女今年仍将回家度过冬季，因为当地缺乏燃料。延安地区经中央一抓就有了起色，从这件事情上也可以看出来。

12 月 28 日　叶圣陶致叶至善

永和的信说得很好，他的思想越来越踏实了。他又到社里去办文艺宣传队了，昨晨寄去的《文汇》里我写了几句告诉你。他们那里时时有变动，足见各方面都在搞起来，一个个人好比一只只棋子，故而时常要调来调去。

1971 年

1 月 3 日　叶圣陶致叶至善

永和的信看了，他想得非常对，我们当然支持他。我今天就要写封信给他。他说被选入临时核心组，又说整个集体的状况不好，不知道究竟是怎么一回事。他也实在忙，写信往往是一鳞半爪，叫我们看信的人弄不明白。

4月13日　叶圣陶致叶至善

永和把我的《简明哲学辞典》带去了，马恩列六种著作中，他就缺《哥达纲领批判》一种。看他的样子，很想把这几种著作啃一啃。我但愿他啃得切实。

我听他说少数几句关于医疗工作的话，觉得有些体验，很不错。我戏用铁梅的话"言语不多道理深"评之。可是我善忘，现在不能把他的话记述出来了。

4月23日　叶圣陶致叶至善

永和于14日到队里，路上不算慢，连头带尾才5天。他当天就写信，信可慢了，直到昨天22［日］才收到。他颇为胡京京不能再在一块儿感到怅惘。但是又立即自警，无论如何，总得改造世界观，总得为人民服务，总得战斗。我回信赞扬他这个想头。可能他也有信给你了。

6月5日　叶圣陶致叶至善

刚才胡京京来了，带着永和给他的信。信中说近有非正式而百分之百确切的消息，他们一批知识青年全要分配了，时间总在七八月间。陕西省不需要那么多人，因而总有一部分分配到别处去。永和叫京京回延长去，以免失去分配的机会。我看这不必，京京虽然请假在家，名义上还是北京到陕西的知识青年，分配的时候该不会漏掉他。

6月12日　叶圣陶致叶至善

胡京京又来过，又说七八月间把知识青年分配出去的消息是确切的。从前没听说，现在才知道，原来延长是个病区，病是讨厌的克山病。去年头包毛巾身穿老棉袄的那个同我拍照的同学已经得了克山病了。为此之故，延长的知识青年要在先分配。

7月14日　叶至善致叶圣陶

最近给永和去了封信，主要是谈分配的事。我说他信上经常讲到分配，一会听说这样，一会听说那样，其实都是小道消息，未必正确。而他一听说就写信告诉我们，说明他对这件事过于关心，对个人的前途似乎考虑得多了些。我要他安下心来，不要听到一些什么就个人考虑一大堆。将来如果分配，领导上征求个人意见，可以提希望干什么，分配到哪儿。但是提这些要求只是供领导分配时作为参考，并不是非要领导照自己的意思办不可。最大的志愿是一辈子干革命，只要是革命工作，就符合自己的志愿，不应挑肥拣瘦。我又批评了去年他调到宣传队去，一个晚上就跑了回来的事。我说宣传队如果作风真不正派，他就应该有责任把他扭转过来，不要采取"洁身自好"的自由主义态度。我还嘱咐他三件事：第一，要在当地青年中培养两三个"赤脚医生"，免得将来他真的被调走了，贫下中农的医疗卫生工作无人负责。这不是一件可做可不做的小事，是考验他是不是真有为人民服务的"完全""彻底"的精神。第二，如果他被分配走了，生产队需要的东西，应该留下。如医疗器械、书籍，如半导体收音机（在当地还没有有线广播的条件下）。第三，分配以前如有可能回家，就回北京来看看爷爷和妈。这第三件，当然是最无关紧要的。且看他回信怎么讲吧。

7月19日　叶圣陶致叶至善

你与永和去信，所谈诸点，我皆赞赏。他去年往宣传队，一看不合，就掉头回来，此事他信中言之不详。今春同往南方时曾问过他，他也没有仔细想下去。现在你特地提及此事，说得极正当。还有，他听见建老两个外孙参了军，就向建老的秘书询问，能否设法让他参军。当时我听他告我，没有对他说什么，待回到家来，也只于闲话中告他一句，说这一询问是不妥当的，其他没多说。我的原则性比你差。你嘱咐他三件事，第一第二两件都至关重要。培养几个赤脚医生尤其重要。

9月19日　叶至善致叶圣陶

永和那封信的头一段，爹爹看了大概不大明白。他叫我不要生他的气，我其实没在生什么气。他们公社党委会给我们这儿来信，调查我的审查结论。永和等不及了，要我去催。我说我是受调查的人，本不应该让我知道，我怎么能去催呢？他真有点不懂事。现在这里的复件也到他们党委会了，问题也就解决了。下面一段是讲参军的事。我对他说解放军是无产阶级专政的主要支柱，应该工农成分占绝对多数，像我们这样非劳动人民家庭的子弟，参军的比例应该小些。他能参军，固然好。

达不到目的也不要灰心丧气，更不能抱怨。这就是他们说的什么"站得高，看得远"，其实是"不搭界"的。

12 月 6 日　叶圣陶致叶至善

满本来要写信，怕写不明白，把意思告诉我，叫我写。我听了她的，也听了永和的，但是未必能写明白。姑且写了再说。

他们母子俩的意思，主要是希望你同意永和的想法，照干校工作会议的决定，让永和调到潢川干校。据说这是"硬碰硬"的，延长方面和黄湖干校方面都必须照办。详细情形回来时再谈，现在写信，希望你预先考虑考虑，作个思想准备，不要一味不赞同永和的要求。距离北京较近，黄湖总比延长可以学到些东西（政治方面和其他方面），这是母子共同的想法。

至于永和，还有其他。他批评我们家里人，包括我和你，还有三午、大奎、小沫等，都不知道外面的实际情况，只是抽象地认为一切都好，一切都得从理论出发。他说对于插队，对于五小工业，知识青年的看法很有不同。他并不算是右倾的，而也有好些没法解答的苦闷。这方面我也写不尽，你回来的时候听他详细说吧。

阿满叫我写，不妨让永和到潢川去试试。你在潢川，也可以学习、劳动，总之不比延长差。

永和颇说处事的艰难，作无谓而不得不做的考虑的无聊，为革命贡献一分一毫的不易。我今晚喝酒时听他说，我倒像个从未涉世的小孩了。

1972 年

2 月 4 日　叶圣陶致叶至善

我作了题永和相片的诗两首，抄给你看看，有什么修改意见？

题抱着村中小孩的两张，其一张用听诊器听小孩的胸部。

"小毛小病良方便，赤脚医生在本村。可贵研修基实践，高风追蹑白求恩。"

题运谷子往场上的两张。

"谷子登场屈圪台，抱持荷负去还来。自食其力今三载，能勿笑颜花似开？"

2 月 15 日　叶圣陶致叶至善

又作了一首，《醉太平》，题永和的四张花丛雪花丛中的照片，也抄给你。"菊科野花，缀枝雪花，何输烂漫春花？赛桃花李花。古人插花，今人佩花，永和别样怜花，竟藏身入花。"

2 月 17 日　叶圣陶致叶至善

北京师院的徐仲华来了。他说阴历初八他要动身去陕西招生，去的是北京 7 个院校的教师，大约十来个人。我于是详细问他。他说这回 7 个院校到陕西各县，专收北京去的插队青年，人数为 2000。办法是社队推荐，归总到县里。他们招生的教师分别到各县，对提名者面谈口试，与县里共同决定取不取。只有［要］名字列在名单里，希望就不小了。他如果刚好到延长，那就最好。否则也可以在不犯作弊的原则下，请他托同去的而到延长的人相机帮助。于是永和就要动身了，就在阴历初八初九。只是天寒积雪，只怕公路不通。他准备到西安打听，如果路不通，就在胡京京那里住几天。他说公社主任和大队主任对他都有好印象，延长县里，他说将看情况托托人。徐仲华他们到了西安办学习班，估计个把星期。分别往各县，估计在阴历正月半前后。他说本来想招了生 3 月就上课，现在一定来不及了，4 月初能上课就抓紧了。这样看来，永和如能考上，四月初就可以回京了。至于在陕西的不"及第"青年有多少，我也问了，说有 2 万人。那么现在要取 2000 人，也只十分之一，被取的可能性不大。我要嘱咐永和，如果取不上，决不可灰心丧气。

2 月 19 日　叶至善致叶圣陶

北京到陕西插队青年有 2 万人，不知包括不包括已经分配的。如包括，剩下的就不到一半了。永和就这三年锻炼的成绩、与老乡的关系以及年龄等条件，似乎比较优越一些。又想到插队青年所以有一部分还未分配工作，原有继续升学的一条路。但愿能如永和的意。

2 月 22 日　叶至善致叶圣陶

永和 24 日下午动身，我前天发的信想来可以赶到。他竟不给我来封信，真懒得可以。不知有没有人同行，依我看，陈小力她们也应该回去，希望这个机会能够成功。不知永和的志愿是什么。我希望第一是学医，家里这么多病人，有个学医的也方便，其次则是外语。理工科，他没有数理化的底子，难。其他文科，好像没有多大意思。

2月25日　叶至善致叶圣陶

现在永和大约已经到西安了。听人说，这次招生要招高中毕业后插队的。如果真是这样，永和的条件又不合了。如果说生活知识，永和这三年学到的，不会比别人差得很远；如果说数理化等书本知识，那就差得远了。不过话又得说回来，"文化大革命"期间毕业的高中生，也没有学到多少书本知识。

3月4日　叶圣陶致叶至善

因《沁园春》又想到永和。他在去延长之初，确实相信那是广阔天地，可以在那里奋斗一辈子的。三年过来到今天，我知道他很想离开农村了，或者说，至少想离开那个屈家圪台了。这到底是什么原因，实在是值得重视的大问题。

3月7日　叶至善致叶圣陶

小沫和永和初去的时候，的确有一股劲，后来却逐渐消沉了。要不是他们有病，我一定会教训他们一顿的。可是现在，我也没有什么话好说。我在家的40天，所以很少说话，这也是主要原因，思想很矛盾。他们开初以为，边疆、农村，都像报纸上报道的典型材料那样，处处令人欢欣鼓舞。而不知道就是那些典型，也是经过许多人的劳动和斗争才创造出来的，并不是一开头就那么好。碰到了现实，就不免这也不称心，那也不如意，意志就消沉了。正因为缺乏斗争的毅力，这些青年必须再受教育。我又在说大道理了，大概也解决不了他们的思想问题，何况他们又有病。他们的事，在我们一个家庭看来，是大事；从一个国家看来，没有什么大不了的，也只有想开些。

3 月 16 日　叶至善致叶圣陶

永和又有信来，说他们大队推荐 3 个名额，还没定，估计可能有他。他现在正在搞第二批材料的传达和批评，情绪还稳定。我隔两天再给他回信。永和的信总是要言不烦，却很有条理，可见思路是很清楚的。

3 月 24 日　叶圣陶致叶至善

今天下午接永和 17 日信，说他在第二轮的挑选里也选上了。公社选中了 12 名，其中有他。20 日报到县里。这 12 名中要淘汰 4 名，取录 8 名。我看选中的希望是有的。

3 月 28 日　叶至善致叶圣陶

永和也有信给我，简得不能再简，就说他的名字已报到县一级，共 12 人而只取 8 人，他条件差，希望仍不大。我想他能通过公社一级选拔，也是不容易了。大概他们这个小组在全公社还是比较搞得好的。《人民日报》好像刊登过两组关于典型招生的文章，政策方针都说得极其明白，也极其中肯。问题就在执行的人是否能正确掌握了。我们当然也不能说永和被录取了，就是执行正确，不被录取，就是不正确，这不是个标准。应该把执行正确作为前提，这一点做到了，个人录取或不录取就都能心服。我又想到，这 12 个人，当然都是希望被录取的，包括他们的家长。而结果，总有 4 人落选。8 个人满意了，4 个人难免失望。这也是没有办法的事。如果永和落选，我们也得想开些。今天已是 28 日，也许已经定局了。

3 月 31 日　叶圣陶致叶至善

今天接到永和的信，附去给你一看。似乎被录取颇有希望。你信中对此有关的想头非常对。你可以相信，我对上不上大学是看得很淡的。我也希望他能被录取在北京，其原因只在他能常在北京，至少每星期可以碰一回头。

5 月 1 日　叶至善致叶圣陶

永和没有被录取，他 24 日就写信来告诉我了。信是昨晚收到的。他说同时写信回家，想来爹爹已经知道了。他要我劝劝阿满，不要伤心。还劝我也不要难过，他自己能正确处理的。遇到什么事先想到别人，4 个孩子中就只有他。

几个同志很关心永和投考的事，我收到了信，不得不把这消息告诉他们。他们要我写信给永和，跟他"说说"。我本想不说也没有什么，他比我想得开呢。但终于还是写了：意思是：如果考虑个人得失，心里就没有舒坦的时候，要是真有为人民服务的宏愿，那就什么情况下都不要泄气。现在这件事也是考验和锻炼，能正确对待，可能爬上又一高峰；不能正确对待，就会走下坡路。希望他好自为之。

5 月 2 日　叶圣陶致叶至善

上月 30 日下午接永和信，告并未被录取。或者他也有信告你。他信中说绝不难过，特别是妈妈勿为永和愁虑，他自会好好工作如常。我盼望他真能实践其言。他那里只取两人，其中一个就是那不肯开口的姓宋的。我的失望只在他不能回到北京来。

5月7日　叶至善致叶圣陶

再说永和没被录取的事。我当然不大愉快，但是也还能想开。"政治条件严格"，这并不是冲着我们家来的，这是无产阶级专政的需要。并不是说我们家的子弟一定靠不住，而这样家庭出身的人，的确有靠不住的。其比例一定比劳动人民家庭出身的大得多。再说，如果叫我来考虑这个问题：两个人的条件都相仿，一个是劳动人民家庭出身的，一个是知识分子家庭出身的，我也会取前者不取后者的。这不能说是唯成分论作祟，因为供我考虑的条件就是这些，我只能逐项作比较而择其优者。所以我想：从个人的角度考虑，许多事情好像都有偶然性，古人所以归结为"命运"。但是从整体来看，那是有必然规律的。如鲁迅所说的"唯新兴的无产者才有将来"，就是一条必然的规律。偶然性寓于必然性之中，不知道这可不可以算作一个例子。

8月9日　叶至善致叶圣陶

永和来了一封较长的信他叫我转回家，我就附在这里。信上说的关于知识青年上山下乡的问题，我认为都是对的。他在那边总感到孤独，不知是什么缘故，在那边已经生活了三年半了，还没有跟当地的青年打成一片。我去信是常常提醒他的，不知道实际有什么困难。小沫过去在东北，现在在厂里，也有这个问题。当然，我也有这个问题。知识分子的坏习气真是难以改掉。

11月27日　叶至善致叶圣陶

干校的生活松弛得有点无聊。我就抓紧时间看《战争与和平》，已经看掉了两本。有个有趣的看法：永和他们这一伙去插队，好像沙俄的贵族子弟去从军。自己花钱购置装备，很好的装备，自己花路费，花自己的零用钱。也正像这些沙俄贵族子弟一样，到了军队里（永和他们是生产队），觉得这也不习惯，那也不理想，引起了他们许许多多心理波动。先是信心十足，后来彷徨、动摇、苦闷，怀疑自己追求的所谓"人生目的"。永和的信所表现的就是这样一个过程，他的经历很可以写成一部小说呢。我总觉得，他在农村生活4年，决非一无所得，折磨、痛苦，对他来说的确是很好的锻炼。不自己亲身去经受，不会真正受到教训。我看我们大家都不用为他担忧，相信他能够突破目前苦闷的阶段，达到一个新的高度。他到了延安，只给了我一封短得不能再短的信，除了平安到达以外，没有别的话，因而我还没有复他。很奇怪，他总觉得怕我，不敢把心里的话对我说，其实我从来不曾对他严厉过。我明天写封信给他，因为要好好想一想，只好延迟到明天，跟他好好谈一谈，尽可能给他一些鼓舞。

夏鹰家书：普通人家的插队回味

　　下面这组书信是第一批来延安的北京知青夏鹰在延安期间写给亲人的家信。时间从 1969 年年初到 1974 年年末，总共 34 封。我们选辑了其 1969 年、1971 年、1972 年三年的家信，以及 1974 年 11 月 11 日最后一份从延安发往北京的家信，共 25 封。

　　1969 年隆冬，当年仅 17 岁的夏鹰乘坐西去列车，豪情万丈地从首都北京，奔赴延安地区延长县安沟公社阿青大队插队落户的时候，其家庭与当时中国许许多多的家庭一样，正在经受着政治和经济的双重磨难。他的姐姐夏鸽已先于他去内蒙古生产建设兵团，数月后他年仅 16 岁的弟弟夏鸿，也去了黑龙江生产建设兵团。他的父亲也早已发配干校，受到莫须有的审查与残酷迫害。北京的家中只剩下年迈有病的奶奶与两个年幼的妹妹——夏燕和咪咪，仅靠母亲的工资与病弱的身体，支撑着这个破碎而苦难的家。但令我们震撼的是，与叶圣陶与叶至善家书一样，在这 25 封家书中，我们同样感受不到一点落难与悲戚。尽管两组书信的视角完全不同，一个是家长的视角，一个是知青的视角。两个家庭背景亦完全不同，如果说叶永和的家庭是名门，那么夏鹰的家庭就是小户。但他们的境界是相同的，情怀是相同的。如果说叶圣陶与叶至善家书以"不独亲其亲，不独子其子"的高尚道德令我们汗颜。那么夏鹰家书则以"一介匹夫"，却以"先天下之忧而忧，后天下之乐而乐"的博大情怀使我们感叹！同时，在夏鹰的家书里，不仅承载着人世间弥足珍贵的亲情，更承载着陕北人民感天动地的温情与友善。实事求是地讲，书信中的确弥漫着那个时代特有的荒诞与扭曲，但整个基调却无疑是崇高的。我们可以做不到崇高，但是我们决不能亵渎崇高，对崇高我们应该始终心存敬仰！

以色列作家阿摩司·奥兹在《爱与黑暗的故事》中写道："高尚的情感，以及诸如此类的东西并非生活中的主要东西。感情不过是麦子收割后田野里的一把火，它燃烧了一会儿，剩下的只有灰烬。你知道主要的东西是什么？一个女人应该在她的男人身上追寻什么？那就是正派，或许还有善良"，这也许更应该成为我们理性而深刻的反思。

后排左起第四为夏鹰

夏鹰与姐姐弟妹在北京合影

夏鹰在延安运输公司驾驶卡车

夏鹰与社员在即将收割的谷地中

1969 年

妈妈：

你好！我于 2 号上午 11:30 离开北京，前往革命圣地延安。下午 1:00 到保定，2:30 到石家庄，5:50 到邢台，晚上 11:30 到郑州，3 日凌晨 2:00 到洛阳，上午 11:30 到西安，停了半个小时，西安交大的学生在铁路两边欢送我们。

下午 3:30 到铜川，住在铜川二中里面。过了一夜，睡得很香。我把棉袄当枕头，就盖一条大衣，也没感到冷。4 号上午 7:00 乘汽车前往延安。中途 12:00 到洛川，下午 4:30 到延安。大家在汽车上一看到宝塔山，都争着探出头去看，高呼："毛主席万岁！"还唱着《大海航行靠舵手》等革命歌曲。汽车穿过延安市区，停在城外延安师范（二中）里，去延安专区的就都住在这里，我也住在这里。现在我就在这里给你们写信。这里招待得很好，吃的是小米饭、花卷、肉菜，我们都想在这里多待几天。我一路都很平安，请全家人放心，一路上我们都很快乐。因为我怕到那里寄一封信太麻烦，所以在这里先写一封。下面把一路上的所见所闻说说。

我们开车后，第二天上午开始"天天读"，我们把毛主席语录中《毛主席最关怀上山下乡知识青年》念了一遍。火车出了高碑店站就没雪了，晚上到郑州时又有了。我们在火车上吃两顿饭，都是大米饭，用的是火车上的饭盒。3 号早上吃的是两个圆面包，一截肉肠，听人说我们每天的伙食费是 8 毛。

到铜川下车后，铜川的工人农民敲锣打鼓热烈欢迎我们，路上解放军战士抢着帮我们背行李。晚上吃了一顿饭，是一碗粥和一个 4 两的大馒头。第二天上午 5：00 起床，6：00 吃饭，7：00 出发，一路上真是险极了，汽车沿着 S 形公路往山上爬，又沿着 S 形公路往山下滑。我心里直怕摔下去，公路旁就是深不见底的深渊。公路两旁还有松枝搭的门，上面写着欢迎知识青年的标语。我们碰到人就向他们招手。听这里的人说，我们在延长县就可寄航空信，要真是那样就好了。

我在这买到一本《革命委员会好》，里面都是所有革命委员会成立的社论，还有一本学习资料，还有两份延安的明信片，还买了几枚纪念章，现寄去两枚。

现在我决心很大，要在这里干一辈子，认真接受贫下中农的再教育，用我们的双手把革命圣地延安建设好，不论遇到什么困难，绝不动摇。今天我们到这里插队，只是万里长征走完了第一步。我决心永远按照毛主席指引的路走下去，走到底。

小鸿的肾炎怎么样了？燕燕也大了，应当正经一些，当好小咪咪的姐姐，不要老吵架，要加紧学习主席著作。我看你平常没事老玩，现在应当把这时间利用起来。小鸿以前做得不错，应当坚持下去。奶奶要注意身体。小咪咪听奶奶的话，小姐脾气应当改一改！完了！此致

革命敬礼！

夏鹰

1969 年 1 月 4 日晚于革命圣地延安（延安师范）

奶奶、妈妈、小鸿、燕燕、咪咪：

你们好！上回从延安寄出的信你们已经收到了吧！我现在已经到达目的地——阿青大队阿青生产队（属延长县安沟公社）了。一路很好，没丢任何东西，也没得病，请你们放心。我们 2 月 5 号早晨从延安出发，因为卡车冻住了，发动不起来，拿摇柄摇了好半天才发动起来。发动［起来了］，方向盘又转不动了，折腾了半天才出发，我们就成了最后一辆车了。这一路就数坐汽车最倒霉、最冷了。我们坐的是解放牌汽车，车的两边有篷子，前面没有，30 多人坐在里面，尤其延安的早上特冷，在北京我也没感到这样冷过。［汽车］开了一会儿太阳出来了就不那么冷了。我们前面的人坐着，后面的人站着，一碰到老乡就向他们招手，挥《毛主席语录》。中途汽车在甘谷驿停了一下，中午到了延长。延长人民在两旁夹道欢迎，我

们都很感动，不断呼口号、挥语录，高唱革命歌曲，不一会儿又出发了。下午 2:00 到了公社，吃了一顿饭，是一个大馒头，还有肉菜。吃完了饭一个农民领着我们上山，在一块大空地上，放着我们的行李，是用驴驮上山的。这里人劲很大，一个人背个大箱能走十几里山路。我们到村子里要走 10 里山路，我们村子在山顶上。刚开始走时累得满头大汗，后来歇了一会儿再走就好多了。

下午四五点钟就到了村里。还没到村口，村里就敲起了钟，贫下中农敲锣打鼓放着鞭炮出村欢迎我们，我们就喊口号。到了村口，大队革委会主任在村口和我们一一握手。我们住的是一个大石窑洞，长 3 丈，宽 1 丈多。我们这个院子一共 3 孔窑，这一窑是老乡腾出来的。休息了一会儿就吃饭，吃的是小米饭，菜是羊肉炒萝卜，真香，随便吃。一个贫下中农对我们说："当年毛主席在延安 13 年，吃的就是小米饭。今天第一顿让你们吃小米饭，就是让你们继承革命传统，这不是普通的一顿饭呀！"我们都很感动。我想这儿的贫下中农待我们这么好，我们一定不能辜负贫下中农对我们的期望。吃过饭，晚上在我们屋开了一个欢迎会，贫下中农把红彤彤的毛主席语录赠送给我们每人一本，我们也把毛主席像章赠送给他们。会上革委会主任讲了话，我们知识青年代表周吉平发了言，我们还和贫下中农一起唱了许多歌，并互相拉歌。这里的人唱歌很好听，他们一起唱了一首藏族民歌。这晚上我们是盖着大衣睡的。

我们这次一个大队共来了 11 个北京四中的，10 个北京三十六中的，三十六中有 8 个女的，有两个带着弟弟。我们生产队有我们四中 8 个男的，还有三十六中那两个弟弟，还有 4 个女的。他们肖家屹有初一 5 班 3 个男的，三十六中 4 个女的。我们这个大队一共 5 个生产队，就我们这两个生产队是一个村子。我们这个村子在山顶上。其余的 3 个生产队其中有一个生产队全是外来户，他们没有牲口，用锄头翻地。

我们这个生产队一共有 16 户人家，80 多口人，有六户贫农（这里贫农、下中农都没有分开），一户富裕中农，就是我们的房东，是个老大娘，不过她是个军属（她的儿子在西安），她的娘家是个贫农。一共九户中农，两户烈属。我们生产队长是个烈属，他父亲就是牺牲了的。他现在还有个父亲，也是贫农。生产队长对我们特好。有七个党员，队长也是党员，有两户军属（算我们的房东），没有地主、富农。我们这里 1935 年解放，红军在这里住过。胡宗南的军队只从这村子路过，并没有住。也有游击队，敌人来了就走，敌人走了就回来。这生产队一共十五六个劳动力，土地有 600 多亩，有 500 多亩种粮食，种的是小米、玉米和小麦。小麦平均亩产 90 来斤，玉米每亩一百二三十斤，小米产量在玉米和小麦中间。此队连遭 3 年灾害，去年小麦颗粒未收，就是靠天吃饭。有七八十亩左右果园，种的是苹果、梨、枣、花椒。花生这里不种，在山下种，果园就在我们屋后。他们说到结果时要派两个人看果园。因为别队没有果园，尽到这儿偷着吃。说本队人随便吃。这里地产量低，主要是由于缺肥、缺水。这儿的水要驴从山沟底驮上来，每天每户两桶，要走二里半山路，沟底下有山泉。这里不拾人粪，只拾牲口粪。说人粪都被狗吃了。贫下中农给我们挖了一个 3 个坑的厕所，说这是村里最大的厕所了。这里冬天要砍柴，但因下雪，没法去，山路很陡，都歇着。去年这个生产队卖给国家 5000 斤粮食。这里是割麦子，过完春节初七初八就开始春耕。

我们到这里来还没有给我们正式介绍一次队里的政治、经济情况，以上都是我们从社员那里打听的。你们想知道什么最好来信时把问题一条条列出来，我一条条回答。总之这里的政治条件非常好（但也不是没有阶级斗争），就是经济条件稍微差一些，但是我们有决心克服困难，把这里建设好。这里的贫下中农对我们特热情，每天两顿饭，顿顿是小米饭、羊肉萝卜，还有一顿是包子，我们每顿都吃不了。我们要求了好几次，要求和贫下中农吃的一样，吃团子（就是北京的丝糕，不放糖），他们答应了，可还是给我们吃好的，那天晚上欢迎会还请我们吃瓜子。我们还要求访贫问苦，要求队长给我们讲他父亲牺牲的经过，他们都答应了。每天老乡都到我们屋聊天，小孩也都到我们屋来。

我们的生活都是队长管。我们的炕只够睡六个人，队长就亲自帮我们背木板搭床，就是稍微有点挤。他们七个人都是大木头箱子，就我一个小皮箱。他们的箱子都碰坏了，就我的箱子没碰着。我睡在炕头上，只盖一条大被子就很暖和。不过只有一条不太满意，他们的箱子大，把被子、大衣都放到箱子里面，我的箱子一点也放不下。那一条被子、大衣、棉袄只好放在外面，盖上塑料布。我的那双棉鞋 10 里山路就走漏了，我现在换上新棉鞋了。我们这里有荞麦，可以做荞麦皮枕头。我的箱子放在别人的木头箱子上面。理发推子没买着，不过初一5 班那几个带推子了，可以用他们的。黄宇的七管超短收音机——中央台听得很清楚。林沈辉还有一个四管的收音机，能收陕西台。队里说开春给我们挖新窑洞。

我们8个人团结得很好，路上我们的东西都合着吃。现在我们的文艺生活开展得很快乐，8个人有7件乐器，有两个口琴、两个笛子、一个胡琴、一支箫，还有一个弹的我也不知叫什么玩意。我们天天坚持早请示晚汇报。据我们了解，还没有固定的天天读时间，不过也学习主席著作。我们坚持每天早上一小时天天读，晚上大家交流情况。我们想订《陕西日报》，一个月一块钱，4版，因为来得快些。晚上8：00听新闻联播。我们和队长说好春节开联欢会，和贫下中农一起娱乐。

公社就有供销社，大队没有。现在我们还没有暖壶。公社有邮电所，延长县的汽车一天到公社来一次，大队几乎每天有人去公社，可以让人家带信。延安确实可以寄航空信，据说快的话一个星期可以打来回。从这儿到北京，来回路费60元左右，主要是汽车钱贵。我们大家的糖、肉松等都准备等到春节吃。我们这里一只猪七八十元，一只羊才四五块。不烧煤烧柴，冬天要打一年的柴。油很便宜，我来的时候看见延长油矿了，就在公路边。铜川有个煤矿，出的烟煤，年产4万吨。我们虽然可以寄航空信，但我没有一毛的邮票，家里能否寄点1毛的或2分的邮票来？

我们这两天都在安置东西。今天下午没事，所以我们都坐在炕上写信。我们准备明天就要求队长给我们分配活。

我们的门上贫下中农给我们贴了两副对联：

批臭读书做官论　誓在农村炼红心

我们绝不辜负贫下中农对我们的期望，在农村干一辈子，一定要把革命圣地延安建设好！这些你们都请放心！

此致

革命敬礼！

延安新农民夏鹰

1969.2.7下午于黄土高原

奶奶、妈妈：

你们好！前两封信你们都收到了吧？家里都好吧！北京春节放假吧！奶奶的病怎样了？千万别太惦记伤心了，我在这里很好。小鸿、燕燕、咪咪都可以来信，把你们的情况告诉我。

现在我们没活，本来要去砍柴，但因雪未化，无法砍。今天我们这又下雪了。现在的活就是铡草，不忙。队里没让我们去干，但我们也主动地去干。这也是个技术活，老乡老让我们多歇会，少干点，对我们关怀得简直是无微不至。在劳动休息时，我们经常和老乡聊天。这里就是种一季，因此基本上干半年歇半年，过了春节就去砍柴，砍一年的。这里天气一点也不冷，老乡很多都光着头。

我们这大队没有搞过"四清"，清理阶级队伍的工作刚开始。我们刚到这，参加了村里第一次斗争地主分子的会。他很猖狂，我们没去以前斗他的时候，他装蒜，口吐白沫倒在地上，大家以为他真晕倒了，把他抬到炕上。别人在发言，他却睡起大觉来。这次我们一去，贫下中农让我们坐在第一排，吓得他动也不敢动。1935年7月红军杀了6个地主恶霸时，把他绑去陪了杀场。他是别的生产队的，到现在为止也斗了他好几次。他很顽固，总翻案，他们那个村贫下中农都不太敢斗，有顾虑，所以我们知识青年就总去他们村斗争。今天我们又去，要走7里路，偏偏又碰上下雪，路很滑，我们一人拄着一根棍子，就像红军爬雪山那样，我真体会到上山容易下山难。

我们全大队有7户地主，6户富农，300口人，2000多亩地。就经济情况来说，我们生产队也是最好的，六百多亩地就有500多亩平地。他们那边有一个生产队，听老乡说都要饭去了。我们这村经常有要饭的来，要在城市里当然不行，可在这就拿他们没办法。我们这个队政治情况在全大队也是最好的。目前，清理阶级队伍有三户有怀疑，其中一户就是我们房东老大娘的丈夫。前两天，队里安排了一次忆苦，老贫下中农流着泪控诉旧社会，我们大家心里都充满着对旧社会的无比仇恨，尤其是队长讲述了他父亲牺牲的情况，哭得都说不下去了。当时他父亲是区委书记，后来红军撤退了，他父亲不幸被敌豪绅团抓住了，敌人用烧红的铁锹把他身上的肉一块块烙下来，他父亲视死如归，始终没有透露一点队伍的情况。在延安这块红色的革命根据地上，有多少先烈为了我们今天的幸福生活，英勇地牺牲了。延安，它洒满了革命烈士的鲜血。今天，我们——毛主席身边的知识青年，听了这些事迹，怎能不下决心把这块红色土地建设好，怎能不下决心一辈子在这里艰苦奋斗！

我们和贫下中农关系很好，每天晚上，我们屋各种乐器齐奏，那些老老实实的老乡都到我们屋坐着，听着我们演奏。目前我们的饭还是老乡做，同学还没有接过来，糟糕的是也没计划，我们也不知道每天吃多少，加上这两天又连着吃面条，是荞麦面做的，吃它要比吃普通面条多用一倍的面。

窑洞现在是借老乡的，开春挖新的。现在队里还不知道有安家费，所以吃的用的都是借队里的。过春节队里给我们知识青年每人9元置办年货，据说都从安家费中扣。我们从村到公社10里山路，公社有个小供销点，没有集。赶集要到县城，平路55里，山路40里。前两天李连元去赶集，说县里什么都没有，集上都是自由市场，暖壶也没有。我们现在还没买到暖壶，他说公家什么都没卖的。公家卖的酱油1元1斤，自由市场上猪肉1.3元1斤，白菜1毛多1斤，鸡蛋1元钱10个。这里毛线很便宜，纯羊毛8块钱1公斤，丝绸8毛钱1尺，可是这里的人都没钱，没人买。

春节我们吃两顿饺子，李连元还给我们做涮羊肉。更重要的是我们的政治活动，拥军优属，和贫下中农一起开联欢会，大队给我们50张主席像，让我们送给全大队烈军属、复员、退伍、转业军人。

我们这儿因为没有电，所以什么机械化都没有，全靠人力。这里一冬不洗衣服。

这里消息很闭塞，黄宇的七管机坏了，所以这些天来一直听不到新闻，看不到报纸。

我们在这里什么都学，什么乐器我都学。我们大家还学针灸，就是没有酒精。现在我在画刚进村的一块白墙上的主席像，恐怕这是第一个他们村人画的主席像。小孩都跑来看。

我们大家都很好，从到这后谁也没病，药都没动。

我们这是山顶上，四面都是山，一下雪白皑皑雾茫茫的。

在城市里是看不到这种广阔、雄伟的场面的。前两天队里又发给了我们每人一本老三篇和一枚延安的纪念章，我把它寄回家去，千万好好保存，这是最好的纪念。

酱油膏可真有用，现在我们共有12块酱油膏，一块未动，准备到节日再动两块。

我们每天早晚都烧火，连烧热水带烧炕，洗脸洗脚连刷牙，虽然用水困难，但我们每天都刷牙洗脸，就是没办法洗衣服，我来时穿的衣服现在挺脏的，一件都没换。

信就写到这吧！祝贺全家春节好！奶奶保重身体！

此致革命敬礼！

（小鸿、燕燕多帮奶奶干活，把奶奶的情况告诉我）

夏鹰

1969.2.13 夜11点

妈妈：

前三封信都收到了吧？家里老不来信我们都等急了，现在我们一个同学的家里也没来信。春节过得好吧？代问三毛全家、牛伯伯全家、小林全家春节好！

我们这里春节过得也很愉快，比起城市里当然差一些，但我已经很满意了。年三十那天我们敲锣打鼓的到军烈属、复员、退伍、转业军人家属去送延安专区的慰问信和毛主席像。先走5里路到下团家生产队去送主席像，我没有去，在家把村口那个主席像画好了，然后等他们回来后一起到我们村子去送。

老乡对我们可热情了，我们送完了，有一家老贫农（给我们做过忆苦报告的）拿着纸烟要我们抽，并且送了好远。这天队里还给我们杀了 1 只羊，给我们磨了 20 来斤豆腐，还让一家出 3 斤饼子给我们（是用糜子面做的，这里叫米馍，面上焦黄焦黄的，像鸡蛋糕一样，非常好看）。总之全村的人都在为我们忙。年三十晚上我们吃了一顿革命传统饭（小米饭）。这里有个风俗习惯，吃年夜饭还要熬夜，我们不吃年夜饭，队长就给我们送饭，还有自己做的稠酒（很不好吃，味像北京的臭糨糊，但这是贫下中农的一片心意啊）。房东老大娘也给我们送饭，还有许多贫下中农给我们送自制的酱油，自制的醋，我们都收下了。

我们屋坐满了人，我们请他们吃糖，和他们一起聊天，并把我们带的唯一的一个"二踢脚"放了，可惜受了潮，只响了一响。晚上我们做了羊肉萝卜馅饺子，准备大年初一上午吃，这里叫"扁食"。第二天初一上午起来一看，糟了，饺子都粘在板上了，只得一个一个往下扒。初一晚上吃的是熟猪肉，每人小半碗，就这一顿把我肚子吃坏了。第二天初二早上就拉稀. 一个早上拉了八九次，肚子疼，也恶心，要吐又吐不出来。这天上午饭我没吃，同学们都很关心我，要单为我做面条吃，我坚持不要他们做。我吃了两片黄连素和一片止痢片，晚上李连元做的拔丝山药真好吃，我也吃了两块。我也学会做了，明年回家给你们做。饭我没吃多少，同学们说这叫"饥饿疗法"。第三天初三上午下起了大雪，本来初五要去砍柴，这样一来，不定到哪天才能砍了。上午的饭还是那个米馍，菜是豆腐海带，我只吃了一碗米饭。晚上吃的是羊肉馄饨，正好我的病也好了，吃了很多。明天李连元还给我们做涮羊肉，佐料我们也都有了。联欢会没开。我们八个同学里就我一个人带的皮箱子，老乡一到我们屋看见我的皮箱子就说："这一定是个有钱的。"我的棉鞋很顶用，我们这儿一下雪山路很滑，同学[们]的塑料底鞋一走一滑，尽摔跟头。我一个跟头也没摔，因为鞋是轮胎底。

我们这里清理阶级队伍刚开始，来了一个工作组，为首的是延长县文化馆馆长，姓卢，其余的都是小教的。几次斗地主我们都积极参加，但我们政策掌握得不好，老打人，后来我们自己纠正了。同时，我们也发现了工作组的问题，他们搞清理阶级队伍，不依靠贫下中农，老把贫下中农看成是落后的，而且根本不注意政策，把一些问题未搞清的也拉到台上去斗。我们打人，他们根本不拦。那天我跟他们一个组员说："我们打人不对，不掌握政策。"他说："嗬，你还懂得掌握政策！"结果到现在清理阶级队伍工作开展不下去，老贫农都不发言。春节以前他们回去了，到城里过春节，不知春节后他们还回不回来。我们房东现在初步定为富农，不是上中农。而且我们这村社员不太团结，闹意见，社员们对我们队长印象都不错。现在我们大队革委会有一个副主任这次发现了问题，他自报是贫农，可是经调查起码是上中农。我们队牲口很缺，有 11 头驴，3 头不能使，还是分着喂，还没有人愿喂。所以，驴瘦得不像样子。牛也有 13 头，3 头不能使，也瘦得不像样子。今年尽死牲口，大年初二还死了 1 头牛，眼看春耕就要到了，真叫人着急。社员们都不愿喂，牲口是个大问题。我们就提出让老贫农带着我们学半年，我们来喂。可是没人愿带。那个给我们做报告的老贫农队长说，他们也胆小怕事，怕负责任。

我们队劳力很少，80 多口人，不算我们才 14 个劳动力。我们问有没有年底分红？他们说根本没听说过这字。一般年底根本没有分钱，最多偶尔分个二三十块钱。我们这里每年交5000 斤粮给国家。

我们这里是选队长，现在我们这个队长没信心，不想干了。我们就鼓励他，我们认为这个队长很不错，他原来的父亲是烈士，现在的父亲又是老党员，是 1935 年的乡农会主席。我们学了主席著作后，认为领导权必须掌握在贫下中农手里，如果马马虎虎再选个中农上来那就非糟糕不可。现在我们刚来，对村子的情况还很不了解，所以我们见了谁就跟谁聊天，问村里的情况。贫下中农也爱到我们屋里来。只是那个老贫农老党员我们接触得还不太多，但他们对我们特别关心。那几天铡草，一铡完就叫我们把衣服披上，别着凉。这里的贫下中农真好。

从我们这里到北京来回要 56 元钱。目前我们还没有理发推子和暖壶。我们洗衣服要走 2 里路到沟底下山泉那边洗去，现在我把里面一套都换了，检查一下，没有虱子。

现在同学们都睡觉了，就我没睡。就写到这吧！再见。

此致革命敬礼

夏鹰

1969. 2. 19 晚 10:45

奶奶、妈妈、姐姐、小鸿、燕燕、小咪咪：

你们好，前四封信都收到了吧？你们来的信我已在 25 号收到了，邮票也全部收到。你们知道，当我接到信后高兴得几乎跳起来。我们全体同学的第一封家信几乎都是这天来的。这天虽然大家砍了一天柴，累得够呛，可是一接到信，累劲都没了。这次没能接到燕燕的信，使我很遗憾。

说实在的，听说姐姐就在5号回的家，我简直后悔死了。要是能早回来几天见面也好啊。也正是5号我到了我第二个家乡——延安。我们和贫下中农关系很好，春节过得很好，这在上封信中已说了。我们这里的风俗习惯大年初七要过小年，初六是小年三十。

我在上封信中说大年三十晚上，许多社员给我们送饭，我们隔壁上封信说的是上中农，这次清理阶级队伍搞出来了，是富农。年三十晚他们也给我们送了饭。我们先头还有点顾虑，后来想管他娘的，送来咱就吃。其实那个大娘还是不错的，她娘家是贫农，那个被揪出的老头子在公社的信用社工作，一般不回来。

20号那天晚上广播了主席的最新指示，我们马上敲钟通知全村的人。等听完了最新指示和社论，就敲锣打鼓挨家挨户地宣传最新指示。有许多社员也跟着，队伍挺长，直到把全村——两个生产队30几户人家都宣传到了，我们才回来，这时已是晚上11:00了。我们又抄社论，是用记录速度记录，直抄到凌晨1:00多。第二天早上开了一个热烈庆祝毛主席最新指示发表的大会，标语等等会场布置的字都是我写的。

姐姐在信里说得很对。但我们对安家费抓得比较紧，我们的柴都是向社员借的。可是我们来后连着下了四场雪，无法砍柴，我们烧的柴也快没了，就买了一块另五分的柴，所以到现在我们总共花在柴上的钱就是一块另五分。其余向社员借的将来我们打了还。我们这里的柴和你们那不同，是柴树，我们扛的都是小捆，五六十斤重，社员一般扛的是 100 多斤，还有 200 斤的。但他们不敢给我们捆大的，因为我们打柴要走七八里山路，到山顶上砍，砍完往上背，那坡都是五六十度的坡，我们空着手去都很费力，更别说背着五六十斤重的柴了。山上风又大，比较危险，弄不好就摔下去了。我们 24 号还飘着雪花就去打柴，每人只打了一捆，队里还派了两个人跟着我们。25 号去的地方更陡了，几乎成了 80 度的坡。我们不敢背，就叫社员背到平一点的地方，我们再背。旁边就是陡壁，说真的，这辈子我们没到过这样险的地方，也没这样累过。但我想起毛主席的教导，再苦再累也不怕。恐怕姐姐那里砍柴不如我们这累，我们这里女的是不去砍柴的，我们队知识青年里那几个女生在家给我们做饭。我们要打一个月，这三天才是开始。我们要有意地锻炼自己，再累也要背。我们这里的柴一分钱一斤，我们一天要烧两捆，所以基本上要一块多钱。我们队贫下中农很关心我们，这几天我们每回出去打柴都由队里派两个社员跟着，因为我们既不会捆，也不会装车。队长说看到我们去打柴，在家里很是担心，真怕发生什么事。反正我们烧柴是不用愁的，不够了队长就把他家的拿来让我们烧。

我们这个大队的阶级斗争是全公社最复杂的。只要你到公社一打听我们阿青大队，人家都会大吃一惊。所以我们来了不能光陷在事务的小圈子里，例如成天为粮食问题吵。就要狠抓阶级斗争，紧紧地和贫下中农结合在一块。所以毛主席著作一定要抓紧学，前些日子还能坚持，最近一打柴就坚持得不好了。今后定个死规定，一定要坚持。我们大队共 5 个生产队：阿青、肖家屹、上团家、下团家、西沟。我们阿青按成分讲是最好的，就是最近出了个富农。肖家屹也是没有地主，这次弄出一个自报贫农的富农。他们队经济条件较差，昨晚又让狼咬死、咬伤了 40 多只羊，至今还该着国家钱。最近他们队非要和我们队合队（我们两队都在一个村），但我们队的社员就是不愿合。我们队经济情况很好，地在全公社是数一数二的，小麦种得多，玉米种得少，社员说只要一丰收，马上能富起来，粮食随便吃。上团家全村都是地富，仅有 3 户贫农也都值得怀疑。西沟全是外来户，都是 1958 年来的。下团家也很复杂。我们大队革委会一个副主任这次正在审查他，可能是个上中农或富农。

目前我们的粮食是每月 38 斤。但根本不够，现在每天一斤三两还不够，如果冬闲不干活还好办，问题是我们去打柴非吃饱不可，如果吃不饱没劲，很容易摔到山涧里去。队里很着急，队长今天晚上还开了个座谈会，专门解决这个问题。队长说看我们吃不饱很着急，他要到公社去请示一下。

班里同学来信说，我们班有 3 个参军的，全校共有 56 个参军的，属北海舰队。我们一听都气炸了肺，像×××这样打砸抢的都让他当兵，这个气我是一辈子也服不了！

目前我身体很好，什么病也没有，就是打柴老有碰破的，回来我就负责给他们上药。村里有谁病了同学就叫我去看。昨天有两个孩子病了，一个是一个贫农的，一个是副队长的。我一看，哎呀！一个刚满三岁，一个一岁多一点。我一量一岁的体温，38.6 度，我们也不敢治，就说到公社把医生叫来。后来那个贫农说医生请不来。我们一听很生气，说非让他来不可。周吉平和黄宇就下山了，终于请来了一个解放军医生，态度很好。

我的破棉袄一点也不暖和，所以没干活那几天，我都穿新棉袄，弄得挺脏的。这几天砍柴，不得不穿破棉袄，袖子短一大块，偏偏又赶上天气冷，气温下降，布糟了，破了好几个大口子。在这里穿球鞋不好，还是穿布鞋好，老乡全穿布鞋。棉裤已经很好了，不用修改了。我身体很好，请奶奶放心。窑洞挤得很，前几天梁林的箱子放在墙角，让老鼠咬了一个洞，简直没地方放了，放到别人箱子上面，看来三两年盖不了新窑洞的。行李袋先不要寄来，最新指示可寄来。燕燕的气想必已经消了吧?! 完了，没时间了，再见! 今天有人到安沟，所以要马上写好发出。

此致
革命敬礼!

问小咪咪好!

夏鹰

1969 年 2 月 27 日夜 1 点于油灯下

奶奶、妈妈、姐姐、小鸿、燕燕、小咪咪：

你们好! 来信今天（4 号）收到，邮票也收到了，请放心。

看了你们写的信，进一步坚定了我的信心，请你们放心。毛主席给我们指出的这条与工农相结合的光明大道，我们是走定了，无论遇到任何艰难困苦，毛主席的教导就是我克服困难、勇敢前进的无穷力量。妈妈的话我一定记住，无论在任何情况下，我们一定坚持学习主席著作，这是一切工作的根本。我生活上很好，一切不用家里担心，路费也没问题，明年我肯定回得了家。目前我身边有 35 块钱，一分钱也没动，身边还有零钱。姐姐明年也能回来那就更好了。

通过一个月的时间，我有一个很深刻的感觉，农村和城市相差太大了。过去修正主义教育路线不叫我们和工农相结合，"文化大革命"以来下了几次乡、厂劳动，还觉得吃得不好。可是和这儿一比，好上不知道多少倍。如果不和工农相结合，永生永世待在城市里，那培养出来的就是修正主义分子。实际上工厂和农村还相差很大，过去想去工厂，挖一挖思想根源，还是怕艰苦。妈妈说得对，穷则思变，越穷越能磨炼人的意志，越能激发人克服困难的信心，我们有决心有信心一定要把革命圣地延安建设好。身在穷山沟，胸怀全世界，我们知道，我们在这里多打一斤粮，就是对世界革命的一分支援。

我们和全村贫下中农的关系很好，他们没事都爱到我们屋和我们聊天，劳动时也和我们聊。这样村里的阶级斗争情况、政治情况我们就初步了解了一些。对于生产情况我们也基本了解了一些。实际上我们村的生产潜力还是很大的，只要麦子一丰收，马上就富起来。1958 年大丰收，粮食多得吃不了，还交了 2 万斤公粮。我们队劳力少，平均每家差不多一个劳力，所以地种得很粗。我们一来，全村的人都对我们寄予很大希望，因为我们在阶级斗争中是一股力量，在生产上也给他们增加了不少劳力。我们也下了决心，绝不能辜负贫下中农对我们的期望。

村里的情况挺复杂，底下有些群众对大队革委会主任意见挺大，说大队革委会主任是二流子，一年到头不参加劳动。当然这些话我们要亲眼看到才能相信。大队革委会那个成分有问题的副主任，现在也还让他工作。他兄弟是公社革委会副主任，所以底下群众意见挺大。我们村子那个肖家屹生产队，这次清理阶级队伍搞出了一个自报贫农的富农，可他现在还是"贫宣队"（我们这有贫下中农毛泽东思想宣传队，是一个组织，简称"贫宣队"）。这些事说明我们大队的阶级斗争是很复杂的。春节前那个工作队（是县社毛泽东思想宣传队），现在再也不来了。越是在这种情况下，我们越是要紧紧地依靠贫下中农，否则光靠几个学生是不行的。

我们的生产队长真是不错，村里的绝大多数人都拥护他。自从我们来后，他对我们特关心，给我们买东西买菜。他无论在政治上和生产上都很强，对我们知识青年的成长很关心，就连我们的粮食问题他都要开个会商量，这是我没有想到的。当时我心里真感动，来时我是没有想到贫下中农连这样细小的地方都这么关心我们。

我们队长不太愿意干了，说不会计划。我们就说："我们一定要让您当，我们八个人跟着您干，您让我们干什么我们就干什么。"队长的阶级界限很分明，因为他父亲就是让敌人杀害的。我们知道农村的领导权必须掌握在贫下中农手里。前几年就让一个中农当队长，结果还欠下了国家200块钱。

牲口问题是很重要，现在主要是没人愿喂，喂的人又很不负责，使用牲口也不爱惜，所以一个个瘦得皮包骨头。最近死的几个牲口都不是病死的。我们想学着喂，一是没时间，二是没人带。目前牲口问题成了一个大问题了。

目前虱子大家还没有，我们准备买"666"，衣服上洒点就消灭了。其实我们也不怕，没什么可怕的。

做饭我们早已接过来了。给我们做饭的两个老太太都很好，现在有一个老太太还在天天帮我们做饭，我们接的那天送给两个老太太两个大磁纪念章，老太太很高兴，给我们做了一碗像油炸糕似的东西，很好吃。

吃饭的问题我们每天每人按一斤二两吃。这儿打柴非多吃不可。你们放心，粮食问题我们肯定能解决。实际上现在和农忙一样。安家费我们花得很省。

这里最近一个时期也冷得很，打完柴一身汗，一干冻得够呛。不过从昨天起天气好转了一些。高原的天气是变化无常的，有时今天阴云密布，明天就是万里无云的大晴天。晚上月亮特别亮，简直和白天一样，反正眼界特开阔，远处是雄伟的群山，背面覆盖着白雪，一眼望不到头。在这里心情很舒畅。

现在我们每月38斤粮，要拿车到县城去拉，来回110里。可以买商品粮，也可以买原粮，我们就买原粮。因为公家的粮能磨出80%，而我们这儿能磨出90%。

今年回家我是回定了，我们八个人全有路费，所以不用"长征"回来。姐姐不知道"长征"也特费钱，而且背着书包、手提包很难走。我们都打算等秋收一完，粮食分完了马上就回来，住上两三个月。无论如何过完春节再回来，回来时在西安玩几天。希望姐姐今年也一定回来。

小鸿给我寄的东西还没收到。小鸿的病很使我担心，希望小鸿能够吸取教训，现在我们治好病是为了将来的革命事业。苏修不是最近又向我们进行了武装挑衅吗？毛主席教导我们要备战备荒为人民，反正这些道理你也懂，我就不多啰唆了。思想上的病治好了，身上的病也就好了。

燕燕的情况如何，请来信告诉我。

就写到这吧！

此致

革命敬礼！

夏鹰

1969.3.6 下午

妈妈、奶奶、姐姐、小鸿、燕燕、小咪咪：

你们好！寄来的《红旗》杂志和《打倒新沙皇》的小册子早已收到。信是昨天收到的。

这两天气温下降，昨天下了一场雪，今天雪未化，不能上工，因此有时间写信。这场雪对麦子很有影响，麦子刚活过来，受了冻了，就要减产，本来今年的麦子是不错的。

4月1号，无线电里传来了振奋人心的特大喜讯："九大"隆重开幕了，我们高兴得都要跳起来了。当8:30听到"9:00有重要广播"时，我们知道一定是"九大"。当时外面正下着大雨，我们赶紧出去把社员都找来了，坐了满满一屋子，大家都闭住气静静地听着。我们的心是多么激动啊，多少个晚上，我们围在收音机旁，盼望着听到这个振奋人心的消息。在这个"文化大革命"取得伟大胜利的时刻，我们这些远离毛主席身边的祖国儿女，听到来自北京的特大喜讯，心里怎能不激动，我们在心里千遍万遍地高呼："毛主席万岁！毛主席万万岁！"

第二天上午在我们村开了全队的庆祝大会，然后举行了游行（绕村一周）。我们还刷了许多标语，贴满了全村。在这里，如果政治上不抓紧，真像与世隔绝了一样。现在我察觉到我的政治热情就不如在北京时那么高了，这就是受了影响了。我们这儿有许多人现在还不知"九大"是怎么一回事，大家开庆祝会，还有一个人在卖劲地干自留地。

从信中知道了北京游行抗议苏修侵犯珍宝岛的情况，我真是太羡慕了，这次实际上是来了一个全国的战备大动员，可我们这冷冷清清。李连元他哥也是东北军垦的，就在虎林县。现在已经改为供给制了，也发了枪，正在进行训练，他们那真是太适合了。姐姐那儿要是真的改成军垦可就太好了，那我比她还要高兴。小鸿也最好去农场。

我们一直没有闲着，自留地现已分下来了，是全队最好的地，就在村头。我们一直没有种菜，没时间。不过我们一定找时间种下去。现在我们在修水利。这次我校（北京四中）分配很不像话，六六届、六七届的许多人进了工厂，使六八届的受了影响。我校批了70多个去吉林，结果只有30多人去，其余的都等工厂。实际上这样做就是不符合毛泽东思想。

姐姐在信里说的那点我也有这个体会，到农村插队最得预防这个，生活上苦一些没事，就是政治上不能弱。如果政治上稍微松一松，慢慢地就会变成目光短浅，活着就是为了吃饭。你们在北京听没听到说我们这非常苦等等的话，李连元他们家已经听到了，还给寄来4斤炒面。请你们不要信这些话，根本不是这样，我们过得很好，大家身体也都很好，从来到现在两个月，我们已经吃了6只羊，还吃了牛肉、猪肉，比在家吃肉还多，而且花钱不多。

现给你们寄去1本小四卷合订本，是我买到的。正好这天供销社来了4本，我们正好下山，把4本全包了。我买了两本，卖了1本给同学，给你们寄去1本。

我们这的梨是不少，有一年一户就分了2000斤。主要问题一是没人管，二是运不出去。将来我们一定想办法，这笔收入是很大的。

套袖和旧布先不要寄，等我想一想哪些还需要寄，再写信告诉你们一块儿寄来。

小鸿的画也还可以，因为是第一次么！以后画这样的画要用深色的铅笔画。小鸿学校形势这样好，我也很高兴。希望你抓紧毛主席著作的学习，坚持在任何时候用毛泽东思想分析一切，大是大非一定要清楚，还要继续注意身体。千万不要再犯病。

今年我还是打算回家的。我和同学们都说好了，路线也确定了，路费来回只需30块钱。希望姐姐一定尽量回家，否则以后见着见不着面恐怕很难说了。

寄去两张照片，那张一个人的是同学给拍的，好了就写到这吧。

此致革命敬礼！

夏鹰

1969.4.4 晚

奶奶、妈妈、姐姐、小鸿、燕燕、咪咪：

你们好！4月2号的来信已于10日收到，寄来的特大喜讯也收到了。

从你们的信中，知道了北京隆重庆祝"九大"的情况，心里异常激动，我好像又回到了北京，看到了那激动人心的场面。你们能在北京庆祝"九大"，真是太幸福了，我真羡慕你们。

春天到了，山里风景很美。白色的杏花，粉红色的桃花，开得漫山遍野都是，今年我们又种下了好几百棵苹果树。春耕已开始了，这几天忙得很，一天到晚，一点时间都没有。这两天轮到我在家做饭，才算有了时间给家写信。我们每天上午6:00起床下地劳动，9:00回来吃饭，10:00又下地。下午2:00回来吃饭，3:00又上工了。晚上7:00才回来吃晚饭。因此每天固定的天天读时间没有了。这些天毛著学习没抓紧，思想也有一些波动，有时就想家。后来学习了毛主席关于知识青年上山下乡的语录，使我的信心坚定起来。我觉得可怕的不是环境艰苦，可怕的是自己的思想怕艰苦。我们这儿生活上吃的什么也都可以，主要就是政治环境不太好，虽然是革命根据地，但由于交通很不方便，所以消息很闭塞，两年轰轰烈烈的"文化大革命"对我们这里没有什么影响，直到现在，县革委会里派性也闹得很严重，简直跟1967年北京的形势差不多，尤其是斗批改进行不下去了。如果不搞革命，生产怎么能上去呢？北京的庆祝"九大"活动搞得那么隆重，这里却是冷冷清清。不过你们放心，我是绝不灰心的。

小鸿、燕燕，你们在毛主席身边，有这样好的政治环境和生活条件，千万要抓紧学习，提高思想，为将来参加社会主义建设，为共产主义贡献自己的一份力量打好基础，绝不可将时间白白浪费过去。

我们的工分已评了下来，是 8 分半，这是贫下中农对我们的关怀。但现在有些人又不同意了，说评高了。干活也不好好干，专和我们比。我们说，我们是来接受贫下中农再教育的，是来受锻炼的，又不是光为了吃饭，为了几个工分。我们决定自己提议，减到 7 分。但无论多少分，我们都拿出全部力量来干。

五一你们要寄东西就寄吧，本来我是一点东西也不打算让家里寄的。我们在这一分钱也舍不得花，寄东西钱别花太多了。围裙和搭肩不用买，在这里一戴上就特殊了，而且县里也没有，我们县还不如大红门呢。

燕燕已经转到复外二小去了吧？不愿意去也是可以理解的。我看不应该转到那儿，改成厂办和街道办小学，不在于它的形式，只要能达到培养革命接班人的目的就行。再说学校应照顾学生的困难，最好就近入学。说这是对毛主席的态度问题，也提不到那么高上去。要通过正当手续来解决这个问题，也不要一不服气就闹无政府主义。不过如果真的不行也没什么了不起的。只要有一颗忠于毛主席的红心，到哪都一样干革命。你不要因为这个事放松了政治学习，消极起来。学学主席著作就能正确解决这个问题。

不知信到家时姐姐走没走，小咪咪怎么也不来信了？奶奶身体好吧？我一切都好，请家里放心。好了，该赶紧做饭了，由于不会做，笨鸟先飞。

此致革命敬礼！

夏鹰

1969. 4. 12 下午 4:06

希望以后来信多讲讲北京的整个形势，斗批改，干部下放等。

奶奶、妈妈、小鸿、燕燕、小咪咪：

你们好！家里先后来的 3 封信都收到了。从信中知道了姐姐已回内蒙古，小鸿寄的喜报也收到了。包裹是 5 月 8 号取来的，里面的糖都化了。酒精是百分之多少的？请来信告诉我，其实我们早已有了酒精了。可惜的是周吉平下山把红旗杂志和报纸都取来，在回来的路上给丢了，不知里面还有什么别的东西。

从信中知道了北京庆祝"九大"活动的盛况，心里很高兴。我们从半导体中也听到了北京庆祝"九大"的录音，还听到了"九大"纪录片的录音，亲耳听到了我们伟大领袖毛主席那激动人心的声音，这是我一生中最大的幸福。我们公社在"九大"闭幕那天也举行了隆重的庆祝游行活动，公社的各个大队都在第二天敲锣打鼓打着红旗到公社开广播大会（全县的），有些大队抬着各式各样的礼物到公社报喜，大会以后还举行了游行。

今年的五一是我不在北京度过的第一个五一，五一那天我们向队里请了假，下山洗了衣服，晚上听了北京欢庆五一之夜的实况广播。

现在已经闻到火药味了。我们早就想打仗，这次要有充分的战备观念。我们在这里有关备战方面的消息知道得很少，听说总理在全国计划工作会议上有个报告，里面谈到许多有关备战问题，说是北京传达了，能不能来信说说。我们在这里抓革命促生产，多打粮食就是最好的备战。要把它同世界革命联系在一起，另外要特别注意阶级敌人的新动向。事情就是这样，国内国外的阶级敌人总是互相呼应互相配合的，现在国内的阶级敌人过高地估计了自己，认为时机已到，也蠢蠢欲动起来。前些日子，4月中旬在我们村去公社的道上，发现了几张极为反动的标语，是用钢笔写的。此人很狡猾，用左手写的，矛头直接指向我们的伟大领袖毛主席，并写了"气死公安局"，反动气焰何等嚣张。县里公安部门派了一名工作人员来到公社，专门调查此事，直到现在仍没有破案。

最近陕西省革委会的黄静耀同志有一个讲话，具体地谈了备战问题，我们省武斗时把枪支弹药都收了，民兵组织处于瘫痪状态。这次民兵组织都要恢复，并要组织训练。陕西省农业生产一直很落后，每年要向国家要20亿斤粮食。今年又要了许多，由于运送战备物资很紧张，还没有运过来。陕西3个地方最困难：延安专区、榆林专区，还有一个忘了。这次粮产量都要上去，要多种高产作物，余粮不要卖，做到每家每户每队每社都有自己的存粮。对社员加强备战教育。陕西省过去民主革命不彻底，隐藏下来的敌人不少，目前全省共清出38万人。

延安的建设已停止，我们大队去当民工的已回来了，他说是中央不让修了，他去只打了地基。据说准备修两条铁路，也不修了。可能与战备有关。

我们这里一年只放两次电影，前些日子在我们附近一个村子放了电影，是几个纪录片，我们都去看了。

最近我们发了布票，一共一丈七尺六寸，我们到公社开了证明，要把它换成北京市布票，是否寄回家去，请来信告我。换的时候还要到妈妈机关去开个证明，我在这里一尺也用不着。听我们村回来的那个民工讲，这次本来延安修建规模很大，光技术工人就有2000多名，这次修建时把延安烈士纪念塔给拆了，延安的纪念馆有东馆和西馆，现在各个地方都停工了，只有延安的邮电局还在修。

听说北京西城区要来一个慰问团，我们学校也要派代表来。关于我校分配情况，原来我校还有200名去北京内燃机总厂的名额，后来工宣队不要，说越是这样的学校越需要到艰苦的地方去，为此我校工宣队受到上级表扬。我们班3个去北京电机厂的，王洪涛分配当喷漆工，其余两个分配在翻砂车间。高林随他哥哥去吉林，地方很富，他还给我和梁林寄了封信，说自己没分去内蒙古军垦的原因，可能是家里出了问题，自己在学校表现也不好。

这些日子来，生产很紧张，上午5:00多就起床，直到晚上8:00多才到家。所以一直没有工夫写信。现在队里的活主要就是种玉米、锄麦，往地里挑粪，掏地，滤粪。今年麦子长得很好，已丰收在望。玉米种的稍迟了一点。现在天气渐热，高原的天气，早上还要穿棉袄，一到中午热得要命，大家都把衣服脱了，光着膀子干活，热得浑身汗流浃背。大家都背诵起李白的诗句："锄禾日当午，汗滴禾下土，谁知盘中餐，粒粒皆辛苦。"山后一片翠绿，很好看。尤其有些山沟底下的自然风景，比颐和园还好看。果树的花都已谢了，已结出一个个小小的果实，今年水果又是丰收在望了。

我们的自留地差不多全部种上了。种的菜很多，有白菜、土豆、黄瓜、菜瓜、胡萝卜、南瓜、冬瓜、西葫芦、辣椒、葱、豇豆（包括扁豆）、玉米，还留下了一块红薯地和萝卜地。现在我们的菜的小苗已全部出来了。这次我们玉米种的不少，种了一亩来地，还准备多种些红薯。其实队里给我们的自留地多了，公社规定每人2—2.5分地，而我们队却给了每人5分地，是棉花地，很肥。修水利的活早就不干了，修水利就是把一块平地的边上墙拍上，使这块地的水分跑不了，他们沟底下都是像大寨修的那样，用石头把地边垒上。我们山上没有石头，就用土，把它砸结实了，修水利的活也比较累。

下半年，我们县上就要来拖拉机，这是工业支援农业。另外我们村还要拉有线广播，安装电话，设代销点，搞合作医疗，这样一来真是太好了。

我们八个人都很好，大家也很团结，每天尽管生产这么忙，还是要坚持早请示晚汇报的制度。和贫下中农的关系很好，贫下中农和社员都对我们很关心，经常送自己腌的酸菜给我们，还在干活中教给我们生产技术，教给我们怎样干活能省劲一些。有时我们不会干，搞得又累又不快。我们生活过得也很好，吃的那几只死羊都不是病羊。前几天有两个同学病了，大家都很关心他们，有的拿出自己的红糖，给他们做红糖小米粥。我就成了"大夫"了，给他们吃药。最近我们决定把文化生活搞起来，每人出一块钱到城里去买排球。将来还要把篮球搞起来，修个乒乓球案子，做单双杠等等。我们的饮用水基本上比较干净，明矾也可以寄来，反正是有用的。再给我刻个图章寄来，我们这里图章很需要，就刻一个方的仿宋体的就行了。

我的身体现在很好，一直没有得病，力气也大了，对于比较累的农活比如挑粪、掏地，也都不太觉得累了。只是身上长了虱子，现在我也无所谓了，长它也不是多可怕的事情。今后我一定抓紧毛主席著作的学习，认真学习林副主席的政治报告和"九大"一系列重要文件，努力提高思想觉悟，一切为着革命和战争的需要，在农村这个广阔的天地中，锻炼出一副无产阶级的钢筋铁骨，准备接受将来更严峻的考验！

我们县的派性仍然比较严重，我们不会介入，只是了解了解而已。

看了小鸿的来信，知道你参加了红卫兵，我向你祝贺。一个真正的红卫兵战士的最高职责，就是做一个真正的毛主席的红色卫兵，一个毛泽东思想的红色卫兵，一个毛主席革命路线的红色卫兵。参加了红卫兵，绝不能成为你前进道路上的障碍，从此骄傲自满起来，而应该成为自己思想革命道路上一个新的动力、新的起点，应当用更高的标准要求自己，时刻用毛主席接班人五项标准衡量自己，一刻也不脱离群众，一刻也不放松毛主席著作的学习。

小鸿的身体我很不放心，希望你认真想一想，在这个问题上你是不是符合毛主席的教导，别人的意见你是不是都认真考虑过了，有没有经过自己头脑的周密思考。妈妈、姐姐都来信说，一说你就不听，这符合不符合毛泽东思想？希望下次来信能谈谈你自己的看法。

另外，现在家里你最大，就得懂事一点了，要多帮助家里干活，奶奶身体不好，你要多关心关心她。主动搞好同燕燕、咪咪的关系。

燕燕现在也应该正经一点了，以前那个脾气也不知改没改？那个转校的事到底怎样了？看样子又回到铁十小了吧？燕燕在家也应当主动帮奶奶干活，你是红小兵，在政治上更应该严格要求自己，以前你那种别人说不得碰不得的脾气绝不是无产阶级的作风，应该赶快改过来。

寄来的木刻主席像今天收到，太好了。《党史》是不是大专院校天派编的，如果是就不用寄了，因为李连元带了一本。

小咪咪最近怎样了？怎么也不来信了？

寄来的纪念邮票（6张都收到了）很不错，同学们看了都称赞。今后如有好的纪念邮票可寄来，如没有就不必寄了，现在我们邮票起码够用一年的。

牙净收到了，我的牙膏来时带的那半管"劲松"到现在还没使完，那三管新的动还没动呢。

现在我身边还有30几块钱，用得较费，我一月买一斤红糖，因为现在没菜缺乏营养，有几个同学身体很弱。

身上有一斤北京粮票，现寄回去。

此致革命敬礼！

夏鹰

1969.5.16 雨

奶奶、妈妈、燕燕、咪咪：

你们好！包裹和信都收到，是在10月3号收到的。我也搞不清楚为什么这么长时间才收到，可能是十一以前我们这下了十几天连阴雨，铜川到延安的汽车通不了，所以耽误了。包裹中的东西一点也不差，请放心。

伟大的十一国庆节已经过去了，我迫切地等待着你们的来信，好知道北京十一的盛况。先给你们说说我们这里是怎样过国庆节的。在国庆节之前，我们是天天盼着国庆节的到来，但怎样过国庆节，怎样过一个革命化的十一，大家都没想过，只想十一反正放假，听广播。至于全体社员——因为这里以前是从来不过十一的，再加上秋收忙，大概全体社员放假也行不通，也就没考虑。再加上十一前我们这下了十几天的连阴雨，一直下到 9 月 29 号晚上才停。这时候大家一想后天就是十一，才想起来应该准备准备。晚上队里开会，我们就找到在我们这里领导整党工作的两个干部，说了庆祝十一的事。他们同意把全大队社员召集起来先听广播，然后开个庆祝会。于是第二天下午我们都没上工，在家里忙着写标语的写标语，画黑板的画黑板，这时我们的心情都是很激动的。今年和去年是两个截然不同的环境，但今年比去年增加了新的意义，大家都以在北京那样高的政治热情来积极准备着。晚上我们听了周总理在国庆招待会上的讲话实况录音和十一重要社论。

第二天就是十一，正好是个大晴天，我们大家起来后（当然没什么新衣服可换），还穿着劳动的那身衣服，每人胸前都别了一个大纪念章，大家把会场布置得很漂亮。我们把队长家的那个大半导体收音机搬出来，放到凳子上。吃完饭（今天我做饭）大家都围坐在收音机旁听着。这时社员也来了不少，9:30收音机开始播天安门广场实况，大概 9:55，东方红乐曲响了，毛主席登上了天安门。听着收音机中传出的天安门广场雷鸣般的"毛主席万岁"的欢呼声，我的心也飞到了天安门。脑子里又闪现出去年和前年我们在天安门游行的情形。然后听了林副主席的讲话，又听了一会儿游行的实况，我们大队的庆祝会就开始了。这是我们阿青村开天辟地第一回呀。开会之前，根据社员的意见，3支土枪齐放，可惜有两支没响，后来在唱歌的时候响了。然后我们大队革委会主任讲话，还有贫下中农代表讲话，我们也发了言，开完会以后演文艺节目。我们只唱了一支歌，还有女生演的［节目］，贫下中农也唱了几支歌，会就结束了。下午我们全体知识青年开了座谈会，大家都谈了感想。晚上全体社员开关于整党的会，十一的一天就这样结束了。

从信中知道了李连元的叔叔到咱家去了。他叔叔到我们这的时候，临走时跟我们要了地址，说有时间的话就到我们各家去，我们都没在意，没想到他真去了。

小鸿前些日子给我来了第二封信，情绪还不错。他第一封信说他们受骗了，我写信说了他，他说他同意我的意见，现在我很放心他。

我们这现在正在进行整党，从9月中旬开始到11月结束。这次整党我们公社是全县的重点试点，县里派了60个人的工作组（由县和各公社干部组成），分到全公社24个大队领导整党工作，我们大队来了两个干部，他们根本没有发动群众，党员的思想问题也没有真正解决，就把所谓"成绩"报上去了，还登在公社关于整党的《情况简报》上。他们也不参加劳动，晚上开会开到一两点，社员早上照样起来上工，他们却睡大觉。最晚的一次开到早上4点。我们对他们是有意见的。这次革委会主任给了我们十天中有一天学习时间，有利于我们加紧学习。

我们大队的民兵整建工作已经完成。这次公社有规定，知识青年都不是武装基干民兵，都是基干民兵，我们村我们9个知识青年还有两个青年社员编为一个基干民兵班，据说我们不能当武装基干民兵的原因是"历史不清"。

十一以前我们这儿下了十几天的连阴雨，我们都没上工。八月十五也是下着雨，八月十五晚上我们摘了一大书包梨，队里杀了羊，我们分到八斤多。八月十五以后我们连吃三天馄饨，因为都在家，也没事。

现在我们已经分到了许多东西，我们分到了一斗二升七的芝麻（一斗35斤左右）。我们队枣不多，只分了我那个一提包的枣。梨分得最多，共分了1000多斤梨，如今年能带回去的话，一定带回去一些。还分了二斗七的糜子（一斗大约三四十斤），还分了一些玉米。

我们的秋收刚开始，也就是收玉米高粱。妈妈在信中说的多洗洗衣服，妈妈不了解情况，我们洗一次衣服要误一天工，我们在队里差不多顶一半劳力，队里活一累，少了我们就没人干活了。所以我们还是以集体利益为重，现在我们又快两个月没洗衣服了。一般的我们是一个月洗一次的。

关于回家的事，我同意妈妈的意见，想回家也是必然的，但如果是革命需要的话，也可以牺牲个人利益。

我们自留地的玉米已都熟透，但因为我们队给了我们比规定多一倍的自留地，而且公社规定学生菜地不能种粮食，所以我们决定把自留地所有玉米全交队里作储备粮，这也是对农村中资本主义自发势力的一个震动。我们的菜是很丰富的，每回我们一摘豆角都是几大筐，我们的红薯、土豆都熟了，足够我们吃的。

十一社论我一定抓紧学习，请你们放心。不多写了。

（听说因为战备，延长县开来解放军一个团）

（我和姐姐通信太困难了，一封信要半个月才能寄到，我已经好长时间没有收到她的信了。）

（请寄信纸来，用印刷品寄）

毛毛

1969. 10. 10

1970 年

奶奶、妈妈、燕燕、小咪咪：

来信收到了。得知姥姥病逝的噩耗，心中十分悲痛。十几年来姥姥辛辛苦苦把我们养大，临终前还没有见她一面，这是我最大的遗憾，也是我万万没有想到的。今天我和周吉平耕地回来接到信，我说可能是妈妈从上海回来了。周吉平说如果你姥姥死了你哭不哭，我说我家谁死了我也不哭。没想到这竟成了事实。在这表示我对姥姥的沉痛哀悼。

我想，在一个人的一生中，这也可以算作一次考验吧，这是一个人难免遇到的事情，绝不能因此而影响自己的情绪。

现在的形势是那样的令人振奋，一个更大规模的农村社会主义建设新高潮已经到来，建设社会主义新延安的运动蓬勃发展，这样比以往任何一次运动的规模更大。在不远的将来，延安将真正无愧于她的光荣称号！

最近，我们传达了在北京召开的延安地区插队青年工作座谈会的一系列文件，周总理接见了座谈会的人员，作了极为重要的讲话，那些文件的重点我都抄了下来，给你们寄去。只是周总理和谢副总理等人的讲话很难搞到，因此我在这简单说说。总理在一开始就问你们为什么不找青年人来，总忘掉群众，说起来叫人难过。接着讲了主席 1949 年那个复电，说全国解放了，延安的同志打来电报，主席打了复电回顾历史，怀念延安。一开始总理就回顾历史，讲了刘志丹是好同志，延安不提刘志丹是错误的。刘志丹像赣东北的方志敏，海陆丰的澎湃，广西的韦拔群，都是好样的。

总理说他是去年才真正知道延安的情况的。他认识几个学生，去延安插队，回来说不好，有片面性。说主席在延安时每家老乡都有几缸小米，一缸酸菜。现在延安如能达到那时的水平就不错了。

总理对知识青年很关怀，他问了延安有插队青年的有多少大队，答有 1600 个大队。总理说北京市派 1600 个干部去，到每一个大队，要身体好的，干个三五年，如需要，本人也愿意，可留下，工资供给都由北京负责，归县革委会领导。总理说他当了 20 年总理，延安的情况这样，他有责任。当时许多人都很感动，说我们的工作做成这样，还要总理负责。我们县副主任参加会回来，传达时都哭了。

总理说今后延安和北京直接挂钩。总理还批评了这次慰问团，说搞得不好，名字起的挺好，工宣队等等，有些去就是准备挨骂的。

谢副总理、纪登奎、吴德同志的讲话对知识青年也极为关心。中央首长对我们这样关怀，我们怎能不好好干呢？如果我们三心二意就对不起中央首长们对我们的期望。

现在我们这里到处是一片热气腾腾的革命生产景象，公社抓得很紧，声称要在1972年上"纲要"，我们队的地都插上牌子，有"纲要田"、"黄河田"，都有指标。"纲要田"上肥5000斤，亩产400斤，要知道原来每亩上肥不过二三百斤，亩产100多斤，往地里担粪，上至老太太，下至七八岁小孩都出动了。我们县决定修一条通往宜川的战备公路，从我村通过，要动员3000个民工在很短时间内完成，现在马上就要动工了。

这次我回到农村，回到了艰苦的环境中，和北京一比，真是天地之别，体会是很深的。我觉得回家这一关我没过好，和朴实的农民们在一起生活，就会发现自己的许多缺点。妈妈，说实在的，在北京我总想，劳累一年了，好好休息休整，因此你们一说自己还有点委屈，现在一想这种思想是多么的可耻！我们许多同学在这个问题上也是这样，周吉平觉得委屈，还哭了一次。

回来时说一定要把生活搞好，但回来后一想，觉得不应强调这方面，如果单为把生活搞好，那今年我们8个人可以过得很好，这是实话。但我们的目的并不是吃好就够了，这会使我们忘掉肩上的革命重担。在目前，应强调艰苦奋斗，强调在三大革命中努力锻炼自己，强调艰苦创业，革命加拼命建设社会主义新农村，在这个基础上尽可能地把生活搞好，这是辩证的，强调生活好会忘掉革命，不注意搞好生活会影响革命。

我想我们正在青年时期，应该努力为祖国做贡献了，不能有一点混的思想了。建设延安是我们的当然责任。将来当我们回顾这一段往事时应该是："既不为虚度年华而愧恨，也不为碌碌无为虚度一生而感到羞耻。"毛主席、首都人民把建设延安的光荣任务交给我们，我们应该好好干，绝不应对别的转军垦等事抱幻想。当然一辈子的事是另一回事。

妈妈，事很多，我不打算浪费时间了，时间是很宝贵的。现在我们的生活过得很好，我们回来后，说起来很有意思，那个大队副支书（和我们最好）一定要请我们三个到他家吃饭，因为他们五个都吃了，我们也不好推托了。这回清明节我们又蒸了大老馍，是我做饭我蒸的，蒸熟后称了称，有一斤七两重，社员也像去年一样给我们送东西。

这次我们和社员的关系好多了，亲如一家。队里正开展一打两反，天天晚上开"马拉松"，这是最受不了的。最晚一次开到3:30，第二天6:00多又起来干活。我是负责领大家唱歌的。

今天我们分了钱，每人10块，这是我们自己用劳动得来的，目前我们收入总共还有170多元，一人起码还能再分10元，请家里放心，不会没钱花的。我们八人分了十几斤棉花，一人一斤多，集体还有2斤，大家决定把那2斤先发给我，让我做褥子。另外我那破棉袄也打算改一改，买老布换面改成中式小棉袄。我的生活自己会料理。

叫奶奶保重身体，妈妈不要节约钱，该花就花，没什么了不起，大不了不回家，活人还能让尿憋死！

不写了。

（燕燕的信写得不错，有进步。）

（让小咪咪来信。今后如没时间可能晚回信，请你们有思想准备。)

夏鹰

1970.4.12 晚 12:00

请妈妈买些片页纸（当信纸用，又节约，又练字）寄来，另外买一本管理果树的小书一块儿寄来。

姐姐现还没给我来信，她的情况怎么不好？叫奶奶好好保养身体，别伤心，我总想姥姥的事。

燕燕，我们学的俄语是战场喊话，还有蒙语，各十句。例：缴枪不杀，我们优待俘虏，站住，出来，走，快点，跟我走，不许动。社员和同学们都说得很熟练，我很佩服，因为这是在我来之前学的，没有毛主席万岁，也没有学写字。

总之我们这儿一切都特好，我觉得很有意思。昨天杀了三只鸡，又恰好是黄宇的生日，大家吃了一顿鸡汤面，极香。

这封信如有必要，也可给爸爸看。

我觉得一个人就得从小在外锻炼好，从现在看，好像在北京工厂的守着父母多好，但一个人怎能老在父母身边呢？将来世界革命埋葬帝修反还要靠我们。我觉得守在父母身边，在舒适的环境里是不能造就人的。四海为家，以苦为乐，才是无产阶级革命战士的本色！

我们的柴已打够 200 多捆。

夏鹰

1970.4.13 午又及

昨天碰到勘测线路的人，他说这条线路七一前修成，通□□公共汽车。

总理讲话还提到原来那个修延安的事，说要雪中送炭，不要锦上添花，那个事晚十年三十年也不要紧。

4.14 又及

妈妈：

寄来《红旗》杂志第六期收到了。这一期很重要，我一定好好学习。燕燕夹在信中的《地道战》插曲也收到了，很好，就是有些音不对，最好下回把另一个结尾的歌写出来，那个比这个好听。

妈妈，我现在在水利工地给你们写信，现在大家都已吃完午饭，都在睡觉。北京干部10日到的我们队，那天真是热烈的欢迎。大家先都在离村近的地里干活，刚干几下，远远看见北京干部来了，马上跑回去，敲锣打鼓地拥在干部后面，跟着到了会场。我们开了欢迎大会，会上大队党支部、贫下中农和知识青年代表都发了言，北京干部也发了言，他决心在延安干一辈子革命，和延安人民一起建设社会主义新延安。

我们夜夜想，天天盼，今天终于盼来了毛主席派来的亲人。大家的心情是多么激动啊！北京干部这一来，把首都人民和延安人民的心连得更紧了。当天晚上，我们知识青年、队干部和北京干部开了座谈会，党支书介绍了大队的基本情况，干部们也都发了言。第二天我们知识青年又和北京干部开了个座谈会，把我们一年多来的体会、收获、经验、教训谈一谈，使干部能吸取我们的教训，少走弯路。这几天干部又召集了知识青年负责人开了个会，谈了学习的事。

　　这次我们公社来的北京干部都是北京市公安局的，都穿着军装，但没有领章帽徽，其中有一个女的。据我们这儿的干部说，没有下三十岁的人。我们这个干部叫金秀柱，是北京市公安局朝阳分局的，38岁，党员。他管我们和另一个大队的知识青年工作，同时又是我们这一片好几个大队北京干部的小组长。他来之前在北京公安局的五七干校"109农场"劳动了一年另五个月，是个"老学员"了。他还给我们看了他家的照片。这个干部很有水平，也有能力。现在大家决心都很大，都决心和北京干部一起把我们大队搞好，要好好向北京干部学习。他第二天就到那个大队去了，第三天就参加了劳动。他有高血压和关节炎，他要求来时，领导考虑到他的病，不想让他来。但他说："请领导放心，我绝不给首都人民丢脸！"我们看这北京干部的一言一行，再比比自己刚来时的思想，相差多远！党中央和毛主席这么关心我们北京知识青年，把建设延安的重任交给我们，我们不好好干，没有脸见首都人民！

　　就在干部来的那天，发生了一件谁也意想不到的事。刚开完欢迎会，主任拿着一个公社通知找我们，要调周吉平到县里去学开拖拉机，第二天一早就要走。当时李连元正在县里学三用半导体，大家都不知怎么办好，又高兴又舍不得，担心队里的工作。主任说："给咱好好学，这是咱公社第一次啊。"周吉平表示一定好好学。当天晚上和干部开完座谈会后，大家在一起又开了个会，这一去就是40天，而且回来也不在大队了，大家都依依不舍。大家谈了谈，让周吉平对每个人提了意见与希望。会开得很晚，队里的贫下中农都不愿让他走，我们也不愿他走，我们知道他在队里起着重要的骨干作用，现在北京干部也来了，还没待一天就要离开。这一走给队里和知识青年的工作带来了很大困难，可是也没办法。第二天吃了午饭他就走了，贫下中农都很难过，依依不舍。他在快到县城时碰到了李连元，李连元也愣了。他们没说什么就分手了，我们老大娘还给他煮了许多鸡蛋，为他送行。

这次上面下来一批拖拉机，县里拨给我们公社两台 40 马力的，将来公社成立机耕站，并要马上选两个优秀的知识青年去学，这次很急，当时各大队书记都在公社开会，都报名，我们主任就报了周吉平，于是就选上他了。

李连元回来后大家商量说不行，感到给工作带来很大困难，和主任及贫下中农商量后，第二天就去公社找书记谈，没有谈成。公社主任说要以局部利益服从全局利益，大队服从公社，公社服从县里。这是我们公社和县里第一代拖拉机手，必须要挑好的，这是经过县里批准的。有困难要自己克服，不要说你们八个人走了一个，就是将来革命需要调走你们五六个，剩下一两个，也要好好干。我们没办法就回来了。晚上和管我们的贫下中农开了个会，大家都说不能灰心丧气，要振奋起精神来，好好干。大家重新分了工。我们觉得，虽然我们的工作能力很小，不如周吉平，但只要大家都把每个人的力量发挥出来，就一定能克服困难。这两天大家情绪比较低沉，11 日是《愚公移山》发表 25 周年的日子，我们重新学习了《愚公移山》，坚定了我们克服困难的信心，不但要用愚公移山的精神改天换地，改造客观世界，而且要用愚公移山的精神改造主观世界，克服各种非无产阶级思想，一步一步地树立起无产阶级的世界观。

这次领的三用半导体分两种，一种是北京支援的，不要钱。每个半导体带28张唱片，是8个样板戏。一种是陕西买上海的，要100块钱，没有唱片，我们分的是要钱的，还没有来，过几天还要去取。

现在我们这里形势一片大好，我们公社是县上的唯一重点，县上什么都优先我们公社。这次北京干部来，对县上，对公社都是很大的支援，对知识青年工作抓得也紧，采取了一系列措施。例如上化肥，密植，队里办猪场，养蚕。我们公社已有一名知识青年（我们学校的）被批准入党。据公社书记说，将有一批知识青年被批准入党，其中有许多是我们学校的。

我们村的情况一切很好，我们现在正准备庆祝七一。

妈妈，我们大家的肚子都不太好，希望能给寄20包"痢特灵散"，这对我们很顶用，另外还可寄半两水萝卜籽，要快！

就写这些吧！再见！

毛毛

1970. 6. 14 午于水利工地

妈妈：

"痢特灵散"要50包，因为夏天到了，我们大都肚子不好。水萝卜籽要2两，家里的经济困难暂时克服克服吧！有可能的话，将来我可以把钱给家寄去。

东西越快寄来越好。

最近公社要开一个会，是有关扫盲的事，要求办夜校。

周吉平学拖拉机的事，我想通了。不管有多大困难，也是革命利益、全局利益第一。这个经验教训一定要记住。

毛毛

6. 15 晚又及

妈妈：

信收到了，邮票也收到了，《红旗》、《红色娘子军》的书都收到了。看了妈妈的信，使我很受教育，妈妈对我的批评是对的，应当对我这样严格要求。回想插队快两年了，对祖国和人民做了哪些贡献？很少很少。今年以来，收获是有的，但思想反复很大，当时毛主席复电发表时我们是多么激动啊！活儿再苦再累也不在话下。可是从招工以来，思想斗争很激烈，虽然嘴上说得很好，但思想里并不是没有影响。归根到底一切思想问题都是一个能否干一辈子的问题，我的"动摇、苦闷、自卑"也就在这上面。尤其有时在生病时，觉得没意思时就动摇。这一年里有时高兴，有时动摇，动摇时觉得不对，但就是克服不了。在这关键时刻要用毛主席思想战胜它，实际上这是走什么路，培养什么人的两条道路的斗争。那些口叼香烟、唱黄歌、思想颓废的人我们也没少见，在我们村的瓦工中就有这么几位。如果不改的话，就是资本主义复辟的社会基础，很难说将来打起仗来他们跟谁走。我们如果不抓紧思想改造，必然也会走到这种地步。最近我们办了学习班，就解决这"一辈子"的问题。从学习中我才认识到修正主义教育路线给我们的

· 79 ·

毒害是多深，也深深体会到，生活在伟大的毛泽东时代是多么幸福。去年回家那一段放松了思想改造，躺在舒适的生活里，忘掉了"艰苦奋斗"。因此我决定今年不回家了，和贫下中农一起生活战斗，尝一尝陕北冬天的滋味，这对我思想改造是有益的。而且我们全小组的男女同学几乎都决定不回家了，要以更大的干劲，迎接 1971 年大跃进。我们的北京干部也不回家了。妈妈，现在我下了在这干一辈子的决心，只有这样才谈得上好好干。姐姐的信对我帮助很大，我知道还会有动摇，但我也相信一定能克服它！

还有一点请你放心，我没有为家庭问题背包袱，没有一点这个思想。经济问题我也想开了，希望你们也想开点，别死抠着给我们留路费，该花就花，我这儿一分钱也不用，在这儿有钱也买不着东西。今年我们每人分了 30 块钱，回家路费足够。小棉袄最好别给我做，我这不需要，到明年再说，我回家比着做不更好吗？

这回陕西抽走 15 名知识青年去清华，尖子都去了，张艳、罗燕军、焦志延这些专区尖子都去了，这在知识青年中影响较大，尤其是一些积极分子。现在我们县上抽调一批好的知识青年和队干部办学习班，充实到公社和财贸战线的基层领导中去，好些人也不愿去。现在又要征兵了，已经填了应征征民摸底表，请妈妈放心，我决不会动摇的。

赤脚医生和教师我都没当上，这个事我们对队里有看法，从招工以后，许多队里都认为知识青年是"飞鸽"牌的，辛辛苦苦培养半天又走了，不值得。所以什么事都不选知识青年，这就是小农意识。队里教师不让学生去，却让我教音乐课，不过我们也不在乎。赤脚医生我是下决心要当，今冬有时间的话，我就去县里学。

我还在修水利，队里正在秋收，今年不如去年，减产。另外我们分了 300 多斤沙果、200 多斤槟子、几百斤小鸭梨，现在又分了 1600 多斤大梨。

我们已经走了三个同学当民工，还要走两个。

咪咪一定要好好养病，红枣我们没有，你就在北京买吧。奶奶身体怎样？燕燕怎样？很忙吗？

我们这能订到《参考消息》。康老报告我们有了。

你给我寄的《学习新党章》，其实我们早就有了，梁林妈妈托人在上海给我们寄了，一人一本。

我的身体很好，肠胃也还凑合，大家都一样。

寄去 18 尺布票给你们用。希望把咱家那个《革命歌曲大家唱》寄来，再寄些片页纸。

妈妈，没时间了，以后再细谈。以后忙起来可能没时间写信，请你们做好精神准备，就写到这吧。

告诉奶奶，我一点不缺衣服，那套新衣服还没动呢，旧衣服也没怎么破。

毛毛

1970. 10. 18

奶奶、妈妈、小鸿、燕燕、咪咪：

你们好！我刚把给小鸿的信寄走，就收到你们的信，看了很高兴，知道了北京的情况。

今年冬天这里冷得晚，前些天才下了一场大雪，雪后银白色的巍峨群山，映托出陕北高原更加壮丽。战斗在这烈士洒过鲜血的土地上，我们激情满怀。这是我们第三次看到这美丽的北国风光了！抒豪情，激壮志，面对群山，想起我们这一代所肩负的世界革命的伟大历史使命，更加感到毛主席指示的光荣伟大，艰苦的劳动、生活都被我们闯过来了，在毛泽东思想武装起来的人面前，没有闯不过的难关！两年以前，我们学校里可耻的小丑们还以为惩罚了我们。可是，今天我们看他们是那么可笑，那么不自量！我们是站在飞驰的时代列车上笑那些被远远抛在后面的社会渣滓！

现在村里学大寨运动正在开展，随着天天读的学习，社员们的干劲大提高。妇女不担粪，自己的粪不往队里的地上倒，这些过去认为是天经地义的事，现在统统被打破了。70 多岁的老太太颠着小脚参加夜校，妇女们丢下孩子去参加天天读，像这样的事举不胜举。事实说明，改造农村要靠战无不胜的毛泽东思想，知识青年要想真正发挥作用，一定要认真学习，分析农村的各种矛盾。再一个更重要的是改造主观世界，不能把我们当成贫下中农的救世主。我们是站在贫下中农的立场上，用贫下中农教给我们的东西和阶级敌人斗，向社员灌输毛泽东思想，这是我们知识青年应尽的义务。现在队里还没有揭开阶级斗争盖子，大队领导班子很不得力，困难重重。但我们信心很足，学大寨运动本身就是一个大熔炉，就是对我们最好的锻炼，最活的再教育机会，不管多大困难也要克服它。培养革命接班人，思想革命化贵在自觉，要自觉地培养自己的无产阶级意识。如果不下决心改变队里面貌，对党和人民做出贡献，只是空喊什么接受再教育，还是什么从嫌脏到不嫌脏，从怕臭到不怕臭，那只能说他是口头革命派，对毛主席的指示太不理解了。

我们知识青年小组前些日子搞了一次总结，使我深深感到自己身上的缺点是骄傲自满和虚荣心，从同志们身上学到了很多优点。现在我们正在做两年总结，我下决心一定要好好做，提高自己继续革命的自觉性，从各方面改变自己由家庭和社会造成的坏影响。

寄来的书都收到了，很好，我很满意。关于妈妈让姐姐到这来的事，我想考虑成熟了再办。现在我已和老金谈过了，干部和公社都基本不会有太大问题，关键在于我的态度和她的态度，我是不知她那里详细情况和她的态度，我是不大愿意让她来的。这里政治条件固然好，但关键在内因。如果她们那情况不是太坏的话，最好别来，主要看和她最好的走没走，她和村里社员的关系和她本人的态度。说心里话，我不愿意姐弟在一起，也可以说是我的个性吧！大家都在自己刻苦锻炼，然后碰在一起谈谈体会、感想，那多有意思。要从家庭的那种小圈子里跳出来，我现在到哪都无所谓，我最蔑视那些出校门进工厂门，离不开家的那种人。我们是干世界革命的，应该四海为家，一切生活上的困难都不在话下。

我们这已有两个同志回北京了，都不是我们队的，其中一个是修水库车子把肚子撞了，希望好好接待他们。1号左右老金也要回北京，干部有探亲假，主要由于他爸爸病了，老金身体也很不好。他一定会到咱家去的，希望耐心等待，热心接待。李连元也可能回去。今年冬天知识青年变化很大，要组织"五七"大军，我们是个点儿，有些队知识青年要往我们队迁，另外还有两个公社的知识青年和北京干部都要迁到我们公社来。我们队知识青年可能要加到30几个。

听说小鸿的病好了，我就放心了。只不过太不会料理生活了，望以后要注意勤俭节约，别学大手大脚，乱吃乱喝，别拿它当小问题。去不去工厂我无所谓，家庭给我的影响是革命的，我只要紧跟毛主席干革命就行，那些官僚主义者爱怎么样怎么样，爱分配不分配，只要有贫下中农我就不空虚。

我们这征兵工作已基本结束，只有两名知识青年，其余的都是本地社员。我们也传达了毛主席关于"拉练"的最新指示。年初部队就要过，其中有三五九旅的一个团，还有"钢八连"，我们已准备好了。妈妈问到我身体，基本很好，只是膝关节经常痛，腕子是修水利弄坏了，一使劲就疼。不过我们大家都有点儿，没关系。

妈妈，我的被里烂了，我想在这买一个被里，行不行？布票我们已经发了。再寄一个长毛绒帽子来，要那种棕色灯芯绒的，大约58、59号就行，最好能快一点，我那个帽子太小了，卖给社员了，武装带和绒手套可以不买了。我的胶棉鞋暂时不买了，这双还可以凑合着穿。

就写到这吧。

夏鹰

1970.12.28

1971 年

妈妈:

你好! 信和书早就收到了。只是因为比较忙, 没时间, 所以没及时回信。最近一段, 差不多我们每天都要一两点睡。妈妈, 想你不会生气吧? 奶奶现在怎么样? 听说现在北京家庭妇女都在学《共产党宣言》。燕燕为什么不来信? 难道也是忙得不可开交吗? 好歹我还是她哥哥呢, 可是只收到她寄的一个小册子。

转眼间我们在陕北的第三个春天又来到, 杏花开满了沟沟洼洼, 柳树都绿了。地早就耕完了, 只因天太旱, 要等老天爷下场雨后才能播种, 庄稼人又开始议论起庄稼来了。今年是我们公社决心超"纲要"的一年, 政治形势很好, 大多数队的社员们干劲都很高。我们队社员们干劲还是有的, 就是领导不抓。如果要学大寨, 非得在领导班子思想革命化上下工夫不可。

今年也是知识青年上山下乡运动更加深入的一年。首先一个好消息: 就是在 3 月 18 日, 也就是巴黎公社 100 周年那天, 成立了我们安沟公社"五七"大军。这具有特殊的意义呀! 培养革命接班人, 这是巩固无产阶级专政的千年大计, 万年大计, 我们这些青年, 是担负着世界革命的重任的, 巴黎公社的烈士们所为之奋斗的伟大理想——共产主义, 将由我们这一代去完成。"五七"大军的成立, 就是把我置于正确路线的绝对领导之下, 健康地成长为革命事业的接班人, 这不是对巴黎公社最好的纪念吗?

"五七"营成立那天, 万里晴空, 阳光灿烂, 一支支知识青年"五七"排的队伍，意气风发，斗志昂扬，高唱战歌，来到会场。两年多来，我们知识青年第一次这样有组织、有纪律，第一次这样朝气蓬勃。远离首都的我们，在我们的第二家乡，结成了又一个有力的战斗集体，为落实毛主席的最新指示而战斗。战友们见面，亲切握手，互相鼓励。知识青年的精神面貌焕然一新，会场四周贴满了标语："誓做无产阶级革命事业可靠的接班人"，会场前面红旗飘扬。大会开始后，先由党委书记宣布成立"五七"大军决定，然后北京干部作总结报告，知识青年代表也都发了言，最后由县革委会副主任作了指示。这次"五七"大军是由贫下中农和北京干部任正职，知识青年任副职。我们大队是一个排，梁林是副排长。我们生产队是一个班，李连元是班长。知识青年统一规定了学习日，是每月逢一。目前我们公社知识青年是全专区最多的，也是全专区最早成立"五七"大军的。以后各个班还要搞创四好，争五好，半年一次初评。

今年是我们队第一次用上拖拉机耕地的一年，所以大家都特别激动，平常我们经常唱"社会主义好"，今天我们从实践中深深体会到"社会主义就是好"，当周吉平驾驶着拖拉机来到我们村时，男女老少都去看望这第一代拖拉机手。

银犁翻起黄色的泥浪，拖拉机欢唱着奔驰在陕北高原上，马达轰鸣震荡着千年古塬，这不是一台小小的拖拉机啊，这是党中央毛主席对我们延安人民的巨大关怀！伴随着马达的轰鸣，传来了我们伟大祖国社会主义建设的脚步声！老大爷们争先恐后地到地里去看这不吃草的铁牛怎样耕地，他们摸摸发光的机身，又踩一踩耕过的松软的土地，都要周吉平带他们走一回，周吉平都答应了他们的要求。今年我们队的地基本都是拖拉机耕的。

现在我们全公社都已开始了整团建团，我们大队也开始了整建团，准备五一以前成立团支部，全公社要在五四那天成立团委。我们大家都已写了入团申请书，老金对我们非常负责，都一遍遍看过了，提出了修改意见。老金特别给我指出要正确对待家庭问题，老金的每一句话都打动了我的心。老金为我们小组的建设费尽了心血，经常整夜整夜的不睡觉，有时心脏病高血压又犯了，我们心里真难受，老金是恨铁不成钢呀！我们太不自觉，小资产阶级的摇摆性和革命不彻底性表现得很厉害，已经和其他知识青年小组拉下了一大段，我们对不起老金，也对不起毛主席！

这次慰问对我教育很大，我们小组有五个同学入了团：周吉平、梁林、张玲、王宁、张敏忠。通过整团，自己找到了与同志们的差距，现在我才深深地感到，自己离一个共青团员的标准相差太远了。过去我只想到自己要在每个关键时刻经受住考验，例如入党、入团。但是没有想到怎样向一个无产阶级先进分子的标准努力。通过整团，自己认识到，一个革命战士要为共产主义奋斗终生，要把一生献给无产阶级革命事业。如果不把自己的一切都交给党、交给组织，那只是小资产阶级的理想与感情！尽管我们到农村接受再教育已经两年多了，思想感情上起了深刻的变化，但身上的小资产阶级的东西仍然是很多的。的确，完成世界观这个根本的转变，"非有十年八年的长时间不可"。两年来暴露在我身上许多致命的弱点，比如软弱、爱面子，大家都曾尖锐地给我指出过，现在只能说改得很少。

妈妈，我的弱点你是最清楚的，家庭确实往往成为私字的避风港。妈妈，希望你能多多批评我，为帮助我政治上的成长，成为一个真正的党和人民所需要的无产阶级战士，尽到一个真正的共产党员的职责。我们大队的整团，现在思想整顿已完，看来不大理想，下面该进行组织整顿了。李长超和另一个社员作为我们大队的团员代表参加公社第三次团代会。

周吉平已于 4 月 12 日回北京治病，托他把被里带回去了，估计他已经到咱家去过了。现在我们这个灶已高度分散了，在北京有三个人，李连元和小关他妹妹参加公社文艺宣传队了，有三个人在水库工地，窑里只剩我们五个人了。我们五个人是：梁林喂牛，李长超管机器，现在在搞我们阿青大队的第一种机器——柴油机带石磨，还要搞水上塬。林沈辉是我们队负责科学实验的，负责优良品种制种、红薯下蛋等，我是赤脚医生，过些天可能要去公社学习半个月。可热闹了，大家三句话不离本行，都决心在新的一年里好好干。

延安最近又要到北京去一个赴京汇报团。我们县要召开一个体育运动大会。

汇款单已收到，请放心。在北京能否买一双鞋寄来，要高腰解放鞋，大约 42—43 号的。因为现在我已没鞋了，托李连元他们捎回来的鞋也奄奄一息了，这种鞋在陕北根本不适用。

就写到这吧！这是最长的一封，分几次写的。妈妈，以后可能还要紧张，太忙了就不回信了，行吗？要不然就简短地回一封。

毛毛

1971 年 4 月 26 日中午于水利工地

妈妈：

　　有一件重要的事：把爸爸问题的全部情况以及你和爸爸的家庭详细情况也就是咱家的详细情况，来信告诉我，非常必要，以便加深对家庭的阶级分析，认识阶级烙印，并向组织汇报。经过老金的帮助，我认识到以前自己对阶级烙印的认识是不深刻的，对待家庭问题也应该用毛泽东思想来统帅。我打算和爸爸通信，了解他现在的认识。这是一个问题的两个方面，一是不背包袱，二是要有正确认识。同学们给自己提的是：目前没背家庭包袱，但认识不明确，因此不能保证以后也不背包袱。对于爸爸对自己的影响，回避是不行的，要积极提高认识。妈妈，你的意见呢？火速来信，我好做决定。

　　（原信没有落款和时间——编者注）

妈妈：

　　你好！来信收到了。

　　从信中对家庭情况有了进一步了解，就是有一点不清楚：爸爸的家庭出身到底是什么，希望来信告诉我！

　　妈妈的信对我教育很大，你对我的希望我一定记住，用接班人五项标准要求自己，使自己紧跟毛主席干革命，这是老一代所希望于我们的，也是我们青年一代的决心。

　　妈妈在信里说先不要和爸爸通信，这个意见我不太同意，我谈谈我的看法吧！

　　我们大队的整建团对自己教育很大，一批同志入了团，使我们革命队伍里增加了新的血液，梁林当选为团支部副书记。看到同志们都在飞跃前进，我感到自己太落后了。在老金和同志们的耐心帮助下，我对自己的一些问题有了更明确的认识。过去我只是想只要不背包袱，好好干革命就行。因此家庭问题也一直没和组织谈，对家庭问题的认识也不深刻。这次老金和同志们、贫下中农尖锐地给自己指出：以前自己对家庭问题是没背包袱，但对家庭问题没有明确的认识，因此难免以后不背包袱。我对这个问题曾经考虑了很久，最后终于认识到要想成长为革命事业接班人，必须要高标准。所谓划清界限，就是要站在党的立场，站在革命的立场，站在人民的立场来认识爸爸的问题。我们只能是阶级的关系，而不能有一点父子之情。现在和爸爸不通信，也不是说没影响，不能说把以前的影响就抵消了。对于爸爸这个人怎么看，一方面要站在无产阶级立场，一方面要用辩证唯物主义的眼光。党和人民培养我 19 年，使我知道了爱什么，恨什么，我不划清界限，就对不起党对不起人民，对不起为革命牺牲的无数先烈。另一方面也应当看到，爸爸总还是受了党多年教育的，也为党做了一定的工作。这和地主资本家不同，应该相信，经过党和革命群众帮助，他还是能够觉悟的，是能够继续紧跟毛主席干革命的。党和人民培养一个干部也是不容易的，我们应当使他们认识自己的问题，在后半辈子重新做人，为人民做出贡献，这样才对得起党！

作为一个毛主席的革命青年，我有责任按毛泽东思想办事，让毛泽东思想统帅我的一言一行。和爸爸通信绝不是为了了解情况，而是为了了解他的思想，帮助自己更深刻地划清界限；也帮助他更进一步认识自己的问题，更重要的是为执行毛主席的无产阶级革命路线，为落实毛主席的无产阶级政策，尽到自己的一份力量。总之，划清界限是为了革命！通信也是为了革命！

妈妈，可能你在通信这个问题上也背上了包袱，怕我们通信受影响。这是不对的，错误的东西只能克服，不能抵消。正因为这样，我才建议咱家在外的孩子都和爸爸通信。这绝不是背包袱，只有认识正确了，才是真正划清界限了。否则就是盲目的。妈妈你应当正确教育咱家的孩子正确认识，不能怕提这件事，应该把它提到捍卫毛主席革命路线高度上来认识！妈妈，再一次希望你把爸爸详细地址告诉我，并谈谈你的看法！

从爸爸这件事也给了我一个启示：爸爸是出身于邮电工人，也可说是工人阶级家庭吧，但是为什么还犯错误呢？这充分说明出身不由己，道路可选择。革命的道路靠自己来走，不能靠父母。我现在对自己的前途满怀信心！那就是紧跟毛主席一辈子不回头！党指到哪，我就打到哪！任凭什么困难、挫折、讽刺、打击、陷害、造谣，哪怕碰得头破血流也绝不回头！"无产者在革命中失去的只是锁链，而得到的将是整个世界！"

我们这里今年麦子旱了，到现在为止才下过一场雨，麦子很不好，秋庄稼也长不起来。看来要达"纲要"也很困难，队里出民工去的很多，劳力较缺。

现在我们知识青年小组正在搞总结，总结两年来接受贫下中农再教育的收获体会，我主要总结了当赤脚医生的前前后后。回顾两年来走过的战斗历程，是多么使人难忘啊！多少事使人骄傲自豪，又有多少事使人万分惭愧！想当初刚开始，妈妈你心里也难免有些后悔，看现在机器马达轰鸣，陕北高原大变样了么！

两年来我们的变化，都是贫下中农再教育的结果。革命老前辈们在战争年代冒着炮火抬伤员，在屠刀面前视死如归，今天又兢兢业业地为社会主义建设增砖添瓦，他们手把手地教给我们农活技术，语重心长地教导我们，以他们纯朴的阶级感情和默默不响的行动教育着我们。条件是好的，关键在于怎样认真的学着去做，否则是什么也学不到的。

老金对我的成长是非常负责任的，是他一遍遍找我谈心，先叫我重视家庭问题，正确对待，又帮助我用一分为二观点看待家庭问题，并仔细地给我指出缺点，我从心里感谢党和毛主席派来这样的好干部。

好了，没什么可写的了，就到这吧！

此致

革命敬礼！

老金让我代他问你好！

毛毛

1971. 5. 23 夜 2:00 完成

妈妈：

你好！上次去的那封信收到了吧！

黄宇已于 25 日回到村里，是我和另外两个人去接的。带来的鞋已收到，正合适。现在我已买了一双土布鞋，估计凭这两双鞋可以坚持到冬天。

妈妈，黄宇回来和我说燕燕身体很好，每天能坚持锻炼，什么都爱好，我听了太高兴了，祝贺她，望她坚持锻炼，明确为革命而刻苦锻炼，而不是为好奇。我们到农村来后，深感身体的重要性。有一些身体不大好的同志，一累就垮了，你想干也干不成。想一想主席少年时代那么刻苦锻炼身体，正是为了今后更好的干革命。农村生活条件极为艰苦，就是燕燕以后分配不到农村，可是打起仗来比农村更艰苦啊！现在的一切都要从战备观念出发，一切为了世界革命！燕燕是块好铁，问题是怎样炼成钢。她这个人性格开朗，有志气，看不起那些"假积极"，但是否就没有"真积极"呢？妈妈，这不光是她自己成长的问题，是作为你怎样培养革命接班人的问题，尤其在孩子小的时候，家庭影响极为重要。任何一块好铁，没有大熔炉的冶炼，也是炼不成钢的。妈妈你平时注意家务事多了，政治上关心不够，咱们这样家庭是容易弄出少爷小姐脾气来的，生活上要求严，政治上更要严。如果不正确引导，她的"志气"有可能走向邪路："别看你出身好，没什么了不起！"关系到政治生命时也就难免对组织产生不满。妈妈你觉得是这个问题吗？能有这么严重吗？我觉得应该这样发展的来看。

妈妈，对燕燕要向她提出准备加入组织的问题，一定要积极争取，这是个十分严肃的问题。

现在谈谈我们这里的情况吧！

我们这自入春以来旱情十分严重，只下过一场透雨。现在庄稼刚刚冒个头，都长不起来，麦子也不好，庄稼人整天为庄稼着急，我看连"纲要"的一半都达不到。公社现在也不吹这个牛了，这个浮夸作风，上至县，下至大队，极大地阻碍了延安建设的发展，关键在领导。当然我们不能当评论员，主要是怎样学习主席著作，树立战胜灾害的信心。现在正在"天天读"上讲这个问题，可是拿不出实际的东西来，只会讲大道理，这就是我们知识青年的一大弱点。到农村三年，的确体会到革命真不容易，困难重重，更暴露了我们身上的致命弱点，也更看到了贫下中农彻底革命的优秀品质。我们队长，几年如一日，拼命干，去年学大寨高潮时，他嘱咐我们不要凉了，要永远保持革命干劲。今年现在那股劲没了，社员的干劲不高，可他还是一个样，抓生产，搞机器，这就是贫下中农朴素的阶级本质。总之不管遇到多大困难，我们也要像贫下中农那样绝不灰心。已经有不少的人在困难面前碰了几个钉子就败下阵来，做了旧势力的俘虏，这在知识青年中是比较多的。我们将永远记住主席的教导："在危险环境中表示绝望的人，在黑暗中看不见光明的人，只是懦夫与机会主义者！"

我们两个生产队现在又办了一台钢磨，这是我们的第二台机器了，十分振奋人心，尽管困难重重，毕竟办起来了。

我现在当赤脚医生比较忙，奔波于贫下中农的窑洞之间，我感到无上光荣。接触大量的贫下中农，他们的思想时刻影响着我，给我以深刻的教育，他们向我控诉旧的医疗卫生路线的罪行，向我颂扬毛主席无产阶级医疗卫生路线的伟大，感谢亲人解放军，我都深受感动。我也看到广大贫下中农家庭生活很困难，更加激励起我的斗志，有志气有决心彻底改变这里的面貌，解除贫下中农的痛苦。

我们大队新团支部最近又发展了一批团员，共有三个，其中只有一个知识青年，就是李连元，现在公社还没批下来。

知识青年小组前一段搞了个总结，总结两年来的收获体会，我主要写的当赤脚医生的体会，今年回去给你带回去吧！

目前知识青年小组是搞四好初评，今天是学习日，就是搞四好初评。我们小组目前学习空气很浓，每个人每晚都能坚持学习。我们这个班同志们都很团结，生活上互相关心，大家亲如兄弟姐妹，我们深感这样好的集体真难得啊！现在的问题是政治上关心不够，政治上帮助不够，没有成为一个强有力的集体在队里发挥作用，这是我们的大毛病。

公社不久要开讲用会，是为地区三下人员积代会准备的。今年专区一切积代会都不开了，就是要开三下人员积代会，足以说明专区对知识青年是何等重视了。

就写到这里吧。燕燕为什么不来信？希望她来信。让奶奶注意身体，希望小咪咪也要锻炼身体！今天是六一儿童节，咱们家也就是小咪咪还过得上这个节日吧，向她祝贺！

毛毛

1971. 6. 1

妈妈：

你好！我前两次给你去的信都已收到了吧？为什么不来信呢？燕燕也不来信了。

我这里的情况发生了很大的变化，也许你会感到突然，不过请你放心吧！事情是这样的：

就在最近，延安运输公司要招收工人，共招收 300 名，都是北京知识青年，分给我们县 30 人，县里又给我们公社 21 人的名额。我们大队又分到两人，一个男的，一个女的。经北京干部老梁和党支部初步研究，这个男的就定给了我。从我知道我们大队有名额到定下来是我，只有一天的工夫。这突如其来的变化，的确给了我很大的震动，思想一下适应不过来。为什么要定我呢？这次招工，主要是照顾岁数大的，家庭生活困难的。当然也有一定的政治条件。另外还允许招收家庭出身有问题的，但表现好的。这是为了落实主席的无产阶级政策，经过斗争才定下来的。我们公社有9个名额，本来我们这里应是李长超，但是大家一商量，认为我将来出去的机会少，万一大家都走了怎么办？于是让李长超给我"让路"。这当然是我们内部的打算，周吉平也给我使劲，北京干部老梁也同意，于是就基本这样定下了。

这的的确确是组织上对我的信任和照顾。说实在的，我根本没想到这一点，我不愿离开自己这个火热的集体，更不愿意离开哺育我们成长了三年的阿青村的贫下中农。并且，我也想过许多：这一步走的是否太轻率了？一辈子的事呀！"一失足成千古恨"，那样复杂的环境，我能顶得住吗？……这几天，经过我冷静的思考，慢慢想出一些头绪。

家庭出身问题，不管承认不承认，它必然存在。这次机会的确比较难得。况且，它是组织上对自己的照顾和信任，我不是那种千方百计找空子为自己找出路的人，但事临到自己头上来了，就要正确对待，我不得不考虑到这个问题。集体是不错，但它总有散的时候，将来革命需要我们不可能走到一块去，只不过是个早晚问题。我们常说一生交给党安排，这就是考验人的时候。当然因为出身的问题占了我很大一部分原因。

首都人民最近又支援延安150辆解放牌汽车，现在没人开。这也是一个世界观问题，虽然环境复杂，但事在人为，看你自己过硬不过硬。

一个革命者不能做感情和小集体的俘虏，而应做共产主义义务兵。

妈妈：现在还没最后定下来，还要社员讨论推荐，"五七"排讨论，还要检查身体。据老梁说：10日检查，15日就要动身了。望你速来信，否则我就接不到你的信了。

暂时写到这，详细下次再谈吧！

毛毛

1971. 10. 3 夜

妈妈：

你好！刚从城里体检回来，就收到你的信，很高兴。体检结果不错，一切正常，双眼都是1.2，已有了99%的可能。更值得高兴的是又多了两个同学一起去，一个是肖家队的董成，再一个就是李长超，他们检查也都合格，现在就等通知了。

看来一时还走不了，大约还有十几天才能走。我的东西都准备好了，最重要就是思想准备，要准备迎接更复杂的环境的考验。刚开始几天我有些烦，心情不太好，总觉得离不开这里。三年来，了解到一些社会的丑恶现象，因此产生了怕接触社会的想法。进城一分钟也不想多待，马上往回走。现在不见也得见，阶级斗争不以人的意志为转移，时时刻刻都存在。前几天在东卓开追悼会，许多同学都鼓励我好好干。听说我要走，紧紧地和我握手，说"新的工作岗位可能没有这样好的集体了，要经受得住考验"。战友们的关怀，使我深受感动，增强了我的信心。

这几天学习了一下，也想了想，我觉得环境复杂，一是在生活上，二是政治环境上。现在我们已经初步地经受住了艰苦环境的考验，而且把这苦看成是快乐。但舒适的环境更考验人，主席在七届二中全会上讲过："可能有这样一些共产党人，他们是不曾被拿枪的敌人征服过的……但是经不起人们用糖衣裹着的炮弹的攻击，他们在糖弹面前要打败仗。"尤其我们世界观还没得到彻底的改造，在农村，有些时候是逼着你去干，不干不行，有活的榜样在身边。在那里环境舒适，就适应了我们头脑中资产阶级思想的需要，稍微不注意，就容易对自己放松起来。在政治环境上，也可能很复杂。可能某些在我们这里行不通的东西，在那里就可能行得通。在受到打击的情况下，受到讽刺的情况下，能不能坚定不移干革命，也是一个重大考验。由于十几年修正主义路线的毒害，我们太单纯，书生气十足。我们总是带上玫瑰色的眼镜看待社会，好像一切都那么美丽，那么富有诗意。可是事实偏偏相反。你想象中是开着解放牌大卡车奔驰在广阔的原野上，也许就把你分配在翻砂车间，或者敲铁块。我们已经吃过不少这种亏了。解决的方法只有一个，使我们的头脑更适合于社会发展的规律，尽快地抛掉浓厚的书生气，树立一生交给党安排的思想。没有这种思想不管干什么都干不好。在任何时候都要坚信党，坚信毛泽东思想，坚信毛主席的革命路线。像鲁迅所说："在命运面前，碰得头破血流也绝不回头。"历史上有多少昙花一现的人物，当他们的小资产阶级革命性表现完了的时候，就开始走向自己的反面。燕燕说得对：在对待个人问题上的一些苦恼，都是为个人利益与愿望得不到实现而悲伤。对待加入组织的问题同样如此。我可以告诉燕燕，周吉平的入团问题早在今年 4 月份大队就通过了，可到现在公社还没批。原因实际上就是去年有一段时间不愿去拖拉机站，看不惯拖拉机站一些不能令人容忍的做法。这些看法都是对的，可是人家偏偏说你不对。他就能正确对待，努力从思想上入团，仍然好好干。如果遇到这样的一点困难就灰心，那燕燕可就太单纯了，你将来会遇到的一些卑鄙小人还多着呢。这同样也考验一个人的革命意志坚定不坚定，同样我的入团问题也请妈妈放心，目前正在解决，我也一定好好干，即使临走之前入不了团也没关系。

回想三年来的农村生活非常有意思，也非常值得留恋。我们的小资产阶级思想与感情都充分暴露出来。总结两年来的经验，对改造世界观的长期性反复性有更深刻的认识。由于多年脱离实际的学校生活，虽然我们的认识有时是很正确的，但它经不起实践的检验，因此我也是有准备。虽然现在思想有准备，但还是免不了发生反复，这是不以人的意志为转移的。可以争取的就是反复一次比一次小，越来越小，使它成为前进中的反复。想当初到陕北来，思想也有准备，但还发生了多大反复啊！割麦时，我们一生气就"罢工"抗议。硬着头皮去干那些重活，更有甚者还不止一次地在田野里挥舞镰刀高喊"秋收暴动"，要夺权。现在想起来是多么幼稚。

任何时候，都要一分为二。燕燕的体会是对的，过去我们十分走极端，凡是我们认为好的人，就好得不得了。凡是我们觉得不怎么样的人，就理都不爱理，看不起那些人。过去我们对这些女生就这样看，这是十分有害的。不管是什么人，他身上都有值得自己学习的东西，都有一定的优点。燕燕要特别注意这个问题，别把事情看死了！燕燕应该把入不了组织看成一件好事，一方面可以更加严格要求自己，寻找自己的缺点，永不停步；另一方面对你也是意志的考验。你一向顺利，再加脾气不好，多受受这种锻炼，对于你来说很有益处。

另外，今年冬天在情况允许的情况下我还是准备回家，只不过自费就是了。初步准备一月底，春节前。因此叫他们都赶春节回，爸爸如果能回，叫他晚回，到春节前，等我回去。另外不清楚他的问题是否彻底解决，如是彻底解决了，叫他们上级把组织决定寄来，这和我的组织问题是有关系的。还有他的工资问题如何解决的，速告。

我们是学徒工待遇，3年不许回家，因此今年必须回。

我的鞋买比李连远脚大一号就行了，我就要高腰解放鞋，别的不要，除非买布鞋。解放鞋大约41号吧。

回家的钱还是托小关捎来吧。

我准备把大衣捎回去拆洗，把腰改细一点，那件大衣太肥了，像筒子一样。速来信，还能收到！

毛毛

1971. 10. —15 晚

10月5号那天，我们这儿反常地下了一场雷雨。雷劈死了我们公社东卓大队的两个女知识青年，劈伤了1个。10号开的追悼大会。她们两个表现都很不错，一个追认为共青团员，另一个准备追认为模范共青团员。

奶奶、妈妈、姐姐、燕燕：

大概你们又想不到吧？我们现已经到达运输公司了。28号

· 100 ·

那天，天气出奇的冷，早上我们挨家挨户向乡亲们告别，贫下中农们含着眼泪依依不舍。临走时，全村的贫下中农送出来，嘱咐再嘱咐。许多老大爷老大娘都流下了眼泪，又有多少次和战友们及贫下中农的战斗生活一次又一次地闪现在脑海里。谁都明白，那一双双紧紧握住摇了又摇的手，包含着多么深厚的阶级感情，倾吐着多少说不出来的话呀！再见了！阿青，再见了，乡亲们！冒着凛冽的寒风，我们走在宽阔的公路上，把感情化为战斗的勇气和力量。大家高唱起毛主席诗词歌曲《红军不怕远征难》，让它永远鼓舞着我们前进，我们要做一个豪迈的人！

我们是和周吉平他们一起动身的，公司来了一辆卡车和轿车，直接开到安沟。我们上了轿车，和送行的全体同学告别，紧紧握手。在延长又和周吉平、梁林分手。他们在延长下车，第二天转车到黄陵。当天傍晚，我们就到了延安七里铺运输公司三连。连我们一共有 150 名新招的知识青年，要在这里办学习班。一共 4 个县：富县、洛川、延安、延长，大部分是北京知识青年。主要解决分配问题中的活思想。第二天一大早，就坐上卡车到蟠龙去修路，几乎把我们冻僵了，这也算是运输公司给我们上的第一课吧。今天是第三天，6 点钟起床、出操。上午做动员报告，运输公司的革委会主任和军宣队队长也来了。革委会主任是刚来不久的 11 级干部，军宣队队长是 5337 部队的一个师参谋长。革委会主任给我们讲了话。下午讨论，晚上读报。时间安排很紧，纪律也很严，不许进城，不许会客。等办完学习班就要分配工作。我和李长超还不一定能到一块。现在你们也不用来信，学习班大约要办三四天，还要参观。等分配后我再给你们去信吧！

目前一切都还在适应之中，环境和农村大不一样，总是由不适应到适应，由必然到自然，革命者应该什么日子都能过，只要我们真正树立艰苦奋斗一辈子的思想，就能在同困难的斗争中得到战胜困难的欢乐。

我准备在延安买一双棉鞋。

我们这里每月口粮 42 斤，就目前来说是不够的，可能将来适应了就好了。家里有否多余的粮票，如有的话就给我准备 20 斤，以后等分配了给我寄来。

我们已经发了 11 月的工资 16.5 元，虽然只三天，但也发整月工资，算是"照顾"、"关怀"我们吧。

家里能否再给我准备几十元钱，我准备买些衣服。

回家的事以后再说吧！看来很渺茫，不过我还是打算回的。

好了就写到这吧！匆忙之中写的，心情不稳定。

再有我们村的女同学张玲已回北京，可能要去咱家，姐姐接待她吧！

等我下封信吧！

夏鹰

1971. 11. 30 晚于延安

妈妈：

你好！我们现在已经被分配在四连了。也就是客运连，我们就住在车站里。我们这个连人数车辆都是最多的。有 200 多人，108 辆车，其中有 30 多辆卡车，其余的都是轿车。我们公社一共有六个人都在这。从今天开始还要办两天学习班，讲乘务员规则，然后就跟车。不过还要挑五个人去挖防空洞，所以到底我能不能跟上车还不一定。

我们 11 月的工资已发了，出车一天补助 8 角钱，还要发皮鞋、工作服、手套、大衣、棉帽。生活方面比农村是强多了，可是有的人还不满足，在我们新招的这批工人中，我们对许多人看不惯，我看纯粹就是流氓！政治环境是复杂的，要接触许多社会的丑恶现象，这也是对自己的锻炼吧！今年我肯定回家，这里可以请假，我仍打算春节前走，你们叫爸爸也赶那时回来，叫小鸿也回来，好在一起过春节，千万！

请快把爸爸问题怎样处理告诉我，寄挂号信。

刚到这里，一切不了解，没什么可谈的了。

妈妈，明年的布票我留下了，好买些东西，行吗？

延安很热闹，大街上到处都是北京学生，连警察、汽车上售票员都是。延安在大搞建设，有很多未建成的小工厂，有"小北京"之称。

望速来信。奶奶身体好吧？叫燕燕、咪咪都写信吧！姐姐快来信！我和长超都在四连，住在一起，真是万幸，这是太难得了！

1971. 12. 6

1972 年

奶奶、妈妈和全家人：

我已于 30 日（昨天）预期到达目的地，一路很顺利。到铜川正碰上长超在铜川。今天我整理东西，洗衣服，明天就要去打防空洞去了。我一回来，人人都说我又胖又白，我心想，也真算我有福气，一回北京就胖。

连里现在抓得还比较松，有许多助手也回北京了。剩下的这些人现在都在修梯田、种树。管事的师傅对我说："你要再晚回来几天．就要连着挖两个月防空洞了。"因为再过两个月又轮上我挖了。

回到延安挺高兴，回到了火热的生活中，这是再愉快不过的事。刚一回来，就觉得有许多事在等待着我去做，许多新鲜事物等着我们去接受，总之心情是十分高兴的，我的确体会到革命是最大的幸福。随之又联想起那些至今赖在北京的"泡兵"，他们的一生能有多大意思呢？他们的生活单调得很，他们的精神空虚得很，这种人和我们的时代是很不相称的。他们所追求的，所为之"奋斗"的，不过是吃得好点，穿得好点。主席早就说过：人活着只是为了搞点饭吃，不是和狗活着只是为了搞点屎吃一样吗？我们千万不要学这些人。我们的家庭应该是革命化的，也应当是一个革命的集体，不论在什么岗位上，都应当当革命的先锋。

我们这里已经传达了四号文件，马上又要传达十二号文件了。我准备把四号文件要来看一遍。打防空洞是个极好的学习机会，要认真看一些书，学习学习。

我们这里前些日子传达了一个关于安全问题的文件，说去年一年，全军死伤人数等于淮海战役我军伤亡人数。这是个多么惊人的数字，我听了吓了一跳，将来一定注意安全，保护我这个"革命的本钱"。

　　最后对燕燕有两点希望，走时没来得及谈，一个是望你一定要积极要求加入组织。再有就是政治方向要坚定。燕燕有很多爱好，有一些特长，但一定要注意政治方向，多看一些政治书籍，在此基础上再进行多方面的发展，丰富知识。我们需要又红又专的人，但首先要"红"。

　　把主席对李讷走上工作岗位时的谈话大意抄给你们，仅供参考：

　　人们在学校的时候，都有一番宏伟的抱负和远大的理想。可是一走进社会，就觉得生活实际和自己的想法相差太远了。就觉得单枪匹马的力量是多么单薄，于是就随和了社会。有一部分人立志要改革社会，但是碰了几次壁，跌了几跤，也就退下来了。总之，大多数是退缩了，真正坚持下来的毕竟是少数人。这少数人即使在生活的道路上碰得头破血流也决不回头，而这少数人才正是职业的无产阶级革命家。

　　就写到这吧！

　　奶奶和妈妈一定注意身体！

　　代问苗阿姨好，望她注意身体！代问小梅全家好！

夏鹰

1972.3.31 于延安

妈妈：

　　你好！今天收到你的来信。我是4月底打完防空洞，打完了就跟车。我的车坏了，师傅也病着。跟的是另外一辆车，跟了半个月，又轮到我去农场。这农场是我们公司在南泥湾办的，好像有点走"五七道路"的意思。种油、菜、粮（有玉米、谷子、水稻等）。全场三十来人，我们连去五个，这自然又是我们徒工的事。农场的活儿不重．每日八小时。在农村干惯了，这点活儿不在话下，轻松得很。这次去农场很有收获，学会了插秧。空闲时间多，学习了学习，看了些书。有些收获，身体也晒黑了。

农场劳动了一个月，这个月 15 号回到连上，休息了两天，到延长油矿小关那儿玩了两天，就算休息了。紧接着就办学习班，推选去司训班的人。19 号宣布名单，其中有我，也有李长超。这也是连领导对我们的信任，全连 70 名助手，只去 25 名。今天晚上就动身去，地方离公司十几里路，在枣园那边。又要打背包，我想我们可真是四海为家。司训班的期限大概起码要四五个月。主要就是系统学习驾驶，先是学习理论、汽车构造各部分名称等。然后就钻杆子，再后就上公路练，最后考执照。这是学习技术的好机会，我一定抓紧认真学习。唯一不足的是钱大概要紧张些，每月就 18 块，暂时没有多余的钱给家里。

从信里看到家里人身体都很好，我很高兴。妈妈，你一定要利用夏天恢复身体，多搞些文娱活动对身体是很有好处的。燕燕的分配要等明年，思想准备一定要充分，一切交给党安排。事在人为，不要迷信所谓"命运"，环境不能造就革命者，要完全靠自己的主观努力。

那本《汽车故障的诊断与检修》的书很好，延安卖过，主要是我没买到。像《列宁回忆录》之类的书不必买，我能看到的。我现在也很想学一学文化，只是没书。看咱家有没有过去初一二年级代数课本，如没有就算了。书尽快寄来。另外如有像汽车电器、汽车油路之类的书也买，如没有就算了。上次寄来的几个小册子没有用，主要是需要讲解汽车构造与修理的书。

照片已收到。下次来信暂时还寄这里，如地址有变动，我再写信告诉你们。另外，陕西的布票，如没有证明在北京是否可以换成北京的？如没有证明也可以换，那我就把布票给家寄去，我这没用。如需要证明，我再开个证明。下次来信说一下。

希望妈妈也能抓紧学习，今后的工作还很多，革命也需要你再为党工作。如不学习，就落后于形势，落后于人民群众的觉悟了。共产党员还是要起先锋作用。

好了就写到这吧！下次再谈。

祝全家健康！

毛毛

1972.6.21 于延安

妈妈、奶奶、小鸿、燕燕、咪咪：

你们好！来信前两天收到了。这几天很忙，晚上很晚才出车回来，一直得不到空写信。今天稍早一点回来，才有空写信。我从司训队毕业后马上给家里写了一封信，看了你们这封信，我才明白，那封信大概是丢了。看来以后要提高警惕了。

我们11月1号正式考试，到六七号全部考完了。这次考试要求很松，因此全部考上了。我和长超成绩都还不错，我的成绩是：交通规则100，机械常识100，桩考94，路考92，但考试是死东西，真正考验人的本领是在今后的工作中，我们不能骄傲。考完试后，加上一些善后工作拖拖拉拉，直到14号正式毕业。15号分到新连队，我和长超不是一个连，长超在三队，我在四队。分开后现在才见了一面。本想回队里一趟，可领导不准假。前几天开始跟车。我们现在考上的是实习执照，还要实习三个月，再换上正式执照。现在我们可以"合法"地开车了。短短一年时间，我们已变为一个人民汽车驾驶员，每当我开着车奔驰在高原的时候，就有一种自豪感。我们北京的知识青年，能把自己的一生力量献给延安，为延安人民服务，战斗在毛主席生活过的光荣土地上，是无限光荣的，是历史赋予我们的重任。现在听到招工的消息，许多人后悔，想打退堂鼓。可我不这么想，我总觉得，如果总为个人着想，那是永远没有"合适"的工作的。

北京和许多大城市的生活、政治条件是很好，但我们也听到，正是优越的生活条件，造成许多青年人追求吃穿，思想颓废。他们哪里会想到，我们这陕北的贫下中农、工人阶级正在为革命豁出命来拼命干呢！毛主席说过：延安的窑洞里有马列主义。真是千真万确。我住了三年延安的土窑洞，才懂得了生活的意义，懂得了艰苦奋斗是革命者的本色。我们目睹了延安日新月异的变化，目睹了延安人民改天换地的冲天干劲，仿佛看到了社会主义祖国前进的步伐，更感到我们责任的重大。我们这个时代需要朝气蓬勃。妈妈的话很对，要抓紧各方面的学习。虽然我现在时间很紧，环境也不好，但我还是争取抓紧分秒学习。不过到现在文化学习基本没有动，主要是没有时间。

前些日子应付考试，也没心学，今后要抓紧。

咪咪得了肾炎，我心里很不安。咱家的病号是相当多了，经济上也会困难一些。不过还要沉住气，总的来说这也还是暂时的。我们已经从三年困难中挺过来了，我想也不会再拖三年吧。病要治好，生活要过好，精神要快乐，这是一条原则。实在困难，让爸爸再借钱，我们是站在理上的。小鸿的病主要靠自己安心治疗。我看妈妈也不要太束缚他的手脚，一个人的性格是难改变的。况且外因要通过内因起作用。我们都大了，应该懂得怎样处理生活道路上的问题。主要是要安心治疗，为什么每次回家都弄得大家心里不愉快呢？谁的办法对就听谁的，何必拖拖拉拉吵个没完。小鸿总是在大事上或书本上辩证法用得挺好，可是一遇到自己的生活问题，一回到家里，"辩证法"就不灵了。这方面的事，我看还是靠你们大家"内因"起作用吧。妈妈还是安心养病，病好一点，上几天班也可以。另外你还是多搞些文艺活动，对你脑子是有很大好处的。比如适当地看看电影，听听歌曲，唱唱歌，咱家再开几个"音乐会"。不然身体不好，怎么工作呢？病号多点不要紧，要乐观，这是最要紧的。

至于搬家，我同意妈妈的想法。我看，不到万不得已，就是不搬。咱们住得挺好，为什么要搬家。至于让小鸿转回北京的打算，我认为不妥当，小鸿的决心是对的。有一本小说叫《军队的女儿》，我建议你们想办法借一本看一看，那才真正是我们革命烈士、革命干部子女的榜样。你们看看她妈妈和她是怎样对待疾病的。

我接到姐姐一封信后一直没有给她回信，我以为她回家了。我们这儿也开始了大批招工，数量很多，听说在 12 月底以前结束。李连元可能要留下当干部，县里北京干部也找他谈过了。他的态度很好，有决心留在陕北，这的确是一个共产党员应有的态度，很值得我学习。

我这儿什么都很好，身体也一直没得病。经济是不成问题了，因为跟车有补贴。至于开车，你们放心，我是非常细心的，不会出事故。卡车驾驶室里比轿车要暖和得多，一点也不冷。

另外小鸿还能不能搞到《劳动家庭》里《女赤卫队员之歌》的歌词，再给我寄来。

天冷了，希望大家都注意身体，奶奶更要注意，咪咪也可以在养病期间多学几个歌，看一看好的小人书。最近重版的几本高尔基的《在人间》等书和《钢铁》（即《钢铁是怎样炼成的》）都很不错。我打算明年 3 月以后，夏天或秋天和长超一起回家一次。

地址是：汽车四队。注意不是四连，我们这个车队原来是一连。

夏鹰

1972. 11. 27

妈妈：

你好，来信收到了！

首先，祝贺燕燕加入了共青团，我真为她高兴。从这里可以看出，这一年来，燕燕的进步是不小的。不仅把家务担子挑得很好，政治思想觉悟也提高了。我们做哥哥姐姐的，不努力是要落后了。希望燕燕今后要更加严格要求自己，戒骄戒躁，克服自己身上的小资产阶级弱点，把自己锻炼成更加坚强、成熟的无产阶级战士，争取加入中国共产党。

中央文件等我们都及时传达了。我估计是要在明年掀起一个特大跃进，我们应当积极地投入这场建设社会主义的伟大斗争中去。作为一个革命接班人，首先要能够挑起建设的重担，否则，建设社会主义就是一句空话。《陕西日报》最近在头版第二条位置登了我们公司的一个报道，主要是讲正确处理人民内部矛盾问题。陕西省在"三批一清"运动中有错误，主要是借"反无政府主义派性"等否定了革命造反派，这是李瑞山也承认了的。我们公司主要在四十七军来"支左"后，全面否定原革委会，把绝大多数群众头头，也是当时的中层干部立即搞到一起办学习班，搞逼供信，"坦白从宽抗拒从严"。这批人大多数始终不服气。这次"批林批孔"运动，把这个问题搞清了。党委书记带头向这些人承认错误。所以公司的工作还是有所改进。虽然我们对许多情况不满意，但事物总是发展的。我们队的支部书记换了一个四十七军入伍的复员军人基层干部，此人较注重抓政治思想工作，给我们死抓生产的队领导带来了一些生气，这都是令人高兴的好现象。

我们这个月又是高产车，但是倒双班，甚感轻松。这个月努力一下，我们全年任务就基本完成了。定了车有一定好处，熟悉车况，车不容易出毛病。我们驾驶员每年一次的年检又开始了，我已检查过了身体，一切都很好，体重132斤，两眼视力都是1.2，你们看，完全可以放心吧！

小鸿往回转的主意，我看可以，应该让姐姐去趟东北，既然他同意转干校，就要加快办理。另外问好干校和北京还需要什么手续都准备好。我原准备四五月份回京，可以痛快玩一气，但姐姐决定春节回，我也只好春节回。几年未见，放弃游玩时间，交流交流思想也是值得的。

眼看临近年底，回家后再细谈，就先到此吧！（燕燕有空先来信）

糖已收到。

祝全家好！

毛毛
1974. 11. 11 于延安

书信集锦（一）：抹不去的苦乐年华

在这一辑中，我们选录了六封书信，第一封是当时延安地区革委会给赴延插队北京知识青年家长的公开信，严格意义上讲，这应当是以书信形式发布的公文。但由于其丰富的历史信息和鲜明的时代特征，对于我们了解与认识那段特殊的历史，以及更深入地解读我们所选编这些书信与日记，具有重要的意义。所以，我们将其选录于此辑。其他的是五位当年在延安插队落户的北京知青的书信，其中两封是公开信，三封是家信或私人通信。两封公开信，一封是 1969 年 1 月，首批来延安的北京知青，后来成为全国闻名的知青典型孙立哲，1973 年 12 月 21 日发表在《人民日报》上的公开信。另一封是 1975 年 68 位志愿来延安的北京知青中的邵明达，发表在 1975 年 6 月 22 日《北京日报》上的公开信。这两封公开信当时在社会上都产生了广泛的影响，尤其是孙立哲的公开信，可以说是全国知识青年上山下乡运动的标志性事件，具有承前启后的历史意义。而邵明达的公开信，也可以说是这场运动的余响。其他几封或慷慨激昂，或娓娓道来，或豪气冲天，或微有苦涩，均是那个时代的真切反映。无论怎么说，强烈的使命意识与责任感，在任何时代的青年中都是不能也不应该缺位的。

一、给赴延安插队北京知识青年革命家长的一封信

赴延插队北京知识青年革命家长同志们：

你们好！

值此伟大领袖毛主席"知识青年到农村去，接受贫下中农的再教育"的光辉指示发表二周年的前夕，我们向你们表示亲切的问候，并作如下汇报：

光辉"复电"铸红心，延安精神育新人。来我区插队的广大北京知识青年，高举伟大领袖毛主席 1949 年 10 月给延安人民的光辉"复电"的伟大旗帜，刻苦、认真地活学活用毛泽东思想，主动、虚心地接受贫下中农的再教育，继承和发扬毛主席亲自培育的"自力更生，艰苦奋斗"的延安精神，努力改造世界观，使他们思想感情和精神面貌都发生了深刻的变化，在阶级斗争、生产斗争和科学实验三大革命运动中发挥了积极作用，成为一支朝气蓬勃的毛泽东思想宣传队、阶级斗争的战斗队、建设延安的突击队、科学种田的先锋队、文化卫生的普及队。许多青年坚定地表示：延安的前途就是我们的前途，延安的命运就是我们的命运；要身在延安，热爱延安，扎根延安，建设延安，在延安干一辈子革命。现在，他们之中已有 90 多人光荣地加入了中国共产党，600 多人光荣地加入了共青团，今年有 7000 多人出席了地、县、社活学活用毛泽东思想积极分子代表大会，200 多人出席了省活学活用毛泽东思想积极分

子代表大会，2600 多人担任了大队、生产队各种干部，1000多人当上了小学教师、赤脚医生。贫下中农热情地称赞他们：脸晒黑了，心炼红了，路线走正了，和贫下中农更亲了，对伟大领袖毛主席更忠了。这是伟大的毛泽东思想哺育的结果，是毛主席亲自培育的延安精神熏陶的结果，是广大贫下中农再教育的结果，同时也是各位革命家长同志们对我们的工作大力支持、密切配合的结果。对于你们给予我们工作的大力支持和帮助，我们再次表示衷心感谢！

目前，在党的九届二中全会精神的指引下，一个规模空前的"农业学大寨"的群众运动新高潮正在我区蓬勃兴起。"农业学大寨"，这是落实毛主席伟大战略部署的需要，是社会主义革命和社会主义建设的需要，是"备战、备荒、为人民"的需要。学不学大寨？用什么态度学大寨？这是举什么旗、走什么路的大问题。延安是我们伟大领袖毛主席战斗和生活过 13个春秋的革命圣地，延安人民无限忠于毛主席。我们决心更高地举起毛主席光辉"复电"的伟大旗帜，发扬一不怕苦，二不怕死的彻底革命精神，自力更生，艰苦奋斗，脱皮掉肉不叫苦，泰山压顶不低头，在三年时间内，实现农业过"纲要"，彻底改变延安地区农业生产的落后面貌。三年看头年，头年看今冬。形势要求我们在今冬明春打一个大硬仗、大胜仗，为三年达"纲要"举行一个奠基礼。为此，必须动员广大下乡知识青年和广大贫下中农、广大干部一起积极投入今冬明春的光荣战斗。不少下乡知识青年已经做好了这样的思想准备：今冬明春不回家，胸怀大目标，迎接大跃进，经受大考验，做出大贡献。我们恳切地希望你们大力支持他们的革命行动，并积极协助我们抓好他们的活思想，使他们安心农村，全力以赴，今冬明春就地闹革命，在"农业学大寨"的伟大斗争中立新功，建新劳，在伟大的群众运动的斗争中锤炼忠于毛主席的一颗红心，为把延安建设成处处闪耀着毛泽东思想光芒的、繁荣昌盛的红色阵地而奋斗！为伟大领袖毛主席争光，为社会主义祖国争光，为革命圣地延安争光！

　　顺致
无产阶级革命敬礼！

延安地区革命委员会
1970 年 10 月 26 日

二、孙立哲致全国知青的公开信

知识青年同志们：

　　你们好！伟大领袖毛主席关于"知识青年到农村去"的号召发表 5 周年了。在毛主席的伟大号召指引下，千百万知识青年奔赴农村，接受贫下中农的再教育，经受三大革命的锻炼，思想情感发生了深刻的变化。我深深体会到，毛主席的号召是非常英明的，知识青年到农村去是完全必要的，是可以大有作为的。可以预见，再过十年、二十年，我们社会主义农村的面貌，将会发生多么大的变化，我们将要取得多么伟大的胜利。

　　老一辈革命者，对我们寄予无限的希望，无产阶级革命事业，有待于我们去继承下来。我们知识青年要勇于肩负重担，把自己锻炼成为无产阶级革命事业的可靠的接班人。

我是 1969 年 1 月跟 20 名同学一起来到延安地区的一个偏僻小山村——延川县关家庄大队插队落户的。

延安是革命圣地。我无法用文字向你们表达我看到延河、宝塔山时的心情，我们瞻仰了革命旧址枣园、杨家岭、王家坪、凤凰山，学习毛主席在延安十几年的伟大革命实践，受到了深刻的教育。对照毛主席关于"脱下学生装，穿起粗布衣，不惜从任何小事情做起"的教导，我们批判了自己过去大事做不来，小事又不愿做的小资产阶级知识分子眼高手低的弱点。决心从小事做起，努力为贫下中农服务，同他们一起把革命圣地延安建设得更加美好。

我们这里是山区交通不便，加上修正主义卫生路线的干扰，医疗卫生条件差，贫下中农生了病，往往要跑上十几里路去诊治。有的人因为得不到及时治疗，小病拖成了大病。看到这种情况，我们知识青年商量，把自己从北京带的常用药品集中在一起，谁家有了病人我们就送药上门。这样，使不少生病的贫下中农恢复了健康。这以后，在贫下中农和同学们的帮助下，我当上了赤脚医生。不久，我们就办起了大队合作医疗站。

说到这，我不能不告诉你们我思想情感的变化。一次外出买药，跟我一起去的是个贫下中农（现在是赤脚医生）。那天正下大雪，跑了 30 多里山路，我精疲力竭。到了镇上，我说："先找个旅馆歇歇。"他说："不，公事要紧，先买药再说。"我说："那就先到饭馆吃顿饭吧。"他听了，从背包里取出从家带来的饭说："不要费钱了，饭都带着呢！"我听了以后，很受感动。是啊，贫下中农和我们想的就是两样。当天，我们连夜踏雪回村。路上，他抢着把药品都背在自己身上。他发现我脚板磨出水泡，二话没说，从自己的棉袄上抓下一把棉花垫到我的鞋里。我当时激动得不知说什么好。四年多来，贫下中农对我的教育、帮助和关怀，使我的思想感情逐渐发生了变化。

自那时起，我努力向贫下中农学习，在实践中刻苦钻研医疗技术。为了学会针灸我在自己身上练针，同学们也都争着让我在他们身上扎针。在大家的支持下，我比较快的学会了一些基本的医疗技术，并开始为贫下中农治好了不少常见病和多发病。

以后，不管白天黑夜，不管寒暑雨雪，只要知道谁生了病，我就上门治疗。一天夜里，邻队一个贫农的未满周岁的婴儿病危，我闻讯立即翻山赶到病人家。孩子因为患中毒性消化不良，处于昏迷状态，必须立即输液。我们医疗站没有输液设备，这里离大医院又远，病情危急，不能坐等。我望着病儿父母焦急的神情，一股阶级感情的热流涌上心头，我决定用注射器给孩子输液。我用手托着针管，跪在婴儿身边，慢慢为婴儿注射葡萄糖和生理盐水。由于我的身子不能活动，时间长了，疲劳万分。我默默的背着毛主席关于"有利的情况和主动的恢复，产生于'再坚持一下'的努力之中"的教导，一直坚持了40多个小时，当我看到孩子慢慢睁开了小眼睛，看到父母脸上的喜色，我感到自己和贫下中农的心贴的更紧了。

不久，外村抬来一个患急性肠梗阻的病人，必须立即开刀。但我们不会做手术，只好翻山把病人转到几十里以外的医院去。由于路太远，病人在半路上不幸死去了。我心里十分难过，深感自己没有为贫下中农尽到职责。我当即下定决心，要学会外科手术，为贫下中农服务，为建设新农村出力。

消息传开后，有人嘲笑说："医学院一天也没上过，就想在窑洞里开刀，太狂妄了!"大队党支部和贫下中农却热情鼓励和支持我。不过，说实话，像我这样一个初中毕业生，要学会做外科手术，的确有很多困难。但我想，一切知识都来源于实践，不是不能克服的。我怀着为贫下中农解除病痛的强烈责任感，开始学习做外科手术。

白天，我给社员看病。夜晚，坚持在煤油灯下学习医学书籍和资料。一有空就在自己的衣服、被子、床单上反复练习结扎缝合技术。我还利用去北京探亲的机会，在一家医院里见习了一个多月。医院里的同志听说我是从延安回来的知识青年，都非常热情地指导我。回村后，我们经常在猪、狗、兔、鸡等动物身上做生理解剖和手术实验。贫下中农给了我们很大的支持。没有手术床，大队木工帮我们做了一个木板床；没有高压消毒器，贫下中农就把自家的蒸笼送来；需要学习解剖、做实验手术，贫下中农就把家犬牵来。总之，需要什么，贫下中农就送来什么，这一切给了我们极大的鼓舞。

为了取得开刀的知识，我必须亲身实践。一次，我的右脚大拇指害了嵌甲，趾甲深嵌在肉里，鲜红的肉芽被顶了出来，必须动手术把趾甲拔掉，剪去那块肉芽。有人建议我去县医院做手术。我想，这不正是一次学习开刀的好机会吗？我就在脚上打了麻药，拿起血管钳向鲜红的肉芽插去。因为麻药没打好，血管钳刚触到肉就疼得难受。我有些犹豫。可是一想到革命的需要，一直坚持把手术做完。

经过半年多的实践，我初步掌握了一般的外科手术技术，利用一孔土窑洞，办起了手术室。贫下中农看到了都高兴地说：这真体现了"自力更生"、"艰苦奋斗"的延安精神啊！

一位复员的军人还兴奋地向我们讲起了战争年月，我军医务人员在破窑洞和窝棚里抢救伤病员的动人场景。我们想，这里条件虽然简陋，但比白求恩大夫当年在战场上的条件强多了！

手术室建立不久，我们为那位复员军人取出了胡宗南匪徒留在他身上的 3 个弹片。他拿着留在他身上 20 多年的弹片夸赞我们。这以后，我们经常做些小手术，受到群众欢迎。

1971 年初，一次重大的考验来了。一位贫农女社员突然发病。我闻讯赶到时，只见她面色苍白，蜷卧在炕上不时呻吟。经过仔细诊断，是胃溃疡，穿孔并发性腹膜炎。必须立即切开腹腔修补胃穿孔，否则将会导致中毒性休克致死亡。在这重要的时刻，我心里进行着激烈的斗争：送走吗？山高路远，势必会加重病情，会发生意外，由我们做手术？这么危重的病人，这么简陋的设备，行吗？……病人的妈妈看出我的心思，恳切地对我说："不要怕，该怎么治就怎么治吧，治好治坏我们信得过你！"病人的丈夫、大队党支部书记高凤利，想起他弟弟死在送往大医院中的情形，坚决要求我们就地做手术。贫下中农对我们怀着多么大的期望和信任呀！为了抢救阶级姐妹的生命，在大队党支部的支持下，我们拟定了手术方案。村里的贫下中农和知识青年小组的同学闻讯赶来，大家动手，做好准备。没有麻醉师，知识青年小陈主动承担。我们参加手术的 3 个知识青年和本村的那位赤脚医生，都被这动人的场景鼓舞着。手术开始后，我们每个人都一丝不苟地工作，经过长时间的紧张战斗，终于圆满地做好了手术。阶级姐妹的生命得救了，我们高兴极了！

第一次大手术的成功，增强了我们的信心。通过实践，使我们看到，医学和任何科学都不是难不可攀的，只要努力钻研，是一定能够掌握的。从那以后，外地找我们看病的贫下中农越来越多了。有时，从早到晚，每天要诊治几百人。我们也经常背起药箱，巡回医疗，向贫下中农请教草药、偏方，并上山采挖中草药。在实践中，我们的医学知识由少到多，医疗技术逐步提高。四年来，我们逐渐掌握并运用腰椎麻醉、硬膜外麻醉和针刺麻醉等方法，做了胃穿孔修补、肠梗阻、子宫外孕、子宫切除、甲状腺全切除、关节复合术、骨结核病灶消除术等较大手术190多例，大小手术共计1000多人次。我们常这样想，是毛泽东思想的光辉，照亮了我们土窑洞，使我们在偏僻山乡和土窑洞里为人民做了一点有益的工作。

亲爱的知识青年们！我向你们介绍的这一切，为的是用事实证明毛主席指出的这条真理："知识分子不和工农民众相结合，则将一事无成。"为的是把我们每点成绩都化作子弹，共同射向刘少奇、林彪一伙，使他们的什么"下乡镀金"、"读书做官"、"变相劳改"等反动谬论见鬼去吧！"农村是一个广阔的天地，在那里是可以大有作为的。"事实不是这样吗？在这个广阔的天地里，每个革命青年的前途都是无限的。

在接受再教育中，我们和贫下中农建立了深厚的感情。我们为他们做了一点事，他们却把我们看得非常重。四年多来，我们村的贫下中农像父母一样关心和照顾我们。我身体不好，常犯胃病，我的房东康儿妈特意去镇上买了一块红布，亲手做了一个陕北流行的兜肚，让我戴上保暖。我有时病倒了，人们就做些好饭好菜，并热心护理我。曾做过手术的一位女社员，偷偷量了我的鞋样，做了一双鞋送给我。她寓意深长地说：

"我这双鞋，样子不好看。可穿它走咱陕北的山路最好不过了！"贫下中农对我们寄托着多么深切的期望呀！我们取得的每一点成绩，都应该归功于党，归功于毛主席，归功于贫下中农的再教育。我们只是做了一点工作，在革命征途上刚刚迈出了第一步。即使这样，党也给了我们很大的荣誉。1972年9月，我光荣地加入了中国共产党。无产阶级导师列宁在谈到青年人应当怎样安排自己的任务时指出："在任何乡村和任何城市里，每天都能实际解决共同劳动中的某种任务，哪怕是最微小、最平常的任务。要保证共产主义建设成功，就要看这个工作在每个乡村里进行得怎样。"在祖国的乡村，在广阔的田地里，我们每个知识青年，不就是应该这样去做吗？

从现在起，五十年内外到一百年内外，是一个翻天覆地的伟大时代。我们这一代知识青年肩上的担子是很重的。我们一定要努力学习，勇往直前，不辜负老一辈革命者的殷切期望，把自己锻炼成无产阶级革命事业的可靠接班人。

此致

革命敬礼！

孙立哲
于延安地区延川县

三、邵明达致《北京日报》编辑的公开信

我拖到今天才给你写信，一来是不得空，二来，原想好好写成一篇稿子寄去，但看来不可能，就写封信，谈谈我们从出

发到现在的一些情景吧。

5月17日出发，车站上人们的欢送，使我们十分激动。开车以后，同志们情绪很好，歌声、笑声不断，还有组织地在各个车厢和餐车帮忙，倒水、扫地、拖地。到石家庄时，下雨了。十一学校的王玲，早已等在车站，车一停，我们就都下车去迎她。晚上，很多人在互相谈论，想得很多，说得很久，我不知不觉地低声背起了《在西去列车的窗口》那首诗，心里总也平静不下来。18日早晨，在蒙蒙雨雾中，我们到了西安，车站上冒雨欢迎的人群，敲起锣鼓，跳起舞蹈，一直把我们送上汽车。在省第一招待所住了三天。第二天上午，集体参观八路军办事处。它曾经在那艰苦战斗的年月里，输送过2800多青年到延安来。20日，集体到捉蒋亭等地参观。晚上，省委领导、省知识青年办公室及延安地委的领导同志接见了我们，给予我们以鼓舞、鞭策和教育。

21日，坐汽车又出发，下午到黄陵县，参观了黄帝陵。22日，又坐车出发，越走越高，一会在沟里穿行，一会在塬上飞驰。我们也越来越兴奋，越来越话多。我们心潮翻滚，不禁想起一位知识青年写的几句诗："千里大海滴滴汇，万仞高山步步越。献身躯，倾血染红旗，继先烈！"越走越近了啊，我们的第二个故乡，当汽车驰过十里铺，远远看见宝塔山的时候，大家不约而同地探身窗外，一起欢呼起来，遥指宝塔山，齐声背诵我们自己创作的《宝塔山颂》。不一会，我们就到了南关。下车排好队，手中拿着红花，洪亮整齐地呼口号："向延安人们学习！向延安人们致敬！中国共产党万岁！毛主席万岁！"通过欢迎的人群，红旗秧歌引路，锣鼓鞭炮相随，特别热烈、特别动人。一些领导同志和许多知识青年早已等候在道旁，亲热劲啊，如同久别的家人。当天晚上地委举行文艺晚会，欢迎我们，晚会上，演出的都是传统节目，女声独唱《延安窑洞住上了北京娃》，唱到我们心里去了，我们全体起立，热烈鼓掌，那气氛就别提了。我们先后参观了纪念馆、宝塔山、凤凰山、杨家岭、枣园、王家坪、南泥湾。毛主席伟大的革命实践，老一辈创业的艰辛，将激励我们继续创业，鼓舞我们永远为巩固无产阶级专政奋战不息。

当我们登上宝塔山的时候，心情十分激动，多少次梦里到延安，喝一口延河水润心田，今天终于来到宝塔山，向延安报到。记得开车前一位同学叮嘱我们的话："记住，当你向宝塔山报到的时候，也要写上我的姓名。"于是我们蹲下身来，抓着把把黄土，摸着块块山石，心里默念着很多战友和同学的名字，对宝塔山说：接受吧，接受千百首都儿女无限向往无限热爱的心，接受千百延安儿女永远坚贞的信念！请北京的战友放心，我们代你们向宝塔山报到了！党的信任，人民的重托，永远铭刻在心，永远激励我们前进！许多同学，包一手绢黄土，装几块山石作为永久的纪念。回到宿舍，把土放进从北京带来的扎根树里，让我们扎根在毛主席战斗过的土地上。

参观中，真感到有学不完的革命传统，有取不尽的政治营养。从纪念馆到宝塔山，从杨家岭到南泥湾，从三五九旅的老战士到老镢纺车，到处在闪光，到处焕发着艰苦奋斗的精神。我们扎起羊肚手巾，在宝塔山照相，盼望早一天成为延安人。

途中，有些同志流露出一种"理所当然"的情绪，甘心受欢迎、招待。我们一起讨论分析了，也批判了。短短几天，看到延安人民正为改变面貌大干苦干，我们什么都没干，却受如此厚待，真是问心有愧。欢迎我们的标语特别突出我们是"志愿"来的。"志愿"就意味着自觉，第一步是自觉了，第二步、第三步能否自觉，是个问号。党和人民对我们这样信任，给我们这么大重托，我们没有权利骄傲一点，"理所当然"的思想，同党和人民对我们的鼓励和期望太不相称了。在延安四天中大家深感到这一点，都很内疚，于是比较认真地考虑下去以后如何走好第二步和第三步的问题。

我们大队430多口人，90户，22个党员、27个团员（均未算我们5个新社员）。全队3个生产组，以大队为核算单位。大队有两台手扶拖拉机，一台磨面机，有700多只羊，40多头牛，30多匹驴、马、骡子。十天来，我们都是在适应环境，了解情况，没有发挥什么作用。大队领导、社员对我们都很关心、照顾。支书是个老插队青年、扎根派，68届高中毕业生，已和本村一个女青年订了婚。29日我们就开始上工了，干了锄麦、担粪、开荒等活。最多的是开荒，干了七天。这里叫"掏地"，就是用老镢在陡坡上开30来年未种过的荒地。每天早饭后出工，中午饭带到地里吃，然后干到天黑，再背一捆柴，走几里山路回家。开始几天真累，有点顶不住了，大家就唱起歌来鼓劲。这几天不那么累了。每晚看书、写日记、写信，要到很晚才睡。

轰轰烈烈过去了，扎扎实实、一镐一镢开始了。当我抡着三尺老镢，放眼万仞山峦，心想，当初革命前辈在南泥湾就是这样干的，荆棘在脚下，光明在前头！艰苦的劳动是能把人锻炼成钢铁的。我们必须在这样的劳动中磨炼自己，刻苦改造世界观。时时刻刻想着党和人民的托付，就有用不完的力气；时刻记着我们这一代的肩负，就有磨不完的勇气。

　　杂七杂八，我想到哪写到哪。下面，我把一个同学写的诗《宝塔山—天安门》附寄给你。

宝塔山—天安门

刘力强

同志，你问我：
爱宝塔山还是爱天安门？
在这临行的时刻，
叫我用怎样简洁的语言，
回答你的提问。
也许，你知道我们珍藏着宝塔山的图片，
也许，你见到我们宣誓在天安门。
天安门和宝塔山遥遥相望，
北京娃为什么做了延安人？
呵，
你可见，延安黄土烧铸成天安门下万年基石？
你可见，延河碧水浇灌着天安门旁的青松绿荫？
你可见，天安门前站起一代"陕北娃"？
你可见，金水桥畔飞起队队报春雁群？
曾记得，多少次来天安门，举起右手把誓宣；
曾记得，多少次梦里到延安，喝一口延河水润润心田。
爱天安门还是爱宝塔山，战士的情深似海，

你能试探出大海的深浅？

在北京，我们心向宝塔山，

到延安，天安门屹立在我们心坎。

但是，同志，如果你坚持你的提问，

那么请听回答：

天安门是我们坚强的后盾，

宝塔山是我们战斗的前沿，

为在地球上红旗插遍，

为在全国筑起反修长城，

我们要从天安门起步，

千里迢迢

飞向延安——宝塔山！

以后，我再把我们在这里学习、劳动、生活、工作、斗争等各方面情况写给你。

致以

延安人的敬礼！

北京赴延安插队知识青年

邵明达

四、王晨家书三则

1969.12.16 王晨致父母

我已从那个窑搬到队里保管室里，窑是不错，只是太大，太冷，没有炕，每天也就烧不成炕，只好搭了一个床，把所有被子、大小衣服全盖上，仍然冷得不行。今天采取措施，在炕席下码了满满的麦秸，好多了。每晚的洗脸水第二早上都冻住了，真冷！不过困难是可以克服的，革命先辈"风雨侵衣骨更硬，野菜充饥志愈坚"，我这又算什么呢？

1970.1.28 王晨致父母

最近还和以前一样，只是我病了一次，自古历十二月十二始至十七，扁桃腺炎，发烧，结果跑到5里外的村子找医生看了一次，给开了一副中药。回来借了一个小药锅，拿两块砖头一支，熬好了药。吃了，稍好一些，仍不退烧，又找医生（村里的）给打青霉素，打了3针，这里药很贵且难买，抗菌素轻易不给，一片就要几分钱，我只有三四片合霉素，4片氯霉素，10丸羚翘解毒丸和一点牛黄上清解毒丸，全部吃光了。从古历十七开始干活，仍感觉没好彻底，可手头中药、西药全没有了，买又买不到，也买不起，所以我很着急。见信后您们一定要给我准备些土、四、氯、合霉素，再有若干中药，以备生病用。

1970.2.26 王晨致父母

我的身体就算好了，吃了一些氯霉素和通宣理肺丸，很见效。最近几天连降大雪，我们冒雪打窑劳动，也没感冒，就请您们放心吧。

今年在我一生中算一个转折点，这就是走向20岁——青年时期，我头脑中想法很多，生活的艰苦，已经适应，打柴爬山下沟烧火，已不是什么难事，还可以给自己做个结论：没有沾染多少空虚、颓废和堕落气，还有一些朝气、志气、正气……

五、周秀华致父亲的一封信

周秀华在讲用会上作报告

爸爸：

今天我怀着激动的心情，给你写这封信，告诉你最近发生的一件使我深受教育的事：

我们队上为了达"纲要"，夺高产，支援世界革命，决定新治一部分沟地，创建"大寨田"。连日以来，一直在进行着顽强的劳动。

4月20日这天，晴空万里，红日当头。狭长的山沟里，空气也似乎停止了流动，显得特别燥热。经过一上午的战斗，大家汗流浃背，不少人已光着脊背，赤着脚干起来了。尽管又渴又热，可是越接近休息时间，大伙儿干得越欢。领导上一边吩咐我去烧开水，一边在地中间点起一堆干柴准备烤干粮。

这时，一阵凉风吹来，我舒畅地抬起头来朝前一望，只见山脚下一股青烟直冒，心里一惊："是风把烤干粮的火吹到梢林里去了。"

骤然间，一阵狂风，几丈高的火柱，像匹脱了缰的赛马，直向梢林冲去。"

火光就是命令，时间就是胜利！

十多个贫下中农，手提老镢，一齐冲进了梢林火海。

火！我从未见过的大火，越烧越旺。

我被惊呆了。心想："冲上去，就有生命危险啊！"猛然，毛主席关于"一不怕苦，二不怕死"的教导在耳边响起，沈秀芹扑向了火海，抢救国家财产的英雄形象出现在眼前。看着贫下中农光着脊背、在火海中搏斗的壮烈情景，我明白了，"考验我的时候到了，实现自己在敬爱的毛主席面前发出的'生为执行毛主席革命路线而战斗，死为捍卫毛主席革命路线而献身'的誓言的时刻到了。"我急忙拔腿向烈火冲去。

浓烟滚滚，烈火熊熊，大家心里只有一个念头，抢救国家财产要紧！拼命地掏土盖火，进行着激烈的战斗。

忽然，一个洪钟般的声音传来："快向东边，截住火头！"我知道，这是生产组长老刘的命令。

老刘，出身贫农，在旧社会喝饱了苦水，对新社会爱得特别深，平时抓革命，促生产，吃大苦，耐大劳……凭着对他的印象，我知道照他的指挥去战斗，不会有错，便和几个贫下中农，穿梢林，闯火海，直向东边奔去。多么紧张的时刻啊！多一个人就多一份力量，早一秒钟扑灭大火，国家财产就少一份损失啊！

可是，爸爸你可想到，就在这关键的时刻，贫下中农也没有忘记关怀我们知识青年啊！他们一个个抢在我的前头，不断命令我："快离开这里危险，我来！"这股股阶级友爱的暖流，使我心潮澎湃，热血沸腾，我觉得战斗在贫下中农中间，真有使不完的劲，哪顾得上回答他们，直奔险区，和他们一起截断了东奔的火头。

正当我们向山上另一团大火奔去的时候，只听得下边不远的浓烟中，噗——通，噗——通，响个不停，我断定里边一定有人。还没等我喊出口，贫下中农就喊开了："快出来，有危险！"

"没事，我压住就出来！"

一听这临危不惧的回答，我知道他是贫农出身的副队长老冯。我隐隐约约看见了他那高大的身躯，宽阔的脊背，坚实有力的胳膊，一镢土，就压住一股火。我打心眼里敬佩他，不由加快了步伐，豁出命地干了起来。

"下定决心，不怕牺牲，排除万难，去争取胜利。"一阵短促有力的声音传来，只见年近五十的下中农王大叔，跑在最前边，几个人紧跟他，向山上的火团扑去。毛主席的教导，给了大家无穷的勇气和力量，一阵激烈的战斗，终于扑灭了团团烈火。

我松了口气，和大家一起回到了休息的地方，渴、饿、热、累和周身的疼痛，一齐逼上来了，身子骨也好像松软了，坐下来一动也不想动。

"快！跟我来救火！"我一下蹦起来，朝着老刘奔去的方向一看，只见百米高处又起火了，便和大家箭一般地扑了上去。脚踩在烧焦的土地上，烫得难受，手攀过火燎过的梢枝，烧得生痛，我一时头直发昏，但是，看看前面的贫下中农，便不由得念着："发扬勇敢战斗、不怕牺牲、不怕疲劳和连续作战（即在短期内不休息地接连打几仗）的作风。"紧跟了上去，爬上几个陡坡，又遇一个高崖，我冲了几次，都溜了下来。

正在焦急之中，身边又着起大火。

"就我一个人了，怎么办？"

"干，一定要把火压死！"我命令自己，一阵紧张的搏斗，扑灭了周围的火苗，赶到了贫下中农身边。一起战胜了复燃的烈火。

经过两个多小时的激战，我实在累得不行了，长吁一口气，一个"走"字还没出口，副队长老冯却说："咱们认真检查一下，一定要把火星压死！"我们分几路检查完毕，才回到了休息地点。

爸爸，你猜猜，贫下中农回到休息地在议论什么？这我原来也没想到，他们责备自己不留心，检查给国家造成损失的责任，谁也不顾熏黑的面孔，扯烂的衣服，烧起的燎浆大泡，刺破的道道血痕，面对这一切，我的脑海里像滚沸的开水一样翻腾着，一个个大问号涌了出来。

为什么大火烧起的时候，贫下中农直奔而上，我却惊呆了？为什么关键时刻，我没有贫下中农冲得快？为什么大火扑灭后，贫下中农想的是再检查一下，我却想的是休息？为什么贫下中农，队干部，争着检查自己，承担责任，而我作为一个党支部委员却不争先检查自己？……是年轻吗？是没有经验吗？是体力不如贫下中农吗？不！根本的问题是我思想上和贫下中农有差距，世界观还没有得到彻底改造。说老实话，这件事以前，我还觉得自己学习毛主席著作，接受贫下中农再教育，参加三大革命实践"差不多"哩！今天在烈火中把我考验出来了，我还得老老实实向贫下中农学习，更严格地按照新党章的要求锻炼自己！我把这些想法，统统倒给了贫下中农，心里才平静了一些。

爸爸，革命圣地延安的贫下中农，就是这样英雄的人民，现在我生活在他们之中，接受他们的再教育，该是多么幸福啊！

请放心吧，我们延安新一代一定不会辜负毛主席他老人家的期望！

你的女儿　秀华

1971 年 4 月 24 日

六、高正春写给白复生（高劲松）的一封信

复生：

你好，收到你的来信很高兴，我算计着你也该来信了，不过你这封信是 23 日写的，我今天才收到（是 31 号），比从北京往这寄还慢。

我们队是今天刚刚把糜子种完的，明天就要翻稻地，准备

种稻子了。你们队［高劲松在二队，高正春在一队］今天已经翻上荞麦地了。看来这种盘子就是有这样一个问题，一、正该锄地了，也就正该插秧了，因此总要有一样要耽误些。二、整地、插秧比起种玉米来是比较麻烦，而且在咱们这，种稻子和玉米的产量（如果是同肥水条件的话）相差并不多，所以社员对种稻子并不是特别同意的。队里想在明年把后稻地改成玉米地，前稻地仍种稻子。我们也同意。从队里的情况来看，劳力缺，种那么多地，就是忙不过来，而现在社员对沟底的地还不放心，所以也无法把山上的地搁太多了。因此如果明年试试种玉米能行的话，就种玉米，目的是为了高产。如果光把功夫下在稻地上，其他庄稼误了，也提不高大家的积极性。你们队叶成就说，一队让稻地把工误得太多了，结果误了锄，再的［当地方言，意为"其他的"］庄稼也长不好。今年就是要鼓足干劲，力争早插秧，快插秧，及时锄上地。队干部在这方面还是挺着急的。我们一起商量了好多回，讨论队里的事。并且特别提出一定要加强学习，我觉得这个变化是最宝贵的了，一个生产队的干部如果真正能把政治思想工作抓起来，对整个生产队里的影响就是不小的。

现在大家还是相当来劲的，每天除了受苦［陕北农民将下田干活自称为"受苦"］，晚上还经常找队干部商量组织学习，忙是很忙，但干劲还有。

5月16日在延安召开了知识青年再教育工作会议，浙阳去了。回来传达了会议精神，这次会议还比较好，总结了三年来再教育工作的情况，对一些具体政策又做了明确的指示，最主要是揭露了一些问题，有些东西上面根本不知道。通过这次会议反映了些干劲冲天的东西，看来领导上对知识青年的工作不是很关心的，今年 3 月份是在北京召开的延安地区知识青年座谈会纪要发表两周年，中央让咱们专区把执行这个纪要的情况写份报告反映上去。这次会就是摸摸底的。

专区对咱们小组很关心，把小组每个人的情况都问遍了，并给提出三个意见。希望今后加强学习，不要怕误工。觉得现在咱们小组一个月三个下午的［学习］时间太少了，我实在同意这点。现在每天早上四点多起来，晚上十一二点才睡，想学的东西太多，而精力又太有限了，我都不知道如何安排那少得可怜的学习时间：政治上的书是肯定要读的，否则就没有一个明确的方向；农业上的书也要读，在农村不研究农业就等于胡混；对于数、理、化也非常想学，随着整个社会的发展，这基础知识不论你干什么总是用得上的。面对这一堆该看的书，我是一筹莫展，在农村就是这个矛盾不好解决。但从我们队现在的情况来看，要增加学习时间也是不太可能的。如果真正能保证一个月三个下午的学习时间，也就相当不错了。

专区说南泥湾、井家沟和大庄河仍是专区抓的点儿，以后还要给咱们这增加一些人来。

为了纪念［毛泽东］延安文艺座谈会上的讲话发表 30 周年，出了很多新歌。那天我们收工回来，一边吃饭一边进行音乐欣赏，好久没有听到这种歌曲了。听浙阳开会回来说，各电影制片厂都安排了拍演任务，西安电影制片厂的任务，就是拍一个关于知识青年上山下乡的片子，可能过几天有五个西影的演员来咱们这体验生活。据说这几个演员非常活跃，与演员在一起是较风趣的。不由得我想起咱们去年回北京时，在火车上碰到的那个话剧演员，真能说！

老赵还在县上治嘴，他是睡觉受风了。一觉醒来，眼斜了，嘴也歪了。不过听他们有从县上回来的人说，虽然扎针顶些事，但嘴仍是歪的，八成是正不过来了。你什么时候从北京动身的，我给长平寄回去的胶卷还有信什么的，收到了吗？最近一直不见家来信，也不知是否收到，我很担心有人拆信。听小兰讲，沈兵曾给他写过一封信，但她并没有收到。

这儿的情况简单就这么多，你们现在生活紧张吗？沈兵他们已经开始补习过去的化学、英语之类的了，你们呢？我觉得不论在哪里都得提倡艰苦奋斗的精神，不仅在生活上，在学习上、在劳动上都是如此。你们现在在大学里的学习任务、教改任务也是不轻的，确实需要艰苦奋斗，遇到困难想想大庄河的贫下中农，想想我们经历过的三年来难忘的农村生活，咬咬牙是一定能够克服的。大家都非常相信你们，贫下中农也非常信任你们，希望你们努力学习，成为又红又专的人才！

别无他事，盼回信！

遥祝

学习顺利！

正春

书信集锦（二）：忘不掉的骨肉痴情

　　这一辑我们所选的书信与其他几辑的书信与日记不同，是知青运动结束多年以后，北京知青离开农村，甚至返回北京之后与延安当地领导、原插队村庄领导及乡亲们的通信，这些书信所洋溢的正是那浓得难以化开的"黄土地情结"。这个情结是温暖的、动人的、珍贵的，是北京知青与陕北父老乡亲共同缔造的人间真情。北京知青秦征为了他曾插队村里遗落的老革命后代安置问题，与延安宝塔区委书记祁玉江的通信；宜川县店子河村原北京插队知青给现任村委会主任兰明星及乡亲们的书信；留在陕北并担任县领导的北京知青薛鑫良给本县农村残疾青年牛怀斌的两封书信；留延北京知青陈立胜的亲属致延安市知青办主任同刚的书信，无不充满这种种浓厚的"黄土地情结"，"第二故乡情节"，以及延安领导、乡亲对北京知青的关怀、思念。这是一种没有血缘却胜似血缘的亲情，这是一种同甘共苦、相濡以沫、发乎于心的珍贵情感。

　　北京知青离开延安之后，关爱与回报"第二故乡"的事迹，在延安广阔的城乡大地，俯拾皆是，不胜枚举。但我们却只选择了几个小人物，几件小事。延安各级党委政府及人民群众对北京知青同样怀着深厚的关爱之情，始终把他们看成新一代延安人，特别是对那些仍然留在这片黄土地的北京知识青年更是关怀备至，细致入微，使他们时时处处感到家的温暖，迄今为止，在全国还唯一保留着知青处这样的机构。在这一方面，延安的各级党委政府及父老乡亲亦做了许多许多，但我们也只选了一封普通的私人通信。也许，平凡的普通人，微不足道的小事情更能反映出大众的情感、百姓的历史。这几封写在当今的书信与更多写在历史的书信与日记，其实是交相呼应的，在时空的交错中，我们读到的是永恒！是人类最美好的情感与追求。

值得关注的是冠尘写给高红十的一封未发出的信，这封信很短，但其对知青上山运动反思的深刻性与独到性的确是振聋发聩的。我们以为，如果没有切身的经历，没有对人类生存意义和价值关怀的人文精神，是难以做出这样的反思的。

一、秦征与宝塔区委书记祁玉江书信三则

尊敬的祁玉江书记：

在这除夕之夜，我流泪给您写信。首先给您拜年，并向延安乡亲们问好。

我是当年赴延安的北京知青，插队在延安县枣园乡侯家沟村。至今已经43年过去了。虽然我早已回到北京，但数十年来，我一直关注着延安的发展，关心着延安人民的生活，关爱着我插队时村庄里的乡亲们。虽然我在延安没有任何血缘亲

属，但延安一直是我们知青的第二故乡，是延安人民把我们从不懂事的十几岁孩子，抚养长大成人。延安乡亲们都是我们的亲人。

因此我几十年来一直与插队〔村里的〕乡亲们保持着各种联系，他们生活的每一步改善与提高，都是我们知青最喜闻乐见的事情。今晚除夕之夜，我再次和村里乡亲们通电话，给他们拜年问好。也因此引发出我连夜给您写这封信的缘由。

事情还得细说。当年抗战时期的原八路军副总参某长，新四军副军长罗炳辉将军在离开延安时，留下一个年幼的女儿，取名罗凤英，寄托给一家老乡抚养哺育，这是将军留在延安的唯一亲生骨肉。后来将军战（病）死沙场。（电影《从奴隶到将军》就是描写罗炳辉将军参加革命戎马一生的事迹。）没能再回到延安，再见到自己的亲生女儿。将军女儿长大后，十几岁就嫁给了我插队的村里农民尚洪恩为妻。60年来一直没有再离开侯家沟，如今已经76岁了。罗凤英老人一生饥寒交迫，含辛茹苦，抚养了一大家子几代人口，但全都是老实巴交的农民，儿孙们没有一个走出山沟，离开农村，离开庄稼地的。现如今只有一个最小的孙女，叫尚晓荣，有幸在前年大专毕业，是学医学专业的。这是整个家族中唯一一个有较高文化的后代。按辈分她是罗炳辉将军的重外孙女，也是将军的女儿，76岁罗凤英老人极其疼爱的最小孙女。

但尚晓荣大专毕业至今，一直没有找到合适的工作。新年初始，延安地方劳动人事部门招收新职工工作即将开始，各个部门单位都有不同的招收指标。这个女娃娃应该符合招收的条件，有条件可以参加报名应聘。

但是，众所周知的"潜规则"，就像一条鸿沟，阻挡在将军的女儿，76岁老人罗凤英的面前。娃娃不愿让不富裕的家庭再次走入贫穷，但老人又极力想让这唯一有文化的孙女走出农村去，哪怕能当一名乡卫生院的医生也好。

十几、二十万的"潜规则"，将会使这个温饱有余的农村家庭，重新跌落到贫困线以下。而且万一事情没有办成，有可能就会要了罗将军遗留下的女儿的性命。将军为党为国战死沙场，他寄托给人民抚养的女儿不该再为今天的"潜规则"去流泪去丧命。

我一生不爱求人，如今已经六十有二，也已经过了再求人的年龄。但为了这件事，我彻夜难眠。在这里我恳求您，百忙之中，能给予他们一点帮助。

看在罗炳辉将军是为党打天下而死的份上，看在我一个北京老知青怀念感恩延安乡亲的份上，请求您，稍微帮助他们一下吧。

真诚希望能得到您的帮助，罗炳辉将军在天之灵，会感谢您的。

我这个北京老知青入土之前，也不会忘记您的。

恭祝您工作顺利，身体健康。

老知青秦征流泪写于除夕之夜（2012.01.23凌晨）

秦征同志：

新年好。我叫祁玉江，是中共延安市宝塔区委书记。上月底，看了您在《延河水知青论坛》发表的"除夕之夜流泪而书的一封信"后，彻夜难眠，深感我们的工作还没有做到位，还有许多需要完善和改进的地方。同时，我也对您多年来一直关注延安发展、支持圣地建设、惦记老区群众的生活表示衷心的感谢和诚挚的敬意！

对您在帖子中反应的问题，我已责成所在乡镇和区政府有关部门前往看望慰问老将军的女儿，走访了解将军后人的基本情况。待相关情况核实后，将在公平、公正、公开的基础上，优先照顾，坚决予以解决，相信不会太久，请您放心。

最后，我热忱欢迎您在方便的时间回第二故乡走一走，看一看，希望您和其他老知青继续一如既往的关注和支持老区的发展和建设，多给我们提宝贵意见，便于我们改进提高。

中共延安市宝塔区委书记祁玉江

2012 年 2 月 14 日

祁玉江书记：

您好！2 月 14 号的信，今天（29 号）收到。

我在陕北，没有任何血缘关系的亲属。但几十年来一直与延安相当多的干亲戚有着来往。因为延安是我们知青的第二故乡。人老思乡，现在更是如此。

关于那封信所讲之事，本不该打扰您的。但罗炳辉将军早就战死沙场，其遗孤有了难处。我又远在北京，无奈之下只好求助于您。对于新中国成立 63 年来一直没有向政府有过任何诉求的罗凤英一家，遇到了难以逾越的鸿沟。国家对先烈后人给予一定的照顾，是符合党的政策，也体现了政府的关怀。我想广大的人民群众会理解和感谢您和政府的。

正是中华民族的纯朴，陕北人民的善良，造就了这样一批从不向政府伸手，从不向国家诉求的"受苦人"。但从我，一个老知青良心上讲，我不管，心灵上过不去。因为共产党，不该是忘恩负义的政党。陕北人民抚育出来的北京知青，就应该为延安乡亲们做一点点力所能及的事情，不然无颜面对陕北人民的养育之恩！

您是在为延安政府办大事，我只是想为乡亲办一点小事。但就是这样一点小事，也力不从心，只好向您求助。罗炳辉将军女儿一家的事，就拜托您了。在此再次感谢您的重视与帮助。

待春暖花开，将军女儿家的困难得以解决，我和"知青网"的负责人，必将前去延安，代表所有赴延安插队的北京知青，当面向延安市宝塔区委、区政府，枣园镇党委、镇政府表达我们诚挚的谢意。

恭祝您工作顺利，身体健康！

老知青秦征

2012. 02. 29

附录：

北京知青发给延安的一封信引出来的感人故事

（上）

姜成武

引　子　2012年1月22日，大年三十晚上，正是中华民族盛大的传统节日春节即将来临之时。而除夕之夜，也正是全国人民乃至全世界华人都沉浸在欢乐的气氛中，全家团聚在一起，喜气洋洋地包着饺子，兴奋地观看一年一度由中央电视台播放的"龙年春节晚会"的时刻。随着午夜新年钟声的敲响，瞬时，万千鞭炮齐鸣，无数五颜六色的烟花腾空而起；欢呼与欢笑声、鞭炮声飞扬在地球的每一个角落；在绚丽的焰火映照下，每个人的脸庞都洋溢着幸福的微笑和掩抑不住欢乐的心情……

就在这万家欢乐、举国欢庆热烈的气氛中，在北京，却有一个人，一个年逾六十的老知青，在家中一个人默默地独自坐在桌子旁，在提笔疾速地写着一封信。他的神情时而显得那样的严肃和认真，时而又显得那样沉重和焦虑……

这是写给谁的信呢，这么重要？

这又是怎样的一封信呢，让他如此视盛大喜庆的节日于不见，而是满腹心事、迫不及待地要在大年三十除夕之夜这个时候写这封信呢？

莽莽黄土高原，培育了知青浓浓深厚的感情

43 年前，也就是 1969 年的 1 月 7 日，作为毕业于北京 25 中学、北京赴陕北延安第一批上山下乡知识青年的秦征，和十多名同学一起来到了延安县枣园公社侯家沟大队插队落户。

当时，那里的条件很艰苦。夏天吃水，要到村子对面山脚下一个渗水坑里去挑；冬天则要去山下很远处的延河里去砸冰取水，然后再一步步挑回到村里最高处的山顶上。在沟壑交错、裸露茫茫一片黄土的贫瘠的黄土高原上，他们开始了人生最为难忘的知青生活。

在这种极为艰苦的劳动生活环境下，秦征和他的同学们知道，再苦再难也要坚持下去。因为，在当时全国都在闹"文革"、国家也极为困难的年代，作为一名北京知青，也应当要用自己稚嫩的肩膀，在解决自己的生存与发展的同时，也应该要为国家的困难分担一点责任。更何况，作为一个新中国的青年，也有责任和义务，和农民一起，改变当时农村贫穷落后的面貌。面对恶劣的生存生活条件，好在秦征和他的同学们个个都是乐天派，在互相团结、相互帮助的氛围中，同时也在当地乡亲们的热心帮助下，他们闯过了生活劳动的一道又一道的难关。尤其是秦征，竟然在下乡插队劳动近三年的时间里，一直没有回北京探亲，也没有离开过生产队一天。就是在这整整3年的时间里，他了解了农村，并和当地的乡亲们建立了非常深厚的感情。

秦征自己回忆说，那时，在大多数的日子里，每天天不亮，就起来熬煮一锅小米粥或玉米糊糊，喝上一碗后下地干活，晌午回来再吃一点凝固了的粥糊。有时候没有菜吃，好心的老乡给他们送来一些酸菜。晚上天黑后回来，锅中的粥或糊糊已经被灶中余火烘干，成了软锅巴。再撒上一点盐，翻炒几下，当做炒饭吃。

生活劳动是艰苦的，但是，乡亲们热心而又力所能及的许多帮助，也让秦征他们非常的感慨和感动。秦征回忆说，有一次，记得村里有一个老乡叫他去家里吃饭。可是这个老乡家里很穷，娃娃又多，秦征实在是不好意思去，而这个老乡又非要拉他去。到他家去后，这个老乡亲自给秦征盛了满满的一大碗白米饭让他吃。要知道，这是怎样的一大碗白米饭啊？原来，在好多年以前，村里搞试验曾种过两亩旱水稻，每家每户只分过一升稻谷；去皮后，也就出了不到 2 斤的大米。这天，这位老乡硬是把这珍藏多年的 2 斤大米拿了出来，做成了米饭给秦征吃！而他家里，每个大人娃娃，每人只盛了象征性的小半碗米饭。这是什么样的感情呵?!

还有一次，在秦征下乡的第二年，因为过度的劳累和营养不良，他得了"副伤寒"。发高烧，昏昏沉沉地在窑洞土炕上躺了三天。后来，被老乡发现后，村里马上派来了队里的赤脚医生给他看病，还又专门派了妇女主任来给他烧火做饭照顾他。当时秦征的病很重，吃了许多药也不管用，最后只好给他打针。那时条件很差，每天妇女主任来给他做饭时，前锅熬米汤，后锅蒸酸玉米馍，锅底就煮着给他打针的针头针管。就这样，在老乡们精心的照料下，秦征终于战胜了病魔，重新恢复了健康。

秦征说，类似这样的故事和情节还有很多很多，当地纯朴善良的老乡，就是这样年复一年无怨无悔真诚地对待北京知青，这是多么令人尊敬的陕北人民啊！

尤其让秦征他们感动的是，在他们三年没有回京探亲的日子里，每逢过春节的时候，村里的乡亲们都争抢着纷纷拉他们到自己的家里来过年。从三十晚上到大年初六期间，每个老乡家里都拿出自己都舍不得享用的最好的饭菜来盛情款待他们，让他们这些北京来的"娃娃们"深深感受到了陕北人民最为真挚纯朴的深厚情感。

还有一点很重要的是，秦征他们下乡插队的这个侯家沟村，当年曾是任弼时、高岗所居住的地方，也是中央医院的所在地，与当年中央所在地的枣园村面对面，中间只隔着一条延河。那时，任弼时就住在侯家沟村后面一条分叉沟的沟口半坡上。由于任弼时的身体不好，有时候毛泽东也常来这里看望他，有时候还在这里小住几日。而村里有许多人，就是当年的红军战士，如曾经给秦征看病的赤脚医生，是当年中央医院的红小鬼（后因大跃进时候口无遮拦被下放到村里务农）。生产队会计尚洪恩的婆姨罗凤英，就是新四军副军长罗炳辉将军遗留在陕北的亲生女儿。因此，秦征他们在劳动之余，常常听老乡们讲述当年党中央在延安时许许多多的有趣故事。这些，对秦征他们来讲，无疑也是于无形之中受到了很大的影响和教育。同时，对延安人民有了更多更深入的了解，也就更增添了感情的深度和厚度。

正是这些一桩桩、一件件难以让人忘怀的事情，让秦征深刻地铭记在心，所以秦征才对那里的乡亲们格外地感情深厚、恋恋不舍。

三年后，秦征和他的几个同学被分配到延安园林局工作。就在工作后不久，由于延安县急需一批干部，秦征就又服从组织工作调动，成为一名公社专职负责知青工作的干部。在此期间，他一心扑在工作中，受到了干部群众和知青们的一致好评。尤其是有一次，一名担任公社团委书记的北京知青，因全力修水库不幸因公殉职。秦征怀着极其悲痛的心情，不顾尸体的脏重，亲自独自一人为其擦洗身体并把后事料理得十分隆重，由此受到了当地干部群众以及知青们和逝者亲属的尊重与赞扬。

在秦征返回北京后，由于他与当地乡亲们已结下了深深的血肉情缘，因此他几十年来一直与插队村里的乡亲们保持着各种联系，并先后多次携带着贵重的礼品返回延安看望当地和村里乡亲们。前些年，有一次他和妻子赵美华夫妇俩带着自己的孩子回到延安同乡亲们一起过年，在延安引起了极大的震动轰动。经过延安电视台的采访以及延安日报的报道后，深深地感动了延安人民。延安人民赞扬说，北京知青就是好，这么多年始终没有忘记延安人民啊！

在多次返回延安及与乡亲们不断的联系中，秦征十分热心地尽自己所能，全力帮助乡亲们解决在各方面遇到的一些困难。2011 年年初，当他再一次返回延安时（这些年他和赵美华夫妇俩基本上每年都要回去一次），了解到他下乡的村里的农民尚洪恩、罗凤英一家遇到了一个难题，就是他们的孙女尚晓荣，自延安大学医科专业毕业后，始终没能找到正式的工作。而且，尚晓荣是已年逾七旬的尚洪恩、罗凤英一家唯一的一个女大学生。因此，老人们极力想让这唯一有文化的孙女走出农村去，哪怕能当一名乡卫生院的医生也好。可是，由于他们家仅是一个极普通的农民家庭，既无关系又没有钱，因此他们的愿望一次次地落空。

看到这种情况，秦征十分着急。是啊，看到尚洪恩、罗凤英一家愁眉苦脸、一筹莫展的情景，秦征心急如焚，于是他想方设法找人帮助解决。但是，一晃儿一年过去了，还是没有结果，这让秦征更加忧虑。因此，才引出了情急之下、在除夕之夜动了自己执笔给延安市宝塔区委书记写信的念头。

那么，信发出去了，并在北京知青网上刊登出来了，之后，又有什么样的反响呢？

北京知青发给延安的一封信引出来的感人故事
（下）

罗炳辉将军女儿罗凤英遗落陕北农村之谜

罗凤英作为罗炳辉将军的女儿，在全国革命胜利后，为什么她没有享受将军女儿的待遇，又为什么成为一个陕北农民的妻子而至今仍生活在侯家沟村子里呢？这，还要从她的身世遭遇说起。

罗凤英的亲生妈妈是杨厚珍，也是一个在党史中赫赫有名的老红军。《党史博览》的一篇《随中央红军长征的30名女红军》文章中是这样介绍她的：

杨厚珍，江西瑞金人。1908年12月生。1927年春，与国民革命军第三军第九师营长罗炳辉在赣州结为夫妻。1929年11月，跟随丈夫参加吉安起义，从此参加红军。1931年加入中国共产党。先后担任护士、护士长、管理员、指导员和福建军区机关合作社主任等职务。1934年10月参加中央红军长征。长征中，因敌机轰炸负伤，为三等残废。红一、四方面军会师后，罗炳辉随红九军团留在红四方面军，南下转战川康边。杨厚珍随中央红军到达陕北后与罗炳辉离婚。抗日战争初期，杨厚珍与伤残军人刘正明组成新的家庭。不久，刘正明因事受到诬陷，被解除一切职务去当老百姓。1940年春，杨厚珍带孩子到延安七里铺，与丈夫度过六七年平民生活。1947年敌军攻占延安前夕，丈夫的问题得到解决，夫妻俩买了头毛驴撤离延安。到达晋西北后，经中央行政管理局介绍到荣军医院工作。新中国成立后，曾在文化部体育用品工厂当过厂长。1977年因病去世。

同时，在另外一篇文章中，我们还看到了在长征路上对杨厚珍的介绍，其中这样写道：在长征途中的 1935 年 4 月 23 日，当红军长征到达贵州盘县的一个小山村时，贺子珍、杨厚珍所在的总卫生部修养连突然遭到敌机袭击，贺子珍、杨厚珍同时倒在血泊中。经医生查看，杨厚珍已没有呼吸。就将她放在一边，找了一口棺材，准备第二天上午埋葬。但第二天一早，康克清和姐妹们说："我们去告别一下老姐姐吧！"这时，康克清发现杨厚珍的眼睛动了一下。她马上惊喜地大叫："大姐还活着，我看到她眼皮在动！快，快抢救！"

由于康克清的这一声大喊，唤回了党史中素有"长征八大姐"之一之称的杨厚珍的生命。经过傅连璋等医生的抢救，杨厚珍捡回了一条命。

在那艰难的战争环境中，杨厚珍和战士们行走在那崎岖不平的山路上，迈着她那双血痕斑斑的"三寸金莲"，和同志们一起终于走到了陕北。

到了陕北之后，1936 年 12 月，罗凤英出生在保安城（现志丹县）北炮楼山麓。因战事紧，作为父母亲的罗炳辉、杨厚珍又因战事紧和工作繁忙，只好将罗凤英寄养在陕北农村的一个奶妈家里。后来，罗炳辉、杨厚珍因感情生活的变故离婚后，罗炳辉奔赴抗日战场，杨厚珍与老红军、独臂伤残军人刘正明再婚后，也曾亲自安排罗凤英去上学堂。但从没离开过奶妈的罗凤英不习惯过集体生活，没几天就跑回奶妈家，从此再没读过书。之后，杨厚珍也因工作繁忙而再无时间和精力亲自照顾罗凤英了。

1947 年 3 月，在胡宗南攻占延安前夕，继父刘正明曾去村里找罗凤英一起北上撤离。当赶到他们村时，全村的老少已经全部转移了。无奈，刘正明和杨厚珍只好带着儿子钢夫和中央机关一起离开了枣园，从此，罗凤英和父母失去了联系。

新中国成立后，1955年，已经长大成人的罗凤英经媒人介绍与尚洪恩结婚，嫁到了枣园。1956、1957年两个女儿分别出生。1956年，杨厚珍经过组织与延安市政府联系，才在枣园乡找到了罗凤英。此时罗凤英已结婚并有了孩子。此时，罗凤英才知自己真实的身世，父母希望他们来北京一起生活。但尚家的长辈们以尚家只有一个儿子为由，不同意尚洪恩夫妇迁京。命运弄人，此事只好作罢。

时光飞逝，老红军之后罗凤英一家永远留在了陕北。现在，尚洪恩、罗凤英一家已经是四代同堂，他们膝下已经有了孙女、曾孙了。就这样，他们在普普通通的当地农村里，过着极其普普通通的农民生活。这次，若不是他们为唯一有文化的孙女尚晓荣的事情着急，再加上北京知青秦征为此事的紧急呼吁，恐怕是再无人知晓赫赫有名的罗炳辉将军和素有"长征八大姐"之一的杨厚珍还有个女儿至今还留在陕北农村。

北京知青网全力关注
延安宝塔区领导极其重视并马上解决

在了解到这一情况之后，北京知青网站长兼总编姜成武当即表态，全力支持秦征的这一举动，并且马上安排人与延安市宝塔区区委区政府领导进行联系。而延安市宝塔区区委区政府领导了解了此事后，极为重视，并马上派人去尚洪恩、罗凤英家详细了解情况。在枣园镇党委镇政府的协助下，经过认真审核和确认此事属实后，宝塔区区委区政府领导当即决定，一定要把此事认真处理解决好，以不负革命先烈后人和人民群众与北京知青的呼吁。

就这样，在延安市宝塔区区委区政府领导的亲自过问下，除了及时派人代表区委区政府给尚洪恩、罗凤英一家送去了慰问品和慰问金外，过了仅仅一个月后，经区委区政府研究决定，将尚晓荣正式安排在枣园医院上班，从而使这一困扰尚洪恩、罗凤英一家几年来的大问题得以圆满解决。

当这一消息传到北京之后，所有了解和知道这一情况的北京知青无不欢欣鼓舞，纷纷赞扬说，延安市宝塔区区委区政府领导真是值得信赖的好领导，这才真正体现了时刻牢记为人民服务的宗旨和精神！

为此，北京知青网决定，为了表达北京知青对延安市市委市政府以及宝塔区区委区政府的感谢之意，将于近日内派出以姜成武总编、副站长冯启安、网站顾问秦征、赵美华夫妇（二人均为原下乡插队在延安的北京知青）等人，与北京化工大学副校长、延安市宝塔区北京知青联谊会会长丁巨元组成北京知青网延安采访团，代表北京知青亲赴延安表示衷心的感谢；同时，还将对此事进行详细的采访与后续报道。

二、宜川县店子河村北京插队知青给村主任兰明星书信五封

兰明星及全村乡亲：

您们好！照片您们已收到，我很高兴，就是因为时间短，没能和村里许多人见面很遗憾。

　　这次去旅游，时间很紧，没能带东西到村里，主要是到壶口后离咱村很近，我想不去很可惜，所以就去了。主要是因为有单位同事在，不然就住一夜，和村里人多谈谈分手34年后的变化。人生又能有几个34年，变化又非常之大，回想在村里和您们一起干活的日子就像昨天。回来后，我和兰裕珍谈了许多，我们一旦有机会，希望我们插队青年能多找几个一起回去看一看，和村民多谈一谈。我回家后两天没有休息好，脑子里就像过电影。

　　北京的工作非常紧张，我们知青几个人几年只能见一次面，各自住得也都不近，一个星期休息两天，都各自有自己的事情，只有过年节日时间长一点［，才能相聚］。如果都退休了最好，有机会我和兰裕珍一起看谁能有时间，抓机会一定再回去一趟。听说杨玉玲已退休，她和许滨（外号黑驴）结了婚。别人可能没听说退休，有许多单位都有内退，机关学院不知道有没有内退，各单位都不一样。王徽在林科院，陈秀禾在林业学院，楼逸在北医科学院，顾卓玲在北医三院当会计，杨玉玲在六所和她爱人在一起，猪头在保定退休后回北京，现在干什么不知道。我在饭店工作，崔增寿没有来往，宋金莲已病死。

　　我们全家去村里，您还给拿了许多苹果和木耳，我爱人和孩子都说过意不去，我也是。有机会一定回去和您好好谈谈，听说您很有想法，有头脑。我建议您一定把路修好，有川、流水的地方做一个小桥，路是关键，不能一下点小雨，路就没有办法过去了。上次如果不是路坏，我们和同事就开车过去了，就不走了。因路不好走，同事在大队那里等我，我爱人总是催我。那天开了半夜夜车，夜里两点在服务区里，躺在车里睡了一夜，5 号返回北京，在兰裕珍家里还看了一下大华给您们拍的录像，不错，我感到很亲切。好了不多写了，望早日和您们再一次见面。

祝全村幸福！家家快乐！幸福美满！

郭振东及全家

2003 年 10 月 28 日

明星村长暨店子河全体村民：

你们好！我们几个在村里插队的知识青年在今年夏季聚集了一次，但遗憾的是没有联系到崔增寿，张京华也因故未到。大家在一起回忆起店子河生活的几年，虽然这几年的时间在一生中是短暂的，但给我们留下的记忆非常深刻，那时的生活条件虽然艰苦，但受到的锻炼对于我们一生来讲都受益匪浅。尤其店子河乡亲对我们的照顾，更是终生难忘。我们思念这片土地，这里的山水，这里的乡亲们，我们把这里视为第二故乡。

由于这些年大家忙于工作、家庭，疏于联络，直到最近才得知郭振东曾回了一趟店子河，还看到了他与乡亲们的合影照片。虽然 30 多年过去了，乡亲们当年的模样依稀可见，我们很想回去看看，看看村里的变化，看看曾经住过的窑洞，看看大伙。

郭振东提及明星村长有个修路的想法，我们在一起议了一下，不知道这个项目政府能否立上项？或是纯属民间行为？工程总投资需要多少？在河上建了桥，既对咱村的出行解决了困难，又能方便一方百姓，我们很赞成，希望回信能详细谈上具体的情况。虽然我们是工薪阶层，收入不高，但我们的确很想为店子河的乡亲们尽微薄之力。现在我们也都是 50 多岁的人了，陆续退休了，有机会我们一定要回去看看。

回信可寄郭振东处或按信封地址寄杨玉玲处。

祝全村乡亲们身体健康，生活幸福！

郭振东、王徽、陈秀禾、顾卓玲、杨玉玲、楼逸

杨玉玲执笔 2004.9.3

明星村长：

来信收悉，由于大家住的比较分散，聚一次也不容易，所以我在电话中和大伙说了一下你信的内容，我们把意见统一了一下，至于联系公款的事，恐怕没有什么希望。具体事我们只能是私助，预计我们几个人也就能筹集 1 万元资金，因为个人条件很有限，有的已经退休，有的还要供孩子上学，只能量力而为。

图纸和预算我们也不太懂，总而言之，事情要办就尽量办好，质量是第一位的。资金缺口比较大，是否能争取点扶贫款项或其他渠道筹集一些，我把我的电话告诉你，这样便于联系一些。你有什么想法及时和我们沟通。

今年咱们那里收成如何？村里乡亲们都好吗？郭振东正在联络同学们，明年争取回店子村看看。今年你恐怕也快有 60 岁了吧？这些年你在村里为大伙做了不少事，你的心情我们真是很理解。希望我们这次能合作做好这件事。

代问乡亲们好！

杨玉玲、王徽、顾卓玲、郭振东、楼逸、陈秀禾

2004. 11. 3

兰明星及店子河村民：

你们好！明星春节寄的来信收到，春节期间我们几个还聚了一下，信中的内容也已告知大家，因无变化也就没有及时回信。转眼就春暖花开了，一年之计在于春，可能村里也开始新的一年的辛勤劳作了，修桥的事也不知道进展如何了？我们过年时见面合计了一下，初步拟定五一节争取能回趟店子河，家里能离得开的尽量都安排一下。此次同行的可能还有几个乡里其他村的知识青年，回去看看也是大家的共同心愿，毕竟我们也是些50多岁的人了，希望能抓紧时机了却这个心愿。我们筹集的资金届时带过去，其余事宜见后再续。

祝工作顺利，身体健康！

店子河知识青年　杨玉玲代笔

2005. 4. 1

兰明星队长：

您好！

五一返乡，受到全村人的热情接待，使我们感到十分亲切。现将我们拍的照片寄去，共66张，请按照片背后的名字发放，如有差错，请您调整。个别照片没写姓名，是因有不清

楚姓名的人。如果还缺少照片，请来信说明缺少那张。

另外，寄去的照片，有住在城里的人，请转交。杨玉玲她们拍的照片另寄，转告。

祝全村人健康平安！

顾卓玲夫妇

2005. 5. 15

三、薛鑫良致志丹县杏河镇寺堋村牛怀斌的书信两封

怀斌同志：

您好！

您古历六月二十六日（公历 8 月 12 日）写的来信，我于昨日才收到，使您惦念了，请见谅！我十分同情您的遭遇和处境，同时也为您发奋自学的精神所感动。有道是——逆境出人才，有志者事竟成。希望您自强不息，百折不挠，必将成为一个有益于人民的人。保尔·柯察金和张海迪、曲啸的人生精神、就是我们大家的楷模。

今请民政局邮汇 40 元，并随信附上书报若干，聊作"雪碳"吧！

祝您康复！

祝您成才！

薛鑫良

1985 年 8 月 28 日

附书报：

《唐诗三百首新解》

《中学语文词义辨析手册》

《曲啸同志谈理想与追求》

怀斌同志：

您好！祝您新年愉快！刚才，我看报时看到《人民日报》2月12日刊登的《让瘫患者站起来》一文，情不自禁地想起了您。我感到，这是一个可喜的信号，您应该确立治疗康复的信心和决心。我建议，您先写信与高锡明博士或榆次市瘫痪病研究所联系，讲述病因、病历和病情，请他们指教，然后确定治疗方案。

现将此文寄您参考，衷心祝愿您早日康复！

薛鑫良

1986 年 2 月 14 日下午

四、一封没有发出的致北京延安插队知青高红十的信

高红十：

您好。素昧平生，便直呼全称，恕我不敬。怎么称呼呢？叫老师？叫女士？你自己挑一个吧，好在你不是个俗人。

给你写信不为别的，就因近日读了你的新书《乡情，你是我心中永远的珍藏》。

知青的回忆文章我一直爱读，自己也写过一些。可渐渐感

觉出这类文人的末路来了。多是苦难苍凉之气。这也未必不好，就到了末路。然而作者多是"针眼大的事，拖出一车皮眼泪"（王朔的语言）。其中缺的是真诚或才气。阿城是写文章的顶尖高手，可他写知青的作品是纯文学，关注的是大"人"，自己的情感化于无形。史铁生也是，白眉赤眼讲自己。而真诚与才气二者是兼具的（或者说将真情能够质朴动人地表达出来的），真的不多。

我在即将离开乡里的那一年就看到了《理想之歌》，便记住了高红十这个名字。这也正是今天感觉知青文学到了末路时，见到《乡情，你是我心中永远的珍藏》这本书仍把它打开翻阅的原因。你的那首诗我其实不记得了。当时感觉是知青运动已是强弩之末，同伴走得差不多了，我也在乡下待了7年，惶惶不可终日，竟还有人作这等豪言壮语。我想这还是"文革"初期"首都红卫兵"的做派，下了乡也是知青贵族，与我们相去甚远，大异其趣。且看你下回怎样分解。因此，潜意识中记住了你的名字。今天看了你这本书，听了你的下回分解。真没料到，你那时已经进了城，却又再次下了乡。难以想象，你是那样真诚地实践了自己的诺言；不难想象，你对那片土地有着怎样真诚的感情。

《理想之歌》除了记得开头几句白描外，什么也不记得了。我现在想，我们那时有过理想吗？是要实现一种什么理想呢？那理想不过就是要在中国几亿农民中再添上千万个农民搞饭吃吗？当时是这么想的吗？是到农村做劳力去吗？若是作为知识分子去的，当时到农村去实现理想那就不妥。你也说了，我们到农村去撒播文明之花是无意插柳。"知识青年本无心播撒文明，理论上说，他们是去接受再教育的。然而文明之草却在所到之处，有了极其缓慢却又实实在在的成长收获……那草色近看不显，远看可鹅黄嫩翳一片呢。"讲得好，是无意的。这就不叫理想了。

那理想若只是改造自己，那便是有病。凡理想，我想总应是主体对客体的改造。若相反，那还叫理想吗？更确切的叫法是"受虐狂"。宗教强调主体改造，那叫"修行"，不是理想。宗教的理想也是改造别人，叫传教。至于讲改造客观世界的同时改造主观世界，那是鬼话。第一，增加千万农民无意义，第二，我们是受教育去的。所以我们那时说理想是很可疑的。切莫生气。我也是现在才这么想的，当初岂明此理。只是跟你比，我们似乎明白得早一点。我们下乡是被迫的，极不情愿，没有那样"热血"，没有那般真诚。正因如此，我们也就没有那样轰轰烈烈。

真诚是最可贵、最动人的品质。无论它愚钝到什么程度。"明白"如我者注定平庸。聊以自慰的是，渐知天命，能看到这点，也算不枉对岁月，总算真诚地面对自己一回。那是看过你的这本书后，为你过去的真诚质朴所打动，而自我扫描后的一种觉悟。人贵自知，我也很高兴。

但是殊途同归，你们怀抱理想而去，之后对那片土地的情感；我们被迫而去，之后对那片土地的思念，我以为都是真诚的。都值得永远的珍惜。

冠尘

2000 年 7 月

五、陈燕致同刚的一封信

同刚：

你好！我这样称呼你，你不介意吧！我本想称呼你同处长，又觉得太俗气，我比你年长，就直接叫你姓名更合适，这是我的看法。

首先我感谢你这么多年对立胜的信任、帮助与鼓励，使他能在工作上，写作水平上得以提高，在业余生活上，能有你这样一位忘年交而过得充实，更有意义，更有价值。

更重要的是，在立胜的后事上，你给予了全力以赴的帮助，以及对我家人的安慰。这些都使我万分感动，同时也庆幸立胜在生前能有你这位朋友而感到荣幸。

以上这些使我真实地感觉到你和立胜之间的友谊是建立在共同的爱好，互相欣赏，互相尊重，互相理解的基础之上，所以超越了世俗的那种朋友关系。这也是我所看重的。

可惜立胜去世太早，又走得这么突然，这不仅是使我们的家庭失去了一个亲人，也使你失去了一位挚友。

立胜在生前曾多次提到过你和你的前辈，对你的评价很高，对你的前辈也充满敬仰之情。只是我们没见过面。这次有缘在延安见到你，果然名不虚传，你不论在气质上和风度上绝对与众不同，而且这么年轻，真是前途无量啊！

另外，短信上你爱人的姓名"折米存"，我平生第一次知道还有这姓氏，觉得很好奇，我的第一反应读 zhé 米存，但我这人又很认真，因姓的读音往往与字的读音不同，为了准确，我特意查了字典，才知道是读 shé 的音，所以说处处是学问，这名字真不俗。你的爱人我应该称呼弟妹比较合适，（北京人都这么称呼）随邮件给你爱人寄一条丝巾，也是杭州特产，小小纪念品，不成敬意。另外一盒龙井，一盒白茶，寄给你品尝一下，质量都是上乘的。你换着喝吧！

短信中还提到立胜早年在插队时的书信、照片等资料，我想肯定会有，但都在江西原住的老屋里，我准备近期回江西一趟，查找一下，如有的话，我会全力提供。不多写了，祝你全家生活幸福，万事如意，心想事成！

最后请带我转达对曹树蓬先生的问候与谢意。

陈燕

2014 年 9 月 11 日

说明：立胜，陈立胜，1969 年 1 月首批来延安插队的北京知青，后一直留在延安工作，退休后曾任延安市政协特邀文史委员，2013 年春节因车祸不幸遇难，安葬于延安。同刚，延安市知青处主任。陈燕，陈立胜的亲戚。曹树蓬，延安市政协文史委员会主任。

杜永基日记：从城市红卫兵到
山沟农民的心路标本

　　这是在延安插队的一位普通北京知青的日记。日记作者杜永基，1969 年 1 月 11 日至 1971 年 6 月 30 日，在延安县（现延安市宝塔区）麻洞川公社（现南泥湾镇）玉家崖大队插队落户，1971 年 7 月 1 日，被招收到延安大修厂当工人。日记起始时间是 1969 年 1 月 11 日，终止时间是 1971 年 2 月 18 日，基本上没有中断，相对比较完整。可惜的是，由于受篇幅限制，我们不能将这些日记全部编入。为了保证日记的完整和系统，我们未对日记进行筛选，只是完整地截取了其 1969 年 1 月 11 日至 1969 年 4 月 11 日，以及 1970 年 6 月 20 日至 8 月 31 日两段日记，而且是随机截取，并完全按照日记原貌，除过于明显的文字性错误外，内容上未做任何删改，也未整体删除其中某一天的日记，将其原汁原味地完整呈现，使其具有档案意义。同时，我们也将杜永基插队期间的最后一篇日记和最后一本日记末尾的两张统计表编入，作为这一辑的结语。因为这两张统计表，一张是与杜永基一块插队的北京知青的基本情况和当时的去向；另一张是知青在农村劳动一年的分红表，所以不仅是这一辑内容的重要组成部分，而且还具有重要的史料价值。杜永基无论是插队期间还是当工人期间，乃至今天，都是近3万多名延安插队落户的北京知青中极其平凡的一员，就像沙粒一样普通而渺小，没有掀起过任何波澜。但珍贵的是他将他的日记原汁原味地保留并贡献出来，对于我们了解这一特殊人群在那个特殊年代的特殊心路历程具有重要的价值。日记也许单调、也许乏味，乃至有些内容在今天看来，甚至是不可理喻的。但它是原始的，又是较为完整的，原始与较为完整，正是它最为珍贵之处。同时，由于作者无论当时，还是今天都是极为平凡与普通的，而惟其平凡与普通，日记才有了标本意义。

1969 年 1 月 11 日　星期六　晚 7 点

今天，我开始走上了与贫下中农相结合的道路，早上 8 点到校集合，在校的师生欢送我们上了汽车，李淑芬、李其容等老师赠送了我主席像章，让到那以后给他们写信。9 点 5 分到了北京火车站，[是] 从后边进去的。今天欢迎的人秩序很好，我校只去了一个 50 多人的欢送代表团，段友发、马志军、孙景林、王大顺、张继荣等人 10 日早晨从山西大同回到北京过春节，今天也去车站欢送我们。10 点 35 分开车，开车前几分钟，我们心情十分激动，送的人不能靠近车厢，有标兵拦着，他们几次冲进来和我们握手告别，邢春燕激动得流下眼泪，拉着我们的手说："到那儿来信啊！" 10 点 35 分车徐徐开动了，他们又一次靠近车厢和我们握手告别。车开动得很慢，我自己心情十分激动，心里想我们马上远离首都北京了，就要和战斗了4年的战友告别了。但我自己抑制住自己，想到我们虽然远离首都北京，但是我们的心离毛主席更近了，这是非常值得高兴的事情，不应该难过，所以自己马上就特别高兴。车离开北京站了，车厢里的女同学基本上全哭了，男同学只有个别的掉几粒眼泪。我们是第8车厢，这节车厢都是我们学校的，有120个座位，但我校只来［了］65个同学和韩师傅、佟吉森、赵师傅、田副政委和几个师傅，解放军送我们到丰台下的车，一路上大力宣传毛泽东思想，说服哭得很厉害的同学，到丰台［他们就］下车了。［火车］下午1点到达保定，中午饭吃自己带的。下午饭［是］火车上发的，米饭、肉菜。半夜1点多［火车］到达郑州，［并］改变［了］方向。12日早饭发的［是］2个圆面包、肉肠，中午饭是米饭、肉、海带，下午5点多［火车］到达铜川市前一站［的］一个村子。下午受到当地［群众］的热烈欢迎，走到铜川（大约5里路），到铜川市二中下乡上山知识青年接待站，住在教室内，睡在草垫子上，我的小背包没打。［我们］交［了］1斤粮票，晚饭吃［了］2个花卷、一碗粥、肉菜。13日早上3点起床，发［了］两个糖火烧、一碗粥。顿［炖］肥肉我没要，怕上车后吐。6点钟坐带篷军用卡车离开铜川市，中午12点到达洛川县，下午休息半个钟头，我不知是让吃饭没让吃（自己带的），当地贫下中农还演了小型的节目。我找了医生要了两片药吃了（和我早晨吃的一片一样）。快到延安时，我站不起来了，一站起来头晕眼花，腿发软，只看了一眼宝塔山就又发晕。到了延安县受到延安县人民的热烈欢迎。到延安师范学校［已是］下午，住的也是教室，但有铺板（用板凳架起来的）。也是交1斤粮票，晚饭小米粥、馒头、肉菜。吃完我就躺下睡了，没打开背包。第二天早上吃的几乎差不多，8点又坐军用卡车，（吃了两片药）13日下午快到延安县时，车上的篷全部揭下来，[大家]都站[了]起来。离开延安县，中午12点到达麻洞川公社，身上的土特别多（因没有篷子）（13日坐车有篷，但我坐在后边所以也弄了满身是土）。坐卡车一天半，共有80多辆[卡车]，其中60多辆军用卡车（装行李的卡车占一多半）。到麻洞川以后，各大队有人来领[我们]。我到公社卫生员那去看[病]，他要给我饽密痛，我说同学那有[我]不要[了]，[他又]给我咳嗽药，我说我有，也没要。在公社找好自己的行李，贫下中农给拉到各队，佟吉森在那儿[给我们]分[配]了生产队，让我和吴勇康、杨光利、女生王晖、韩亮、陈友莉在第一生产队；郑伟民、朱德忠、王志坚、方国伟和朱启燕、刘文捷（刘二莉）、龙锦兰（月坛）在第二生产队，庞吉英、张小岩、计培君、张菀在第三生产队（即拐峁队）。第三队离一、二队有2、3里路，到了二队，高玉英非要到一队去（本来在公社她要求到二队，[也]分[配]她到二队），[还]和队长吵了一架，结果暂时先分到一队。晚饭吃的派饭（就是到贫下中农家去吃饭）。到这儿以后，社员把我们的行李背到我们住的窑洞里，为我们烧开了水，缸已为我们挑满了水，柴也为我们打好了一些。

14日晚，我们和大队的干部们一起开了小型欢迎会，老贫农讲了延安精神，回乡青年也讲了话，我们也表了决心。15日，公社革委会副主任和大队革委会主任贺老师（麻小的老师）亲自看了我们［住的］窑洞，问了我们的情况。16日中午，全大队社员一起开了会，会上老贫农给我们忆了苦，我们也表了决心。我们向大队送了毛主席像和语录（墙上贴的，我带来的）和一张织锦的大张毛主席像，还有43枚毛主席像章，会后庞吉英等几个人还演了几个小节目。

14日晚大队的老书记（革委会主任）还向我们介绍了大队的情况：全大队有58户人，1户地主兼反革命分子，2户富农，3户上中农，9户中农，43户贫下中农，共有山地500多亩，川地200多亩，自留地50多亩，劳力全大队男女共560人。

17日我们跟上中农殷俊理上5里外的山上去砍柴背回来，现在要砍好一年的柴。

18日，上7里外的大山顶上去给队里的牛背草，然后回来给牛铡草，弄得浑身是土。回来晚上睡觉，腰都特别疼。

17日写好家信，18日早上到公社寄出去了。把在延安发的像章和队长送的一个延安纪念章，还有一个小孩送的两个延安纪念章寄回家去了，还有在铜川［给我们］发的延安专区革委会给我们的一封信也寄回家去了。18日晚上到公社找到佟吉森和韩师傅，在他们那儿给学校的师傅和解放军写了一封信（还有一封给学习班三排的信，在家时写好的），［信］给了佟吉森（用信封袋装好，没有封口）。晚上就在公社睡的，和佟吉森、吴勇康在一个小屋。炕特小，本来是竖着［能］睡两个人的炕，我们横着睡［了］3个人。第二天早上跟佟吉森提了提关于我们的政治学习方面［的问题］，像［需要聆听和阅读的］广播报纸等都如何解决，学习如何抓，［这些都］跟他说了一下，（后来临走时，也跟韩师傅讲了，他们说回去时到延安县安置办公室提一下这个问题，很快就可以解决了，报纸每个大队有一份）。完事［后］走出屋子，向公社革委会［办公室］去时，我拿出证明给佟吉森看了，告诉他回去转告×××，别让他说我装着玩，他要再给我使坏，［要］让他使不成，他能说［出］我们家生活水平高［这样的话］，就能说出我的病是装的。我对［佟吉森］说，我的证明谁也没让看过，我怕给组织找麻烦，跟你说是怕［×××］给我使坏，你好能证明一下。既然来了，别再落这么一手（即装病）。他说，你这［件事］我们都跟公社说了。我说我跟你说的意思是防止×××这王八蛋给我使坏，不是让你跟组织说，既然来了就不能给组织找麻烦。后来［我又］看［望］了韩师傅，［并］让他们到校后给我们来信。

19 日到地里去割苇子。20 日也去割苇子，方国伟已经固定在二队了，高玉英二队不要。（主要［是她］不太勤劳）。

21 日又和大队一个革委会委员去山上砍柴，砍完后，捆时，同学［们］说我身体不好，老乡说［让我］少背一些，慢慢再增加。我还要加，他［们］说你有病就少背一些。背回来特累（好像这次背的还比上次多似的）。晚上，二队的几个男生到我们这里来，队长也来了，二队的保健员也来了，他是刚给我们［住地］上面（的）那家［农户］看过病，队长说他身体不好，有病，队里应适当照顾。保健员说，明天大队的知识青年去一个领队的，和大队的正副主任到公社去开会。

22 日早上吃过早饭，听副大队长说［距公社驻地］远的大队今天去报到，咱们近，明天早上去就行了，晚上就不在那住了，要带三天的口粮。一［整］天没有让我们出工，我们3人在家准备明天开灶的用具，把锅、碗、盆擦洗了，队长给我们买来斧头（又拿走去给我们安把儿去了）、饭铲、盐，又买了两个盆，有一个当地盆，还有屉布。筷子是早买的，8双半（17个），还有10个碗和勺子、菜刀。又要来一个桌子，一个板凳，130斤萝卜，30多斤黄米。晚上我们都睡下了，队长又来给我们送油来了。我们点了灯开门让队长进来，他怕明天［我们］做不了饭，就连夜给我们送来了，还［给我们］弄了50斤小麦和50斤洋芋。

元月22日晚补好日记。买回130斤萝卜分成两挑，吴永康挑一担，我接过来挑。可能［是挑萝卜时］扭着了，从这儿以后，每天早上6、7点钟［我］就咳嗽一会儿。

1969年1月23日　星期四　农历初六

麻洞川公社［召开］各大队负责人会议，［由］公社武装干部高德兴传达延安县革委会在梁村公社召开的清理阶级队伍现场会［精神］。会期3天。

［高德兴传达会议精神时说：］这次会议主要是清理阶级队伍，但是还有征兵、安置知青，城市居民插队问题、粮油征购和冬季生产、农业学大寨等事项。现在先将梁村公社清理阶级［队伍］现场会的情况向大家汇报［一下］，因没有材料，［如果］有错误由我负责。会议共3天，第一天参观，第二天参观，第三天由梁村公社革委会王主任做了经验介绍。全社揪出反革命、叛徒、特务共111人。［其中］有叛徒4人，特务1

人，走资派 13 人，自首分子 2 人，没有改造好的地富 31 人，现行反革命 18 人，历史反革命 4 人，投机倒把分子 13 人，其他坏分子 24 人。

1969 年 1 月 24［日］　　星期五　农历初七

昨天（23 日）早上，我们自己起灶，吴永康做饭，做的［是］黄米饭［拌］萝卜，饭做稀了，成稀饭了。吃过早饭已经 9、10 点多钟了，让吴向队长说开会的都走了，又问了革委会副主任王景堂的儿子王有富，［王有富］说他大（爸爸）一早就走了。我赶到公社，开会已经半个多钟头了，由公社革委会副主任高德兴传达梁村的经验，前面没记下来，后来休息时，借高的传达稿抄了前面几句，传达完了已经下午 2 点了。休息后，大队副主任王景堂（大队长）石忠青（副大队长）把我叫到公社革委会主任刘启明那里，说了我们让地主砍柴的事和讽［刺］他的事，觉得应该［让他］给［生产］队里多干点儿活，不能给私人干［活］，挑水可以再让他挑几天水，［完了］就［要］告诉他，以后多给队里干些活。要很好地注意政策，他［指地主］还要维持他家［人］一年的生活，也不能让他饿着。完了以后，出来到别的窑洞去［参加］讨论，［讨论］比较冷清。我问我［们］大队副主任［怎么办］，他说回去和广大贫下中农商量以后再定下来，不能我们定了算。后来开饭了（一来就报到交了 1 元钱、24 斤粮票，找了我 1 两陕西粮票。人家贫下中农都交粮食和菜），我也没带碗，王景堂借给我碗吃了饭（小米饭、萝卜豆腐菜）。［我吃完后王景堂］他才吃的。晚上讨论完了才 7 点多，路上我给我［们］大队的王景堂（革委会副主任、大队长，一队）、石忠青（革委会副主任、副大队长，一队）、王百姓（民兵连长，二队）、石玉杰（大队会计，二队）讲了一些我［们］大队的［插队］同学的一些情况，到家后，二队的4个［插队］男生和冯医生（二队的保健员）都在我们那儿，我又吃了点饭。他们走后，我准备好书包和饭盒筷子，称了两斤黄米、两斤萝卜，［又］把刘主任讲的［一些话］跟他俩［指与作者同一个生产队的插队知青］讲了，然后沉沉睡觉。今天早上天不亮就起来了，穿好衣服，折好被子，刚要下地，会计叫我了，我［从炕上］下地，背上书包出来和会计向前走，［路上］碰到石忠青，向前走又碰到了王景堂和王百姓。到公社后，［我］把黄米和萝卜交了，［他们］给我2斤粮票3角钱（小米0.26元，萝卜2斤0.04元），他［们］给我5斤陕西粮票，我说我没零的［找］，他［们］临时给我凑了2斤全国通用粮票。早饭前分组讨论，高德兴（公社武装干部）点了岳家屯的一些问题，队干部一曰上级不管，二曰群众落后，队干部包庇黑户，队里有人工。队干部卖给黑户粮食，高利放账，队干部都赌博，贫协副主席靠赌博就得［利］一、二百块钱。队里也有反毛分子、坏分子等等。主要大队干部不抓毛主席著作的学习，大队应注意这些问题。我去弄米、菜退了我0.30元，2斤粮票，刚弄完，开饭了（黄米饭、萝卜、土豆、豆腐）。吃饭时，刘守善向我反映了一些岳家屯的情况（昨天休息时他就跟我讲了）。一排女生有9个，和张湘华、李春英经常吵嘴，不同意张湘华来［一排］等等，男生王道明和金家屯的李锐娟、吴桂英有来往等。

早饭后，集中起来学习陕西省革委会政工组、陕西省军区政治部编印的《1969 年征兵宣传教育提纲》，"没有一个人民的军队……"学习关于［插队知青］安置的文件。延安县革委会生产组、安置办关于知青经费、粮油、布票、絮棉的补助问题的通知。

一、经费。1. 城［市知］青插队平均定额单人 250 元，户插每人 180 元，省留 1%，动员地区单人留 20 元，城［市］户［口］每人留 15 元，下余款由县上核实分到各公社、队（每人剩 227.5 元）。

开支的范围，国家关心负责到底，做到少花钱、多办事。范围［包括］建房补助费（集体每人不超过 40 元），生活补助费，给予半年到一年补助费（到今年 10 月），生活水平应按当地贫下中农［生活］水平计算，从到［达］生产队起，每人每月按 8 元左右［补助］，农具每人［补助］15 元，灶具每人［补助］15 元，共 30 元。下余部分作为机动费（房屋修补、添制农［具、］灶具、穿衣补助、药费），但必须经过"三结合"领导小组批准，不能乱用。

二、粮［食］，每人每月供应成品粮 38 斤，油按当地标准（每人 4 两）。

三、棉花、布票，每人补助布票 2.5 尺，棉花 4 斤。

讨论：贫下中农如何加强知青的政治思想教育（政治思想上的关心，生产劳动上的帮助，生活上的关心）。

［插队］学生［方面］：我们如何组织起来学习毛主席著作，接受贫下中农的再教育（准备在正月二十日以前开学习毛主席著作讲用会）。（这只是万里长征走完了第一步）。

吃过晚饭后集中起来。高德兴传达征兵工作的具体条件。

1 月 25 日　星期六　农历十二月初八

早上讨论征兵工作，分三小组讨论。饭后刘启明作总结。清理阶级［队伍］工作，征兵工作，知青的安置工作［均作了总结］。

1969 年 1 月 25 日　　星期六　农历十二月初八

昨天下午吃晚饭（黄米饭、炖肉一人 6 块，比家里的块大，土豆菜），吃过晚饭集中起来，传达征兵工作，晚上回到窑里后，听吴永康和杨光莉讲［事］。吃过晚饭后，一队饲养员康培武到一队女生那里，不知干什么，结果 4 个女生出来到我们那儿，他俩也出去了，她们 4 个就到二队女生那儿，康也去了，没让他进。方国伟来了（高玉英去叫的），他让他到二队男生那去，他（康）说不去了，到杜那去了。我到我们窑去了，吴杨刚回来，方就训了他一顿，念了 35 ①"对于那些……"

吴杨问我怎么办，我说咱们再调查一下，再看怎么解决。今天早上大队会计石玉杰叫我，我赶紧起来穿好衣服折好被子就走了，路上向 4 个干部了解了康培武的情况。到公社后，分组讨论征兵工作的问题。吃过早饭（黄米饭、土豆、豆腐）集中在一起，刘启明主任作了总结。在谈第一个问题［时他说］："清理阶级队伍工作，一是要抓紧，二是要注意政策"，［随后他］点了几个大队的名，让这些大队［干部］回去之后好好想想，为什么清理阶级队伍工作搞得慢（其中有岳家屯、玉家崖、老沟、区里）。最后［他］还讲了关于［插队］学生来开会的补助问题。大队干部来开会一天补助 4 角钱，［插队］学生是按灶上的伙食每天合 0.27 元，到公社开会伙食每天是 0.50 元，大队给补助 0.23 元。在公社时，看到老书记回来了，完事后和他一起回来的，［并和他］一起到三队女生那里看了一下。4 个人向干部们反映了一些三队的情况。三队比一、二队情况复杂。还讲了康培武去了她们那好几次，有一次待到 10 点多，并说大队干部也不到我们这里来［看看］。后来，我把昨天的事和干部们讲了，主张对康进行教育。回到［住地］窑［院］，门锁着，［我］在外面等了一会儿。陈友莉、高玉英［回来］开门做饭。［我］问她们［其他人哪去了］，［她们］说吴杨和王晖、韩亮去砍柴。我就［出门］去迎他们，走了两里路碰上了他们，我把吴永康的柴接过来背回来。［回到家］一队队长送案板来了，讲了些记账的事（讲买了那些灶具和农具），也讲了康的事。饭做好了让他吃，他怎么也不吃，最后强迫他吃了一碗。后来，领他们去砍柴的尹俊华来了，只让了一下，没使劲让，［因为］我也不知道他什么成分。吃过饭，他们俩也走了。王景堂来了，我问他殷俊秀（在公社广播站［工作］，是殷俊华的二哥）是什么成分，王说是中农。［王景堂］走后，天黑了，二队的男生［又］来了，［我］刚给他们大致讲了一下三天会的精神，石忠清就叫我到刘本旺家窑里去开会（大队干部，生产队干部，斗批改小组［成员］，会计等干部开会）。下午回来时，大队干部在路上就告诉我了，晚上又来找我。到了那以后等了半个小时后［人］才来齐了。开会后，老书记传达了 4 天在延安县开会的情况，主要是教育革命的问题，讲了教育革命的重大意义。然后又讲了关于农业大学大寨的问题，谈了延安建设问题。最后，二队王百姓提了高玉英的问题，会上争论起来。二队的队干部说出种种理由，认为高应该到一队去，一队的队干部也提出了一些理由，认为高应该到二队去。大队干部也是两种意见。争论了有半个多钟头，最后，有个干部提出，明天让我征求高玉英的意见，让她［自己］最后确定到哪一个队去，然后再征求［其他插队］同学们的意见，最后就这样决定了。散会时有 10 点多了，［回］到［住地］窑［院］时，他们俩都睡下了，［我］叫开门，进去就睡觉了。

1969 年 1 月 27 日　星期一　农历十二月初十

昨天（26 日）早上我去跟高玉英谈了她定队的事。她的意思是到二队去，可是又怕二队队长以后对她不好，我让她吃饭时告诉我［她最后的决定］。吃早饭时［高玉英］告诉我她［要］到二队去（和方国伟商量后），可又说［要］睡在一队。我说老书记讲这样不行，她说过一会儿再告诉你。吃过饭，我去找老书记对他讲了［高玉英的意见］，他的意思是愿意让高留在一队（因他是二队的）。我们俩又到了方国伟那儿，过一会儿高玉英也来了，讲她愿意到二队，方也同意。老书记又跟她讲了半天不能再变卦了，她也肯定了。可是二队的干部社员都不同意，结果没有最后定下来。然后我们五人去砍柴，到 5 里外的山顶上去砍柴，背回来已经下午 3 点多了。吃饭时，队长送扁担和案板架及擀面杖来了。晚饭吃黄米饭，炒萝卜。队长来了让队长吃了一碗饭，吃过晚饭到三队女生那儿去，向她们传达三天会议的精神，她们正在吃饭，我说不过去了，她们非让我过去。后来进去坐在凳子上，写我的东西，等她们吃过饭，洗完锅碗，又去挑水。她们挑水特远，半天才打来，我帮她们提了一桶水上坡，张宛和张晓岩让我先传达［会议精神］。我说你们先去挑水，一会太黑了，没法挑了。后来她们俩又去挑了一趟，然后［我］跟［向］她们传达了在公社开的两天半会的会议精神，又传达了25日晚队干部会上王生贵传达延安县会议精神和争论高玉英的事。她们说她们的吃水问题和柴的问题很困难，她们队的贫下中农对富农很好，［她们］一问［那个富农的情况］，［队里的贫下中农］就说我们的饲养员可好哩！所以，她们也没法办。临走时，告诉她们，应加强学习。［她们］让我拿手电筒，我没拿，月亮挺亮的，用不着手电。回来汇报［后］，［指"文革"期间盛行的对着毛主席像早请示、晚汇报。——编者注］睡觉了。

27日吃过早饭［后］，［我］向一队传达了会议精神（高在我队待着）。然后，和杨光利去挑水，我［将水从井里］打上来，挑了一半，杨接过去，挑进屋。第二桶我打上来，他一直挑到家。第三桶我打上来，我挑了三分之二，他挑回家。然后拿绳子和殷俊华、王有华还有一个人去背草，［背草要］到我们［常］去砍柴的地方那边的大山上去，特陡。从早上开始下小雪，［是］特小的小雪豆儿。背好草［有人］说［山路］不好下，还有别的路，［要］绕远点。结果是殷带陈友莉绕去了，我们从原路［返回］，一点一点儿往下走。杨打头，走到半截，他踩上一个小树根，［小树根］一下断了，他斜着坐下了，一害怕，手一松草就滚下［山］去了，他走下山去找［草］，我［就］成第一个了。我走得很小心，走下山［路］

就好走多了。杨在山下的沟里找到了他的那捆草，［草］少了一半，背回来后，不太累，和杨光利下了3盘棋，然后和殷俊华还有上午那个人去对面山上去捡野木絮（一种引火柴）。天下着小雪，路很滑，到2里多的大山顶上去背柴，我俩走得特慢，还直要摔跤。背柴回来时，那个老乡在前面给我们趟出路来（因是黄土地，一趟就出来土路），走下去时就不滑了，还过了一个小桥，去时是跨过去的。快到村时，一个妇女叫住我，给我一个通知让［转交］给大队。我一看是公社通知大队贫下协主席、公办民办小学教师开会的通知，我回来时给了老书记。背柴回来后，过一会吃饭了。早饭是还剩下的一些软米和黄豆、绿豆还有些菜豆什么的做的腊八粥，我喝了两碗（一碗糖的一碗咸的）。晚饭是黄米饭，肉炒洋白菜（肉是26日跟二队的社员定下的，共要了19.9斤肉，带骨头的算0.75元1斤，共14.93元。前天拿回来3斤多，剩下的放在二队仓库里了，留到春节吃）。下午，队长和吴永康回来了，背回10斤大米，10斤黄米，100斤胡萝卜（粗的），40斤洋芋（土豆），24日弄到洋白菜100斤，弄到8斤软米。26日弄到洋白菜100斤，酱油0.73元一瓶（24日在供销社买的，一瓶有一斤多点儿）都快吃没了。晚上吴永康去参加第一生产队社员会，我俩汇报后睡下了，他［吴永康］［回］来了［是我］给他开的门。

1969年1月28日　星期三　农历十二月十一日

昨天夜里雪才下大的，早上一看地白了。雪不太厚，雪［是］今天早上才飘起雪花的。我和杨把路扫了，吴在家烧水做饭，然后他们去提水（一人提一桶，我给他们开路），我挑了［桶水］走了一半，吴接过挑上。第三次，我又挑了一半，杨光利接着挑回来。吃过早饭，（黄米饭、肉炒胡萝卜）又去挑水。外面雪下个不停，没事干。后来，王有胜来找我们玩象棋（昨天，王有富在我们这看我们玩象棋，他听说了）我和杨下，他看着。完了他俩和我下。后来，杨和他下了几盘，我帮王下。再后来我又和他玩了几盘。雪小了，王有胜放羊去了。吃过晚饭（黄米饭，炒萝卜、土豆），他两写信，我写日记。今天早上吃饭前，学习了毛选二卷里《中国革命和中国共产党》中第四节《中国的动力》一文。

1969 年 1 月 29 日　星期三　农历十二月十二［日］

雪不大了，早晨吃过早饭（黄米饭，熬白萝卜），吴永康、杨光利去发信，我在家把箱子整了一下，然后把袜子补了一下（白袜子有个小洞，用线连上又补了一小块白布，绿袜子脚后跟破了一个洞，里面用白布补上，外面又补了一层）。杨回来了，不一会儿方国伟给我理发来了，［我］就让他理了。郑伟民也来了，吴永康也回来了，没有信也没有报纸，理完发和郑伟民一起去他们那儿。在那儿，看了看他们的画书，问了一下他们队的情况。他们几人开始学习，向贫下中农了解村里阶级斗争的情况，他们已经要求生产队给他们订了报纸。方国伟回来说吴永康他们正在挑水，我就回来了。挑完了还差一挑，我就去挑。打好水，刚上肩，队长来了，说要上我们那儿去，他就把担子［从我肩上］抢过去，给我们挑回去了。［队长］又［给我们］拿来一个小擀面杖，告诉我们说，今天一队死了一头牛，要给全队社员分，分不过来，就找几户［有钱的］买，我们就让吴永康跟队长回去买。［过了一会儿吴永康］拿回来22斤带肋骨的牛肉，（猪肉的肉皮熬出来，冻上了。早上熬白萝卜，放了一半还剩一半）。吃过晚饭（黄米饭、肉炒老倭瓜）后，把牛肉砍成小块（原来是肋骨条），然后，洗干净放在大锅里熬。晚上，我和吴永康去给队长送装牛肉的筐，留下杨光利煮牛肉（队长下午到我们窑里挑水时，告诉我们到刘本旺那里开会）。去送筐时队长不在家，［我们］还了筐就往刘本旺家走，［路上］碰上［一个］小孩说，［他要］到大队长［家的］窑［里］听书去，又碰上刘本旺他说，可能不开会了，［人］都到大队长［家的］窑［里］去听书了。［我们］到大队长家坐了一会，我去隔壁（也是大队长的窑）看到那两个说书的［人］，［我］问了那个年轻的［说书人］，［他］说［他们］是从延安来［的］，专搞这一行，给贫下中农说新书。说书开始前，公社的妇联主任先把征兵宣传提纲［向观众］大概说了一下，然后［大家］向毛主席请示。［结束后］开始说书。年轻的弹三弦，年龄大一些的打快板。年轻的腿上还捆两个板儿，腿一动就响。先说毛主席诗词，毛主席语录，还有什么打倒刘少奇［的内容］。最后说《智取威虎山》，连说带唱。我们［插队］学生都走了，［大家都］说听这个得急死人。回来后把牛肉弄出来，我又把两双白袜子洗了。汇报，睡觉。

1969年1月30日　星期四　农历十二月十三日

今天早上起来请示，生火做饭，我帮吴永康切胡萝卜，他帮我烧火。吃过早饭（黄米饭，肉炒胡萝卜），我和吴永康把牛肉提出来。中午我刚要写信，71岁的老党员（王景堂的老子）到我们窑来串门，问了我们一些情况就走了。队长［给我］送［制作］宝书台［"文革"期间盛行的放毛泽东著作的台子——编者注］的木板来了，木头墩子钉不进墙，队长说买两个大钉子，钉进墙，托着木板。［队长走时］吴永康跟去队长［家］拿了些酸菜，我和杨光利挑了一担水。吴拿来5元钱，我就和杨光利去公社了。昨天夜里下小雪，路上都是雪。到了公社我订报纸，杨去买酱油和钉子。订报纸［时邮局的人］说只能订2月份半个月的［报纸］。我想［在这里］15日报纸18、19日才能看上，下月是28天，就订了3月份的《人民日报》。杨买了1瓶酱油（0.73元）两个四寸的洋钉（0.04元），回来后把发票给了队长，把剩下的2.73元钱给了队长。回来后吃晚饭（黄米饭牛肉炒洋白菜），完了和吴永康挑了一担水。晚上吴准备把肉炖出来，我说咱们还是去参加生产队的会好。（生产队从前天28日农历十一开始每天晚上学习）昨天因听书没有开会，我们俩就去了。［会上］学习，批判"黑六论"。一队会计殷俊零说，还要给我们每人补助5斤粮。社员（都是男劳力）还问了问弄了多少肉，还让弄一些。队长说前天大家说了一下，让队长，张怀盛还有我（好像是负责的意思），结果让我带着［大家］请示，汇报学习完，在路上［我］跟石忠涛提了一下，这样的会不应让王永安参加（让个人讲自己的历史，因记录本交了所以没讲）。又不能给家里写信了，今天去公社时，听卖邮票的说，航空比平信快不了多少。上午公社的妇联主任还到我们窑照了照［方言，"看了看"的意思］，问了问情况。晚上把衬衣、衬裤、裤衩换了。

利用23、24和25日上午时间给崔宝山、苏连长（23日）、马志军、林惠青、侯玉琪、刘健文、张志安（24日）［写了信］；25日给三舅发了信。

1969年2月1日　星期天　农历十二月十五日

昨天上午吃过早饭（黄米饭、土豆牛肉），杨光利和吴永康与队长一起到金盆湾去拉粮食，我在家里写信。下午我一看天不早了，赶紧烧火做饭（黄米饭、牛肉、白萝卜、洋芋），后来王晖她们来了，把家信给了我，是妈妈来的，鼓励我好好干。我出去迎了他们两次，都走了两里多路，迎回来了。［他们］拉了300多斤粮食，我帮着推了推真够累的。要我去还真不行，上大坡时［是］吴［把］她们女生叫下去，一起推上去的。共拉来301斤粮食（266斤加上元月［份］补贴的35斤），［是］用2轮车拉的。高玉英的粮食也在这里，还有2斤8两油（一人4两），粮食［包括］玉米面120斤，黑麦60斤（带皮68斤），小米50斤，黄米51斤，软米20斤。还有7斤黄豆算副食。晚上和吴永康一起到刘本旺家参加第一生产队的学习，带去两张报纸，队长让我带着请示汇报，结果就带了，然后读了报纸。因没记录本，（所以）没有记录。［队里］给［了］我两张大纸，让［我］订了本子。我在那儿裁了，回去让吴用线订上了。

2月1日早上吃玉米面糕（不是发面的），吃完后去发信。(31日晚上吃过晚饭，又写了一封回信），（根据妈妈的来信写的）给我哥哥的信也装在这个信封里，把和［村里］小孩换的4个延安纪念章给家［里］寄去了。走到半路又碰到了王晖她们，又给了我一封家信，一看是爸爸 26 日写来的。(妈妈的是 22 日下午接到我的信后晚上给我 [写] 的 [回信])，爸爸信里讲妈妈给我寄了炒面（里面放了糖），里面还有我一个图章。听王晖她们说邮局有我一个包裹，到那后把信发了（还代杨光利发了一封），取包裹要盖生产队的公章。(邮局那人说，你到公社问问给盖不，[我] 到公社去 [问]，人说让生产队盖，这儿不管)，结果碰上队长，我说我取包裹还得要生产队的公章，他说在家呢，还得去取，他就跟我到邮局去了。邮局那人说，你没带私章，队长说没带。那个邮递员说，这是他们队队长，没有公章就算了。邮局那人说我，你签上你的名字和你学生证的号。我签上名字，写上证件是学生证。后来取来 [包裹] 一看，是用家里的小铁桶装的，外面用布缝着。后来我觉得难受，就回来了（去公社着了风），回来 [我] 就躺下了。晚饭就吃黄米饭，土豆牛肉，一人一碗，[我] 也没吃，他们分了 6 份吃了。晚上吐了，[感觉] 好了一些，学习就没去。杨和吴去了，晚上 [我] 也让她们女生去学习了，我自己在家躺着。后来二队的几个男生领来岳家屯的两个 [人] 和胡屯的两个 [人]。岳家屯的周俊和刘守善去拉粮食没吃饭，结果在我们这儿用玉米面做了贴饼子，几个人在这折腾了一番才走。今天又弄到 13 斤半猪肉（0.80 元 1 斤），1 斤大油（1.20 元 1 斤）。

1969 年 2 月 4 日　星期二　农历十二月十八日

2 月 2 日（农历十二月十六日），因夜里起来又吐了一次，早饭吃玉米面糕（死面的）、洋白菜炒牛肉，我也不想吃，吃不下，只喝了一碗半小米粥，然后和刘本旺一起去磨黑麦面。

天特别冷，手冻得干不了活。又有风，碾完之后还要箩，箩完了再碾，来回十几次。后来杨光利来了，我就回去躺着。吴永康和队长去弄菜，又弄来29斤洋白菜，49斤半洋芋。晚饭吃黄米饭，我吃了，基本上好了。孟祥生从金家屯来，在我们这儿吃的饭。晚上杨、吴去开会，我陪孟到三队女生那里看了看，在那儿坐着聊了聊。人家三队学习的［人］来了，我们就走了。回来就睡觉了，吴、杨回来［是我］给他们开的门。

2月3日（农历十二月十七日）早上刘本旺来了，帮我们压了黑麦面面条（这儿不叫面条也不知叫什么）。4斤黑面［添加］1斤玉米面，我怕吃了胀肚，就［只］吃了一碗，孟也在这儿吃的。然后，我、孟、杨一起去麻洞川，孟买了1斤核桃，我吃了几个。回来后在家学习了一会儿，［又］和杨一起去挑水了，我挑了一挑半。孟在麻洞川和我们分的手，回来后，吴永康又和队长去公社买东西，下午我们挑完水，我烧火做饭。吴回来了，买了3斤6两粉条（1元1斤），1斤3两海带（0.97元1斤），买了两包五色粉，还买了两个暖水瓶（2.45元1个）。晚饭吃了小米饭洋白菜。李慧琪和刘守善又到我们这儿吃饭来了，我们没让吃，后来李一生气走了，还把我的立体主席像拿走了。晚上又和吴永康去学习，到那儿，我跟队长说，我们是接收贫下中农再教育的，不应该［由］我领着［大家］请示汇报，就让队长领着请示汇报。刘丕盛（我队副队长□斗批改小组组长）让我负责记录，［还］说［这是］大家选的，前两天你没来［是］我替你记［录］的。我推不了只好我记了。［会上］先让念了两篇文章：《把农村清理阶［级］队［伍］抓紧》和《彻底斩断"族权"这条绳索》，

[念完后大家] 就开始发言，我也记不下来。殷俊华说了 15 日那天晚上，他发过言散会后，石忠清跟吴杨讲些是搞小动作的话等等。后来没人说话，就散会了。

2 月 4 日（农历十二月十八日）早上吃过早饭（玉米面糕、炒白萝卜），我就吃了两小块。正准备和吴永康一起去找队长算我们的账，王生贵找我们去刘本旺那里开会。生产队和大队革委会斗批改小组和知识青年一起开会，干部斗私亮私，[同时] 商量对石中杨的问题如何处理（石中杨污蔑伟大领袖毛主席，攻击社会主义，是个漏划的地主分子）。最后商量晚上写大字报。回来后 [我自己] 学习，晚上二队的郑伟明、王志坚、朱德忠来了，要 [和我] 一起写大字报。后来 [大家] 说光咱们写不行，得找些贫下中农来 [一起写]。后来，张怀盛拿笔和纸墨来了，就让他去叫冯学春（保健员）他们去。后来 [就] 找 [了] 冯学春、王生贵、石玉杰、王明礼（党员，4 日上午新选上的斗批改小组 [成员]，还有三队队长叶天原）[几个人]。后来，方国伟 [也] 来了，[他] 帮着写了几句大字报，又走了。我们一起写到很晚，最后，让我把材料（石的罪行）整理加上批判。结果，后来 [还是] 郑伟明他们 [把材料] 拿走去整理了。

1969 年 2 月 5 日　星期三　农历十二月十九日

早上去找二队的男生，到那 [他们] 还没起 [床] 呢，[我] 问他们 [材料写好没有]，[他们] 说没写。我就把 [材料] 本要回来整理，[还] 借了他们一本《学习文件》（冯学春的），里面有关于农村划分阶级和毛主席亲自主持制定的

"前十条"和"二十三条"（陕西省革委会编印的）。回去以后，整理石中杨的罪行加上批判。吃过饭（窝头，炒白萝卜），王生贵和冯学春到我们这来了，我赶快［把材料］写完，交给冯学春带回去（二队他们炖肉没有土豆，［用土豆］和他们换了一些洋白菜）。杨光利和吴永康一起去金盆湾，我在家烧了水，洗我的衬衣、衬裤和裤衩。把水烧上以后，［我就］修理［家里］寄来的铁桶（炒面已倒到饭盒里了），寄来时［铁桶］都摔开了，盖不上［盖］了。修理完了以后，［我又］用洗衣粉［将铁桶］洗出来。杨、吴又回来了，因队长不在（他们准备去买油壶）。他们也洗衣服，［我］洗完以后，［将衣裤］搭在铁丝上。后来，他们洗完也［将洗好的衣裤］搭［到铁丝］上了，结果太重，铁丝断了两次。衬裤掉了两次都脏了，［我］又洗了［一次］。然后整理箱子，把糖放在铁桶（用纸包着）。然后学习文件和［毛主席］著作。吃过晚饭（黄米饭，炒洋白菜），又接着学习。［学完后我准备］到刘本旺家去开会，走到老书记家门口，老书记说晚上不开会了，［我］就回来了。

今天我学习了"二十三条"和"前十条"，以及 1967 年第 16 期《红旗》杂志中的文章《中国农村的两条路线的斗争》。石玉杰来我们这儿时（我们刚吃过晚饭），我又问了我们大队"四清"（社教）运动的情况，是要弄清我们大队的"四清"到底是按"前十条"还是按"后十条"（邓小平炮制的）办的事。

1969 年 2 月 6 日　农历十二月二十日

今天上午吃过早饭（黑麦面条、洋白菜），吴永康和杨光利去金盆湾买油壶，我在家把箱子彻底整理了一下，把有用的书和［刊有］英雄事迹的报纸找出来。今天吃过早饭，我们坚持了一个多小时的天天读，我着重学习了林副统帅的指示："希望每个同志认真的、刻苦的学习，在全国范围内，掀起活学活用毛主席著作的新高潮。在毛泽东思想的伟大红旗下，为把我国建设成为一个具有现代农业、现代工业、现代科学文化和现代国防的伟大的社会主义国家而奋斗！"我自己自从来到这里以后，对于主席著作的学习自己抓得不紧，所以有时候出现一些问题，今后我自己一定要对自己的思想革命化抓紧，加强学习。

下午收到刘建文和张治安的来信，我很高兴，但从来信中（刘建文执笔）看出他的情绪不高（他被分在保密车间），（他说是所谓的），张治安（干刨工）和杨瑞明（铁工）分在十一车间。季恩明在二车间干锻工，都不错，各方面条件还好。我给孙景林和马志军写好了信（寄到孙景林家），晚上和杨光利一起去刘本旺家开大队社员会，我是读石中扬的罪行［材料］，群众一致说，［这］是敌我矛盾，要求明天上午就揪斗他，最后定下明天上午揪斗他。会后把贫下中农留下，［给他们］讲了［明天揪斗会］要打先锋，然后发给每户1个［毛主席］像章。最后留下大队干部和斗批改小组［成员］，商量过春节［时］对知识青年如何［表达］关怀。最后王金堂提议，每家少分一点，［多］拿出一点［分］给知识青年。郑伟民说他代表知识青年表示感谢，并要求大队搞一些忆苦思甜教育，大队也答应了。（我本想提议，没提，准备会下提）。

1969年2月8日　农历十二月二十二日

昨天（2月7日）上午吃过早饭，天天读一小时。然后到王金和窑前开揪斗石中杨大会，［会］开得还可以，发言的人很少。石中杨非常不老实，负隅顽抗，揭发的问题，他几乎没承认几个。老家伙滑极了，还让王永安和两个富农陪斗。

开会前，邮递员来了，给我一封信和一卷东西。回去打开一看是［毛主席］语录和《红旗》杂志第2期，让邮递员把两封信带走了。6日，吴、杨去金盆湾买了两个油壶，我在家把箱子整理了一下。

晚上去学习就读了两段报纸，就散了（因为人来得较少）

今天上午吃过早饭（玉米糕、洋白菜），天天读一小时后，一起去麻河川邮信。郑伟民和朱、王跟冯学春、老书记去公社，我和杨也跟去了。后来我俩就回来了（家信昨天晚上和今天早上写完了）。晚饭吃玉米糕、炒白萝卜。晚上队长和大队长王金堂到我们这儿座谈，问了过节的［准备］情况，我又问了大队烈军属的情况。［大队］有两户烈属，一个是鲁元明（二队的，他四大死了）；还有二队副队长的四大死了，军属是个疯子。还有二队一个红军，从三五九旅退伍的，今年70多了，是个五保户，眼也坏了。我又提了关于忆苦思甜的事。大队长说，大队商量一下再决定。

1969年2月10日　农历十二月二十四日

昨天（9日）吃过早饭（黑麦面条）天天读完了，吴、杨补衣服。我把带来的［刊有］英雄事迹的报纸和书籍拿出来看，我决心很好地向英雄们学习。我学习了《毛泽东时代的伟大战士刘英俊》，自己非常受感动。我决心很好地向英雄们学习，我对照检查了自己，感到非常惭愧。晚上我和吴永康同学交换意见，我由于前几天（6号）晚上和吴开玩笑，他急了。跟我发脾气（还有上月二十几号去山上砍柴，我跟他开玩笑，他骂了我一句）我一直很闷气，所以从7号以来，这几天根本不怎么理他。8号，我和杨光利去公社，他让我带煤油和调料，我没管。后来我又想，应该管大家的事吗？让杨回去拿，他不拿也就算了。我自己是有缺点的，以后不能再开玩笑了，这样有时不利于团结。再说同学之间，不能因为一点儿小事就闹别扭，这样就不利于工作。在大是大非问题上不能让，在小事上应该有谦让的精神。

刘英俊同志说："真正的共产主义者是摆脱了小'我'的束缚的人，他们心自之中只有革命的利益。只要是对革命对集体有利的事，他们就积极的干，从不计较名誉和地位，也毫不考虑别人会怎样议论自己。他们是人类中最高尚的，白求恩就是这样的人。"

这是多么宽大的共产主义胸怀呀！

刘英俊同志无限热爱毛主席，自觉地彻底改造世界观，真心实意为人民，突出政治坚定不移，把传播毛泽东思想当做毕生事业，勇敢地捍卫毛泽东思想。我决心今后更好地向英雄们学习。

《解放军报》在号召全军向刘英俊同志学习的社论中里说过："一个同志，不管他担任什么职务，只要他能够像刘英俊同志那样，真正把毛主席的书当做一切工作的最高指示，当做辨别一切是非的最高标准，他就能站得高，看得远，在任何情况下都突出无产阶级政治，在任何时候不迷失方向。"

每一个革命战士都必须坚持突出政治。我决心向刘英俊和英雄们学习，无限忠于我们最爱的伟大领袖毛泽东，真正把毛主席的书当做一切工作的最高指示，当做辨别一切是非的最高标准，要想做到必须坚持学习毛主席的光辉思想。今后我一定要坚持学习毛主席的著作，毛主席教导我们说："知识分子如果和工农兵群众结合，和他们做了朋友，就可以把他们从书本上学的马克思主义变成自己的东西。学习马克思主义，不但要从书本上学，主要的还要通过阶级斗争实践和接近工农兵群众，才能真正学到。"今后，我一定要很好地和贫下中农相结合，拜贫下中农为老师，恭恭敬敬地学。在学校里，受了几年的修正主义毒，虽然在"文化大革命"中消了很多毒，但是由于长期脱离工农兵群众，所以养成一种很坏的学风——理论脱离实践。今后一定在贫下中农的帮助下，克服这种缺点，向贫下中农学习。这里是山区，生活艰苦，但是只要我一想到旧社会广大劳动人民和自己的父兄所过的悲惨生活；想到如今世界上还有三分之二的劳苦大众没有得到解放，我们有责任解救他们，我决心一辈子艰苦奋斗，把自己的一生献给共产主义事业。我想到无数革命先辈为了我们今天的幸福生活抛头颅，洒热血，鞠躬尽瘁，想到董存瑞、黄继光和雷锋、王杰等优秀人物的光辉形象，我自己浑身热血沸腾。刘英俊同志说："对于我们无产阶级革命者来说，我们的一切都献给了共产主义的革命事业，除了参加革命斗争以外，还有什么比这更大的幸福呢。"就是这样的，我们的一切都献给了共产主义的革命事业了，我们还有什么舍不得丢掉的呢。我们是年轻的一代。毛主席把希望寄托在我们身上了，我们虽然没有经过艰苦的年月，没有吃糠咽菜，也没有参加过革命斗争，没有爬雪山，过草地，吃皮带，喝雪水，但是我们绝对不能忘记这些，忘记了就意味着背叛。如今，我来到这山区，生活是艰苦的，但是想到旧社会劳动人民的苦，想到今天三分之二的劳苦大众，想到为我们今天的幸福生活而牺牲的革命先烈，我感到这山区并不苦，它也是在我们伟大领袖毛主席的领导下。穷是穷，但是正如毛主席所教导的那样，穷则思变，我们要用自己的双手创造出一个美好的未来。前途是光明的，道路是曲折的，前进的路上会有很多的困难，但是我们有毛泽东思想，我们就能无往而不胜。今后我一定要更加刻苦，认真地学习毛泽东著作，在这山区干一辈子革命，为把我国建设成为社会主义强国而努力奋斗！

今天吃过早饭（玉米糕、炒白萝卜），学习 1 小时。吴去公社，我和杨又在家学习了很长时间，吃过晚饭（小米饭，炒胡萝卜）又学习，我和吴去刘本旺那里［参加集体学习］，［他们］不学习［我俩］又回来，我又进行了学习，记报。

1969 年 2 月 12 日　农历腊月二十六日

昨天（11 日），吃过早饭，去公社开会（带上小米白萝卜），石忠清告诉我说，让我到公社开会。到那儿，人还都没到，到邮局问，没有我的信，到了晌午才开会。开会主要是学习两个文件，讨论，围绕过一个革命化的春节来谈，我把 2 月 8 日解放军报［发表］的张永安同志的事迹抄下来（前面）。

开完会在公社吃了小米饭炒洋芋，交了 6 两小米和白萝卜（算 2 分 1 斤），还交了 0.07 元钱。吃完了回来把给军烈属等的慰问信给了大队长，问张怀盛开会不，他说晚上开，［但我晚上］去了没人。刘本旺说可能不开了，我就回来了。

1969 年 2 月 21 日　农历正月初五

12 日早上，吃过早饭（窝头，洋芋），我、杨、吴去砍柴，下午才回来（还是到上次砍柴的地方去砍了）。回来以后，有我一封信（妈寄来的）。吃过晚饭（窝头，白萝卜），到三队把《通讯》第二期给她们一份（她们弄到了 30 多斤麦子，12 斤肉，两只鸡），就回来了。晚上给家里写信。听三队［女生］她们说吴文贵老师和李健师傅来了，又听二队男生说，晚上可能到我们这儿来住，我们就烧了些开水，结果没来。今天早上 10 点多来了，吴文贵让我去二队给他们取大衣，我去取来他两（俩）的大衣和手提包。李建给我带个像章来，是祝天有给我的，问了他们学校都有谁参军了，他们说走时还没批呢，只知道有金海林、吉云参军了。祝天有因为身体有些毛病（政［治］历［史］可能也有些问题）。邢春燕、赵瑛、程普、王汉敏、潘晓伟等都到河庄坪公社了。（2 月 1 日出发的，其中有 20 多个三连的，和 40 多个四连的），他们要去赶汽车，10 点多钟就走了，待了也就 5 分钟。吃过饭（小米饭、胡萝卜），王晖她们去公社让她帮我把信带走。学习了一会，王志坚他们找我们一起去公社（今天逢集），吴永康取豆腐就和他们一起去了。我和杨都没去，在家学习。豆腐没做得，说 14 日做得。14 日上午吃完早饭，吴永康和队长去公社取豆腐。刘本旺到我们这来帮我们把软米碾了，然后蒸出来，队长先回来了，说豆腐还没得，吴在那等着。油也借不到先借点油。我就和队长去拿油，昨天夜里又下了点小雪。10 日早上下了一会到中午就停了。早上又下了小雨，下到地上就冻上了，路特滑。我拿着斧子，一边走一边拄着，还好几次差点摔倒。队长领我到张怀盛家借了 1 瓶子油，又到他家拿了 1 个矮粗的瓶子油，还让我吃了点儿他家做的豆腐，我吃了一点他家做的豆腐就走了。队长的婆姨（老婆）只说队长一天不着家，做点豆腐也慌手慌脚的。我就没让队长跟我回去。我拿着两瓶油自己回来，我怕摔倒了把油瓶摔了走得很慢。半路碰上了刘本旺，他帮我拿一瓶，一起回去，烧火就开始炸。吴永康也拿 10 斤豆腐回来了（换了 6 斤，买了 4 斤，0.16 元/斤）。吴永康炸我帮他弄，让女生和杨光利先吃，她们说不好吃，根本就不像［油］炸的，像放在锅里一弄油就得了。后来她们炸我们吃，吃了十几块就饱了，又黏，像年糕一样，不好吃（还买了 1 斤糖，弄了些糖水，蘸着吃）。后来，让刘本旺吃了几个就走了。（他本来只吃一块尝一尝）。走后她们又弄白面炸了一点油饼什么的，就炸了一点，比油糕好吃。吴永康吃得太多，半夜吐了。我没敢多吃，怕胃受不了。

15 日早上吃了玉米面，掐疙瘩［一种地方小吃］。昨天上队长家时，队长把延安县革委会赠给我们的延安明信片 10 张放在塑料口袋里，真棒！可是一大队就 10 张，没法分到每人手中。有延安大桥，延安宝塔山，延安革命烈士纪念塔，王家坪，两张杨家岭，杨家岭中央大礼堂，中国共产党中央委员会住址凤凰山麓，两张枣园的。还有 4 张慰问信，和 7 张枣园大队的倡议，这两样可以分到 3 个队。晌午时到王金堂窑里开社员会，王生贵讲了讲，然后让我把"昔阳县武家坪大队党支书"的一个讲话念一下。武家坪大队离大寨只有 1 里地。可是，由于 8 年没学大寨吃尽了苦头，3 年学了大寨面貌一新，然后，老书记又讲了人家麻洞川大队准备 7 年赶上大寨现在的水平（就是王家崖）。开完会把库里的肉取出来，剩下第二次买的 13.5 斤，回来时把骨头剔出来。晚上队长送东西来了（送的油馍，炸糕豆腐，馍等）。走后，王金堂哥仨又来了，王有富（王金堂的娃）还带着请示，把一篮子东西给了我们，坐了一会儿，（送的东西大致一样）。

16 日早上把馍蒸出来，早上刘本旺送东西来了。早饭吃的老乡送来的米花（玉米面和小米做的）、油馍和我们自己做的炸糕。后来，殷俊理、殷俊华、殷俊麟、周保堂、张怀盛、袁天思、康培武等人又送来东西。晚上吃过晚饭，我们把王永安叫到我窑里讽刺了一顿，队长、大队长还有张怀盛、殷俊华等 8 人到我们窑里请示。然后和我们一起过节，送来 2 斤核桃，1 斤水果糖 6 个苹果，唱革命歌曲，后来记报。我们没有脱衣服（因为已经很晚了）早上起来，一起包了饺子，肉，洋白菜，葱。晚上把剩的饺子，还有剩的肉包了一点馄饨。10 日下午收到学校宣传队张成太、熊师傅、胡师傅、苏师傅来的信。18 日（初二）早上，我们 3 人去背了一趟柴，吃过饭，又一起去上山砍柴。这天我们是砍柴最多的一次最卖力气，到达山顶上砍了好多柴，然后，从山上扔下来。我们找生产队借了一辆车，砍完后拉回来。因为我们上山太高，柴不好往下弄，柴又多，所以弄了一些。一看天快黑了赶快下山。天黑了，女生已经在下面把车装好了（她们也是后来下去的）。走到半路，碰到殷俊理和石忠清，他们是来找我们的。后来又遇到队友，等到家时，又碰到了张怀盛，和另一个队员，他们都是来找我们的。等到了窑里，烧了开水，他们没喝就走了。我们把白馍热了些吃了，殷俊华比我们来的稍早一些，在半路翻车了（他推的是独轮车）又去找我们，和我们一起回来的。他看车不好走，天黑了，就把柴放在那和我们一起回来了。19日早上我和杨光利又去拉了一趟柴，早上下了雪，路很不好走。回来吃过饭，一天也没啥事。王有富他们八个娃到我们窑里玩，上去拉柴时。20日上午全大队贫下中农开了会，刘本旺、王占福等人忆了苦，然后又把公社的通知念了。关于公社从初五到初九在公社召开各大队革委会和毛思宣传队会议，各抽5—10人及两个知识青年代表，选了郑伟明和我去开会。本来规定初四（20日）下午到公社报到，后来开完会，要去公社开会的人和干部留下又开了会，开完天已经快黑了。看太晚了，就说第二天再去。

　　21日早上我早就起了，到郑伟明那叫他称了米和萝卜（我的20日晚就称了）。人家已经走了，我和他到那把米和菜交了（我带了3斤洋芋，0.15元/斤，3斤萝卜0.06元/斤），交了后，还交了1.3元［现金］。吃过早饭集中在一起。刘启明传达英岭现场会［精神］。吃过晚饭，分组讨论说，我大队和太阳沟三合一组，讨论各队阶级斗争情况。晚上谈了王家崖的斗争情况，说干就干，回去几个人，召集了贫下中农开会，斗争了石忠杨，贫下中农发言很激烈。22日把我和鲁元明留在家里，向石忠杨和杨玉涛交代党的政策，我吃过早饭，跟石忠杨谈了两个来小时，鲁元明也谈了几句。他们5人去砍柴，我给他们做了面条，回来吃了饭。我们下面住了一个疯子，老打他娃。我们去了，跟人谈了半天，我们怀疑他不疯，因为他有时骂毛主席。和王生贵他们谈，说也没办法干，后来又让他娃先暂时睡在别人家。第二天再回去，饭没了，又给我做了点。晚上又让社员开会，我们也没参加。后来去斗争石忠杨，会已经散了。留下干部，说石忠杨都承认了（我半截碰到石忠杨，他好像松快了，说他都交代了）。郑伟明几人跟他去写材料，回来后石忠杨来了个大反驳，又不承认了。干部们又斗了他半天，有好多贫下中农自动来参加会，一直都到2点多，他很顽固。23日早上起来，还是分组讨论。睡了会儿觉，晚上吃过晚饭，回大队召集开会斗石忠杨，他又都承认了，说再也不反复了。回来又斗了王永安，他更不老实，我和冯雪春、张怀盛及同学们去王永安家里走了一趟，把信都拿走了，回去时已经都完了。22日没去开会（吃的炖肉），家里给我寄来一本毛选合订［本］。晚上郑伟明给我带回来时外边的包装已拆开。她说开会的老乡要看，我就拆开了，特别好，还有一个包裹条。23日下午取了包裹，晚上收到家里的来信，说包裹是糖果和瓜子。然后到刘本旺家里开了斗争石忠杨的会，又斗了王永安，去查了他家。24日早上继续讨论。下午1点多我大队全体社员排着队打着旗，后面押着石忠杨、王永安两个富农在公社开了现场会（公社还以为我们搞得不错呢，实际搞得不怎么样，村里阶级斗争情况很复杂，从几天开会和干部嘴里了解到一些情况）。开过会，就回去了（斗了石忠杨、王永安，他们态度很不老实）。吃过饭（白饭，肉菜，头天还交了2两粮，4分钱，冯雪春替我交了）。吉英、张小岩她们几个要表演节目（因晚上开联欢会，她们没回去，就在公社吃的饭），她们几个让我演节目，我说不会就跑了。晚上她们演了一些节目，别的大队的知识青年也演了些节目，演完节目就散会了。25 日上午吃过早饭（小米饭，5 块炖肉和 1 勺菜），参加大会的人集中到一起，刘启明讲了一下革委会有的〔有〕坏人，说北树洼革委会委员侯光耀经过群众揭发有很大的问题。现在交给群众，大家都说把他揪出来。结果，把他揪上台，他们大队的主任揭发他的言行。后来，又到院里去开。我去喝了些没开的水，结果夜里肚子痛，起来拉了屎。第二天早上又拉稀了，吃了一片药。然后刘启明作了总结。回来家已下午 1 点多了，他们去砍柴，我和郑伟明到冯雪春家去坐碰到石忠义，后来郑伟明走了，石志义也走了，冯非拉我吃饭不可，结果吃了一个白馍几个油馍，就不吃了。到了二队，郑伟明洗衣服，我在那待了会就回来了。看他们刚回来，杨武去送车。石忠义又到我们这，一起坐到晚上。走后我们就睡觉了。26 日早上闹肚子，只吃了一点饭，王金堂和叶天原、王明亮去县里开会。王找吴来借大衣，借给他了。他们上午 9 点就到麻洞川。走后我们做饭，晚上开会要传达 4 天半会议精神。我一天闹了 7 次肚子，去开会时，队长给我弄了碗盐水喝，夜里没闹腾。27 日早上，把家信又写了一点，让石志义带到公社去发了（26 日下午写的），吃完饭，4 人去砍柴。石志义回来后，带来家里寄的最新指示 100 张，我和吴永康在家，石志义也在我这睡了一大觉。晚上吃过饭，开会斗争王永安，我没去，在家待着。28 日上午收到马志军的来信，后来去拉粮，套了车去。我和杨光利去，队长把我们送过小桥就回去了。石志义打油也一起去了（他骑车子）。

后来，我带着他，快到金盆湾时，他又带着我，杨广利一人赶着车子。我们到后，先到供销社买了 10 斤盐（0.17 元/斤），碰到三队张志富和庞吉英、计培君，她们也买粮食。我们来时，叫她们等了半天，叶天义说走了。我们才去，她们早到了。回到粮站，杨广利刚到，我去买粮。粮有 15% 纯吨麦子，我们上月没买，［粮站］给了 64 斤麦子（带皮共 74 斤），黑麦 40 斤（带皮 48 斤），小米 34 斤，黄米 30 斤，玉米面要了 45 斤。［另有］6 斤黄豆，2.4 斤小麻油（老乡就吃这油，上月是胡麻油，好吃。0.85 元/斤，小麻油 0.77 元/斤）。后来让石志义先走了，我们走到半路下雪了。到家［雪］就比较大了。把车和牲口还了，到队长家给了发货票，又找队长要了 3 元钱，还了石志义（买粮只带了 30 元，找石借了 3 元）。27 日晚，选了石才高（贫协主席）和王金玉参加贫宣队到公社开一天半会。学生选了郑伟明和关永康去。28 日早晨走的。晚上吃了大米粥。28 日晚开会，讨论换队长的问题（这个公社只提了一下，可王生贵就认真弄，并且到我队，石忠清到二队，鲁元明到三队，这里一定有文章），讨论不下去（我把最新指示发了），最后我发了言，认为具体不能表态，只说了说我的看法，应从革命利益去发言。选干不能大改选，要是这样的话，大队干部也该换。大队干部的问题不见得比小队的轻（王金玉没去，第二天也没去）。最后，休会时，听王生贵的口气，不太满意我的发言。1 日早上，因雪没化完，吃过饭在家烧了水，把衬衣裤衩袜子洗了，把上身也洗了洗。然后和杨光利把水缸挑满了。晚上吃过饭（白片儿汤，上午是白面条汤），石志义来了（本来让我们都到他那儿），可是我们的晚饭好了，他就过来了。他准备 2 日早上回延安，给我们买了些核桃和糖，我不让他往外倒他非得倒，结果又让吃。我和杨吃了一个核桃一块糖，女生将核桃和糖都装走了，一个没吃。2 日早上吃过早饭（黄米饭）去砍柴。下午确定我和杨背了些回来了，特累。把库里的 13.5 斤肉取出来，把过去发的面（大部分白面，小部分黑面）蒸了馒头，晚上也没开会。3 日早上去背了一趟柴，吃过早饭（小米饭，馒头，肉炒洋芋），因刮大风没再去砍柴。晚上把肉炖了。我到三队女生那里去给她们传达 4 天半会议精神，后来叶天义去了。我传达完了和叶天义一起到刘本旺家里开会斗争石忠杨和王永安，最后，把我队的黑户马班揪来（是个血仇分子，他父亲被共产党杀了），他和王永安有来往。4 日上午把肉弄了，结果炖的时间太长了。去砍柴，二队男生去担柴。他们到山上去，我们用车拉了一趟，杨背一捆我拉一车。回去他们还没下来，我们就又砍了，又帮他们装车一起回来的。5 日早上，石志义到我们这里讲他单位来电话让他回去，可能是验上兵了（昨天晚上批判石、杨和三队富农的儿子，我和杨没去）。5 日又去砍柴，晚上没开会。昨天，5 日石志义因没赶上车没走了。他送给我们两张毛主席像，一窑一张，还送给王晖她们一人一个笔记本（0.84 元一本"建设者"1966 年出的）。我和杨吃过饭各自找了一个像章，写了张纸条让女生转交给石志义。我们砍柴回来，像章已经拿走了。我们俩去公社邮局买了 13 张邮票（5 张红色娘子军，8 张毛泽东和林副主席像的。）晚上回来听女生说队长和石志义说我们屋脏，我们接受。6 日我们没去打柴，做饭时，石志义来了，他今天要走了，他大和他三大跟去把行李拿回，他就不回来了。杨问他像章是否收到，他说收到了，很对不起你们，上去以后再给你们买笔记本。我说不用等。后来他走了，我们送出门口。我和他握手，他答应一定来信。女生一直送他到麻洞川。我和杨光利把窑里窑外收拾得干干净净，还把窑顶扫了。女生下午才回来，只熬了些粥。我没吃饭也没做菜，我和杨吃的是上午剩的一碗菜。陈友莉病了，一天没吃饭。王回来时给我们带来 3 个日记本（红色硬皮的，右上角有"读毛主席的书……"）石志义下午临上车时买的，让她们带来。我说你们应说不让他买，她们说不知道，他买完了才知道的。吃过饭把肉弄成馅，把肥肉炼成油，肉锅炒了些豆。晚上没开会，睡觉。今天 3 日的《人民日报》才收到（她们带来的）。

1969. 3. 6

7 日我们准备去砍柴，后来听二队男生说，二队的老红军老郭夜里死了，他们说咱们是不是做个花圈，我想到毛主席在《为人民服务》中最后一段话。我说那行。吃过早饭，我和方国伟去买纸（我们自己的钱）。我对做花圈不太懂，就去问三队女生。她们说红纸不用买，买白纸用染衣服的染色就可以，还便宜（0.17 元），说买 20 张白纸。我们到公社一问，白纸没有，后来到医院借纸也没有，就到公社去，碰到大队会计石玉杰，他去领我们的钱，我们又一起去供销社，也是没买到纸。石玉杰说大队有写大字报的纸，我们把红的染色也给了他，一起回大队拿了纸。把学生叫到二队男生那里去做花圈，我和朱德忠跟上几个娃走到山上去砍柏树枝拿回来做花圈。方同伟等人捆架子，我帮着染纸，后来回去给他们做饭，晚上又

· 198 ·

去二队那里做花圈一直到很晚了才做完。本来说做4个（公社让给代做1个，大队1个，生产队1个，我们1个），因做不完，就做了一大一小。大的写的是"王家崖大队全体社员"，小的写的是关庄公社。

8日早上，我们刚起来，张怀盛就来了，让我们磨面，磨到第二遍我回去做饭，碰到女生，她们说冯学春告诉说不用做饭了。后来我们都去开会，到老郭家门口，大队是社员每家去一人，我们都到了。开了个追悼会（王生贵讲了几句就完了），然后，抬着花圈、棺材去埋，还从外边请了4个吹手（开会之前，到二队队长家吃了一碗半大米饭，炒洋芋，我们几个男学生都去吃了）。埋完老郭还烧纸钱，把两个花圈也烧了。回来到二队队长家吃压饸烙（就是用白麦，黑麦，玉米面压得像面条一样）。我又吃了一碗半。大队长和二、三队长去延安开会回来了。我去看磨面还没完，就去看大队长。在大队长家坐了会就走了，下去我们去砍把子，晚上才回来。留了些面吃馄饨，我又吃了3碗。晚上开会，女生去了。9日早上听女生说是大队长传达开会的精神，还说王生贵说学生想来就来不想来就不来。（话说意思就是这样的）。8日晚上给家里写信。9日早上接着写。吃过早饭（汤，小米饭，把8日晚上剩的馄饨和肉馅都放里了），去公社发信，刚到那儿邮车就开走了，我打了酱油就回来了，没去打柴。10日早上刮大风，杨光利和队长去公社（他发信）买搽油，我一个人去砍柴。背了一趟回来看杨没回来，下午才回来，买了个油灯（0.55元），两个灯罩（0.36元），吃的蒸馒头。10日晚队里开斗争会，11日晚知青和革委会斗批改小组开会，提出今后如何办。我先做了自我批评，然后，提了意见。12 日晚，开斗争马班的会。13 日砍柴，队里已经开始干活，给我们 10 天时间打柴。12 日晚说，13 日早开妇女斗争王永安老婆的会，让知青都参加。13 日早我们去砍了柴，回来比较晚了，参加了一会儿会就散了。我们又去砍柴。14 日早上背了一趟柴，吃过饭，去山上砍柴（到二里地的山顶上砍），砍了一下午，天快黑时，我和杨背了一些回来。去找队长借了车去拉一趟，到那就黑了，装了车，走不动，就找队长来接我们，吃过饭就睡了。15 日早上刮大风，早起又借了车去拉了一趟，柴就完了。吃饭后，把山底下的柴火也分两次拉上山。我们准备买小猪，我们把车还了，一起去公社买，到那找队长（队长 15 日开始到公社开会）一起去买猪娃。一个 5 元，说了半天价，叶天原、鲁元明也帮着说。猪娃才又从 4 块半降到四块二，打了条子，我们就把猪娃弄回来了。我们回来就搭圈，把猪先放在鸡窝里，顶上好多大石板还顶根树干。16 日早上我们没去打柴，在家里把猪圈修好，又熬了些猪食（用糠和菜弄得）。吃过饭后（吴永康饭前回来的），郑伟明也来了，把我们一起在北京照的相片给了我几张。是他弟才洗的给他寄来了，我又找他要了两张放大的。然后，我们五个人又去砍柴，砍了不少。我和杨赶快回来借车，借了两辆。天开始有些黑了，山上的柴来不及弄下来了，就拉了两车细柴回来了。晚上大队开会。17 日早拉两车柴回去了，又把山上的柴弄下来，中午才回来。吴永康和郑去公社开会了，我们吃过饭又去拉柴，剩的不多又捡了一些，到晚上特黑才回来。下小雨了，晚上大学习（吴吃饭前回来的）。昨晚的会，李队长传达去公庄开会精神主要是生产。

今天（18 日）早上起来把棉衣补了，架子车队长拉走一辆（另一辆 17 日晚殷俊理拉走了）。吃过早饭去砍柴，砍了一天，到晚上空手回来的。我们怕天黑了不好走，就回来了。吴永康今天早上到岳家屯去了。吃过晚饭给马志军写信，写了一半我们又学习。我学习了《关于纠正党内的错误思想》。

19 日早上去背柴，到了下午才回来吃了饭。我接着给马志军写了信。吃晚饭前王晖她们又给我带了两份信，一封是家里来的，一封是尹青来的。晚上没写信，大队开会也没去。

20 日早上，大概有八九点了才起来，起来我写了家信，又给尹青写了回信。把相片给家里寄了两张大的、5 张小的，给马志军寄了 3 张小的。吃过早饭，把水挑了。杨广利去公社发信，我在家把身上头上都洗了，又洗了衣服。天快黑时，去找队长。队长不在家，我到三队女生那里去了。刚坐下，王成志（三队的二流子）就跟来了。后来让女生给轰走了，我和她们一起聊了聊队里阶级斗争和生产各方面的问题，问了她们队里的情况。她们今天已经开始干活了。她们柴也打得很多了，比我们的还多。在她们那待的时间比较长。天黑了，她们非让我拿手电回来，结果庞吉英把手电借给我了，回来时特黑，要没拿手电真回不来。去找队长，队长婆姨说队长去记工分去了。在窑里坐了一会，和张怀盛一起回来了。跟张怀盛讲了，他说你们柴不够。我说以后我们每天早上打一些。他说可以早饭之后下地。明天女生和妇女一起刨玉米，我和杨去山上砍扎羊圈的杆。回来吃过饭后学习了《中国社会各阶级的分析》。我们 18 日早上山砍柴时，发现身上有虱子了，所以今天大洗。

20 日晚

今天早上吃过早饭，女生到地里刨玉米。我和杨光利、张怀盛、忠清去山上（野兔湾山后）砍杨树（细高的）。他们扛8根，我扛5根。杨忠利扛4根。回来时女生回来不久，背回一些玉米。吃过午饭女生又去了，我们去找了张怀盛。二队的一个娃把家里寄的最新指示给我。我见谁给谁，到张怀盛家，他走了。之前去找他，他让我们打玉米（把土打下来），说和女生换一下也可以，到地里后，就和她们换了，和妇女娃们一起弄。她们弄得可慢了，下了工，我们又弄了一些玉米背了回来，然后做饭。女生把家里寄来的东西给我打开一看，是7本活页《关于总结经验》，给女生3本，杨1本。我还准备给三队2本。晚上吃饭时队长给我们送了个装米的篮，我向他了解了一些大队的情况（又买了3把铁锹）。晚上学习了《红旗》杂志1969年3、4期合刊社论《关于总结经验》。

初四　21日晚

1969年3月22日　星期六　农历初五

今天早上和张怀盛等社员一起扎羊圈，把我们的6把铁锹也取了来。下午和李队长去后坝砍杨树，队长扛了12根，我们每人扛了6根。女生刨了一天玉米。晚上结合学习《关于总结经验》的社论，学习了毛主席《共产党员在民族解放战争中的地位》中《学习》一节。

1969年3月23日　星期日　农历初六

今天早上吃过早饭，和张怀盛，石玉清，殷俊理，周世红

一起从 2 里外的大山上翻到小湾去砍杨树，因远我就扛了 4 根
粗的。吃过午饭，差不多已经下午 3 点了，队长来找我们，一
起到后霸去砍杨树（吃饭前吴永康去公社取包裹回来，给我一
封信，是石志义拿来的，给全体贫下中农和知识青年的一封公
开信），到天快黑了才回来。听说晚上大队开会，我们吃过饭
到那，人家散会了。我们小队来研究生产问题，把中央关于立
即掀起春耕生产的新高潮的通知给大家念了。王金玉提议给回
信（大队开会可能是来了老师，研究教书问题）。会后，在一
起又议论队里的事，对王生贵、鲁元明、叶天义三人有些意
见，开完会已经特晚了，回来后，我们又进行了学习，学习毛
主席的几条语录，从《毛泽东著作选读》一书中选的。

1969 年 3 月 24 日　星期一　农历二月初七

早上吃过早饭去扎羊圈，队长让我们把李长贵也叫上了，
与周士江，殷志和 6 个人一起弄。下工后，去女生劳动的地
方。半路碰了张小岩、张宛，我把手电和 30 张新指示给了她
们，还给了她们两本社论。我们又背了一捆玉米。吃过午饭又
去扎羊圈，扎好后去牛圈铡草。扎羊圈时，队长的大女孩给我
带来家里寄来的红旗杂志。吃过晚饭去公社看电影（《大海航
行者》《收租院》《平原游击队》），看完后回来特晚了。回来
又坚持学习。这里放电影是自带发电机的。队长让我们明天去
拉粪。

1969 年 3 月 25 日　星期二　农历二月初八

早上吃过早饭去拉粪，我和杨光利一起拉一车。送两次，

一人送了一次。吃过午饭，又一人拉一辆车，还有李长贵（上午还有我队会计）。下午运粪时，送到地里又学了一会揭地（就是犁地）。下午一人拉了两次，李长贵拉了三次。现在有些转变，我也说上他两句，现在让他每天参加劳动，他也答应下来了。晚上学习了毛主席的矛盾论部分章节。今后还要注意些学习中突出重点。队长回来了（队长去南泥湾了）。明天上午铡草，下午揭地，两人管一头牛。

1969 年 3 月 26 日　星期三　农历初九

今天早上铡草，我们早起把菜做出来，女生磨黑麦，磨了一点先做面条吃。吃过饭去铡草。后来让杨广利早回去些做饭吃，结果我们就吃了些冷稀饭。吃过饭后去犁地（上午殷俊理给我俩用麻做了两个鞭子，下午又带了两个鞭杆）。下午到天快黑时才收工，收了工我和杨光利去公社一趟，邮车没来，报纸和信也就没有。晚上回来，高玉英对我说了今天晚上张国伟挨打的事（王志坚和朱德忠打的）。大队长后来来了，又跟我讲了一下，一起去二队男生那里去。然后说大队长明天去开会，让我和王生贵继续调查这个问题。晚上 3 个小队改选队长，我队没改成。王生贵在我队，石忠清在二队，王金堂到三队去。

1969 年 3 月 27 日　星期四　农历初十

今天早上吃过早饭铡草，做的是面条。中午吃过面条后去犁地。我们两个管一头牛（昨天是一个人管一个），早上工前碰到冯学春了解那个问题，问了半天，他才把事情原原本本给我说了一遍。晚上吃烤饼。吃过晚饭，结合学习毛泽东的《矛盾论》，学习了哲学研究所编的《对立统一规律一百例》。

1969 年 3 月 28 日　星期五　农历二月十一日

今天早上因闹肚子起得很早，杨做的饭，蒸了一些黑面馍。昨天晚上开始下雨，今天早上一看，地上有一层雪。天还下着雨，上午是垒地坎。到了晌午饭就回去吃烧饼（女生上午没上工，没她们的活），下午犁地，我犁地，杨光利磨地，一直到天快黑了才收工。晚上学习了《矛盾论》。

中午石玉清到我们这儿，把两个长板凳和桌子要走了，大队的学生要开学了，可能过几天就开学了，教师是外边找来的。大队长今天要回来了，明天可能就要弄那个事（冯学春那件事），因路坏了，邮车好几天都没来了，过几天就来了。

1969 年 3 月 30 日　星期日　农历十三日

昨天（29 日）早上，冯学春来找我把那事又说了一下，比 27 日说的轻了，上午去垒地坎，垒地坎时又和大队长说了这个情况。大队长 28 日说，去冯家了解了他婆姨，他说的比冯说的还轻，下午我和杨光利去金家屯买菜。买了 138 斤黄萝卜（6 分 1 斤）共 8.28 元，分两个口袋背回来。上午下了工，收到家里的来信。

今天早上队长找我们买粮食，说学校给我们邮笔记本来了，每个团员都送一本，我们走时没送（张晓岩去信要的）。队长让去一个人取，我说我肚子痛，让杨去了。我在家写了信，整理了箱子。把书都装到箱子里边了。女生下工回来，陈友莉去公社发信，我的信没写完，下午我接着把信写完，杨光利和会计下午4点多拉车回来，上月少买的粮也补上了。费了50斤粮票，101斤玉米面，19斤（20斤）玉米，麦子40斤（46斤），黑麦17斤（20斤），黄豆10斤（有副食的6斤）。我去公社发信，韩亮下了工到三队取了本儿，我回来后给了我，是6.96元1本的。32开108页，塑料薄膜皮儿，边上有"毛主席万岁"和毛主席的一个锦像。我那本在上边，都弄坏了。第二页写着"送给杜永基同志：永远忠于毛主席；永远忠毛泽东思想；永远忠于毛主席的革命路线！北京42中原团总支：1969年3月15日"。本内有5张主席像。

晚上吃小米饭，我只喝了些粥，晚上记工分，我没去。

1969年3月31日　星期一　农历十四日

今天上午去打坝，下午仍打坝。下了工把王永安教训了一顿，完事回来碰到二队王志坚他们三个去找大队长，说了一阵，让我吃完饭也去。我吃完饭就去了，就是说方月伟那个问题如何解决。大队长说两边压一下。冯向王、朱二人道歉，朱再向方道歉，我认为这是目前最好的处理方法，以后要调查研究。然后去开小队会，选生产队长。因人没来就决定了，不换还是原来的。晚上学习了《对立统一规律一百例》。

1969年4月1日　星期二　农历十五日

早上起来，石才高就找我，让我一起去解决方月伟的问题，我说还要给他们做饭（杨去背柴）。吃过早饭去修坝，还到昨天去的那个地儿。社员掏地，我们没干，因上级不让开

荒。我们修坝，修流水沟，下午犁地。后来天下起小雨了，杨
光利回去把被子拿进窑里了（早晨天气特别好，我们把被子晒
了），回来以后雨越下越密，我们休息了一会儿，接着犁，后
来看雨老不停就下工了。回到家，路上摔滑好几次，差点滑
倒，到家衣服几乎全湿了。吃饭前，我又结合《对立统一规律
一百例》，学习了毛主席的《矛盾论》。吃晚饭时，听女生讲，
广播喇叭买回来了，在队长家。队长让去取去，线还没弄来。
吃过晚饭，我又学习了毛主席的《实践论》。雨一直下着，到
睡觉时还没停。

1969 年 4 月 2 日　　星期三　　农历十六日

今天早上一起来就叫开会，结果到周保堂窑前开会，是延
安专区金盆湾五七干校来的七八个人宣传"九大"会议精神。
他们给我们学生一人一份《中国共产党第九次代表大会主席团
秘书处新闻公报》（1969.4.1）。"九大"昨天隆重召开，这是
我国无产阶级"文化大革命"取得全面胜利的重要标志。开会
时干校的人念了新闻公报，王生贵、石才高（贫协主席）讲了
话。我也代表知识青年发了言，表示了决心。开完会，我和杨
光利去队长家取喇叭，取了两个喇叭，两个闸盒（开关、电
门），4 个小木螺丝。吃过饭去王家沟打坝，下午犁地又去晚
了。所以，第一次休息，我们又犁了一会儿。下工后把犁弄到
自留地那边，明天犁自留地。晚上去二队和方月伟聊了聊（要
理发，他们说明天早上再理，天黑理不好）。后来又和冯学春
聊了聊，现在听大队长说话的意思是问题解决了。冯学春也向
方月伟道了歉，补了工分。可今天听冯说，是大队长他们压

他。晚上，小队开会，一吃过饭便去的，讨论生产问题，最后又把公报念了一下，又念了23日人民日报社论《抓革命促春耕，夺取农业的更大丰收》。去晚了，记工员已记完工分了（才开的会）。晚上刮大风，开始去开会时有月亮，回来时来起雾了，还刮大风。

1969 年 4 月 3 日　星期四　农历十七日

今天早上一看又下雪了，地上又白了，没法上工了。本来准备去买个小缸，也没法去。吃过早饭11点多了（大约），去二队男生那里理了发，回家也下午了。我又把箱子整理了一下，把衣服等放在箱子左边，书什么的放在右边。吃过晚饭，学习了毛泽东关于《学习》一章（甲种本110页），又学习了人民日报社论《关于总结经验》。

1969 年 4 月 4 日　星期五　农历十八日

今天早上吃过早饭和杨光利一起去公社买了个小缸（2.45元）、二斤一两碱（0.44元）、10斤盐（1.70元），邮车没来呢，就和二队队长王明亮一起回来了。路上碰见队长李竞成，他说去找王生贵商量明天大队开庆祝会的事儿。下午去王家沟打坝，打完坝后，又砍了两棵杨树，一根准备做广播线杆子，一根等干了当柴烧。回来后把条据给了会计。杨去了队长那儿拿了铁丝，到家天黑了。我俩把广播线弄起来，用我找的铁丝做了天线和地线，但喇叭声音特小，贴上耳朵也听不清是啥。石忠清叫我去开会，也没吃饭就去了。到那待了半天会才开，是研究明天开会的事。决定明天下午开庆祝会。会上还研究了耕苇子地和教师的事。回来已特晚了，广播声音还特小，到后来竟没有一点声音。学习了人民日报关于总结经验的社论。

1969 年 4 月 5 日　星期六　农历二月十九日

今天是清明节，上午去上工，碰到队长说不上工了放假。他还说饲养室门口有铁丝和瓷壶［一种接线用的器具］。我们从殷俊理那儿借来钻头，去饲养室连电线杆子一起弄上扛回来，找怀盛借了钳子，回去就把喇叭安好了。吴永康回来了（李慧琪拿走的主席像没要回来），上午什么事也没干成，把下午的发言写了几句。吃过饭在王生贵的门前开庆祝大会，开过大会开始游行，就从王生贵那里到□□回来，游行就结束了（我和杨没去）。晚上吃过饭去记工分，完了到大队长家坐了会儿，把我元月 23—25 日、2 月 21—25 日共 7 天的伙食补助打了条子（这要记工的）。晚上学习了《实践论》。

1969 年 4 月 6 日　星期日　农历二月二十日

早上，杨光利和吴永康去砍柴，我在家做饭。早上的广播，声音比较大了。吃过饭，去壘粪，先在羊圈，后又到了牛圈。中午广播的声音也比较大（听了《井冈山的道路》）。下午挑粪，从半山腰的羊圈往下挑，挑过河边也就是个 一里来地。挑了 6 担羊粪，3 担牛粪。队里给我们分的自留地，菜地靠河边，玉米地也是平川地。我们自己没有拾下粪，队长让我们挑了两担羊粪，筐子给我们编好了。回家吃过饭，学习了《实践论》。今天晚上的广播更响了，全屋子都能听到，9 点结束。（上午去公社，下午去洗衣服），后天要上山去劳动了。

1969 年 4 月 7 日　星期一　农历二月二十一日

今天早上起来，吃过饭去干活，半截碰到张怀盛，让我去犁地。上午犁地，下午犁地的去壅粪。队长今天早上去公社开会，下午才回来。他又给我们买了两个线口袋（5 元 1 个），买了两个瓷壶（1.05 元 1 个），买了菜籽（韭菜、菠菜、葱、芹菜）。垒完粪回去吃饭，晚上生产队开会，队长传达公社会议的精神。明天让我和杨光利犁地。要求一早就去，还要担洋芋籽。明天大队长他们上山去，晚上学习了《实践论》，坚持学习完才睡觉。广播还可以听到（声音比较大了）。队长拿回来一份《学习材料》，我借来看。

1969 年 4 月 8 日　星期二　农历二月二十二日

今天早上一早起来，我和杨请示完了就去耕地，耕到 8 点多回来吃饭。吴承恩上午上山去种谷子，我们还耕地、种洋芋。石忠清和殷去别处耕，剩下 4 头牛，分为两组，有两个人撒种，两个人拿粪（往籽上撒粪）。上午孟祥生来了，他到麻洞川给队里买东西顺便到我们这里，中午在我们这里吃了一碗小米饭。下午我和杨去担粪，王有富把报纸给了我，还有我一封信，是马志年来的。他讲，听他们县王部长讲，3 年后他们都到工厂和北京去。下午回来吃过饭，给他写了两句就学习《矛盾论》。孟祥生现在学手扶拖拉机呢，真棒！明天早上还耕地。

1969 年 4 月 9 日　星期三　农历二月二十三日

今天早上我和杨耕地，3 个女生撒洋芋种子，吴在家做饭。

耕地回来饭还没做好，吃了些剩饭我们又去耕地（种洋芋）。下午队长让我把我们的菜地种上，殷俊理他大［大：陕北农民对父亲的称呼］教我种菜。［我们］把蒜栽上，把葱、韭菜、菠菜、芹菜种上，葱和芹菜籽还剩了些。种完后又到饲养室去装洋芋，后来他们挑粪的又去上头壘粪，让杨装洋芋籽，我回去做饭，挑了一挑水，饭是女生做的。晚上我们商量了做饭的时间，一人三天。女生开始从明天做，晚上去记了工分，把我开的 9 天会也补上了。下午太热把线裤换上（最高 21℃—23℃）。

1969 年 4 月 10 日　星期四　农历二月二十四日

今天早上去耕地种洋芋，吴永康也去了。上午仍然去耕地种洋芋。下午到牛圈去起牛粪。下工后，队长告诉杨，明天和殷俊理、吴永康去拉粪。晚上学习时，大队会计说王生贵让我去开会，我到刘本旺那儿开会。［会议的内容主要是］①修公路需要民工，我大队 5 人；②知识青年的补助问题。有补助每月 1 元；医疗费全年 5 元；建房费 60 元；农具费 30 元，电话费每月 9 元。［决定］各队抽民工 2 人。最后［决定出民工人员］是李长贵、杨玉清，还有岳井月的大儿子和三队的王金汤。后来我睡着了。开完会已夜里两点多了。

1969 年 4 月 11 日　星期五　农历二月二十五日

今天早上耕地，种洋芋，杨、吴、殷去拉粪。上午仍然耕地种洋芋，最后把我们［自留地］的洋芋也种上（种子、粪都是队里的）。下午用镢头挖坑种洋芋，完后去锄草。队长说明早都去耕地，还让我去找他。晚上我去［找队长他］就给说我和吴的事，回来后，我和吴说了半天，问他为什么背后说我坏话，最后也没有个结果。

1969 年 4 月 12 日　星期六　农历二月二十六日

早上去耕地，早饭在王家沟里吃的。吃过早饭仍耕地，喝了些特混的水，渴极了。下午去牛圈铡草，晚上吃过饭后给家里写信（中午收到家的信和家里寄来的东西、剪纸等）写信写到很晚，也给马志年写了一张信。信写完后又学习了《矛盾论》，才汇报［那时规定，早上要面向毛主席像请示，晚上睡前要面向毛主席像汇报。简称"早请示晚汇报"］睡觉。今后要抓紧时间学习记笔记，要充分地利用时间，万可不能再浪费时间了。一定要这样做。

1969 年 4 月 13 日　星期日　农历二月二十七日

今日早上仍去王家沟耕地，饭是送到沟里吃的。吃完接着耕地。中午队长告诉杨，明天耕地时我和吴上山盘谷子。下午我和杨去掏粪，吴去铡草，我俩掏完粪也去帮助铡草。回来后做饭，吃完饭学习了《全党团结起来为实现党的任务而斗争》。早上杨去公社发了信，买了辣油。现在我自己还存在着很多问题，今后一定要抓紧时间学习。人不学习就要落后的，一天不学问题多，两天不学会下坡，三天不学没法活。今后我一定要坚持天天学习。

1969 年 4 月 14 日　星期一　农历二月二十八日

昨天晚上就开始下雨，今天继续下雨没有出工。上午在家补衣服等，下午看书，只吃了两顿饭。晚上学习了毛主席的语录，听到中央人民广播电台通知，今晚 9 点有重要广播。我们都想是"九大"胜利闭幕，都非常高兴。准备集中收听广播，如能记录一定要很好地记录。

1969 年 4 月 15 日　星期二　农历二月二十九日

昨天晚上 9 点钟以前我们就准备好纸、笔，准备记录。9 点钟听广播，［播的］是"九大""4·14"的公报。"九大"已经进行了第一、第二项议程，晚上去刘队长和刘本旺那儿，经过王生贵家，他们都睡觉了

今天早上、上午都耕地，然后磨了会儿地，回来时都下午了，妇女都上工了。下午拍地坎，回来后把我们 6 个人领钱打的条子让队长盖了章，给了会计。晚上学习了《中国革命战争的战略问题》

明天早上和上午还耕地。今天女生把麦子磨了出来。

1969 年 4 月 16 日　星期三　农历二月三十日

今天早上又上山去耕地，早饭在山上吃的是（昨天磨的）白馍。上午继续耕地和昨天一样，耕的地种上黑豆和大麻籽。回来时，我们一人扛了一根杨树（准备在窑外边搭个棚子）。中午吃的还是白馍，下午去河那边坎地坎。下午回来后把厕所修一下，把猪圈弄好。然后学习了《关于纠正党内的错误思想》，学习完了吃饭，吃过饭去刘本旺那儿开小队的会议。

今天下午下工后，王有富给了我信和报纸，有哥哥来的信，还有《红色电讯》的新闻公报（4.14）。

1969 年 4 月 17 日 星期四　农历三月初一

昨天晚上记公分没有开会。

今天早上和上午耕地，早饭在山上吃的。吃完饭在山上判谷子，[判，音 pan，方言，一种农业耕作方式，有砍的意思]（撒了籽，然后用老撅判），比较累。在山上休息时，给哥写信写了个开头。

这些天来都是阴天，有时还下小雨。晚上学习了《重要的问题在善于学习》一文。

1969 年 4 月 18 日　星期五　农历三月初二

今天早上上山耕地，队长让我点黑豆籽。吃过早饭又让我耕地，让吴永康去判谷子，我仍带着绳子去，休息时弄了些菜。吃过午饭，下午到其他地里去判谷子。到快黑才回来，背着柴下了山，走出王家沟天就黑了。到家后吃的小米饭，吃过饭到大队部开会，会上学习了 14 日新闻公报和"打倒苏修新沙皇——战备教育宣传提纲"（13 页）是我念的。然后会上又说了别的事，回来时，已经十一二点了。学习了《关于纠正党内的错误思想》就睡觉了。

今天收到了刘健文和张治安的相片（有他俩新照的两张相片和两张油票）。

1969 年 4 月 19 日　星期六　农历三月初三

今天早上带了小米饭上山去耕地，上午继续耕地，半截下起小雨来了，到了中午才收工，衣服都湿了。中午回来我们自己做的饭。吃过饭，雨还不停，我们没去上工，我补了裤子。6点多就睡觉了，一直睡到晚上也没吃饭。晚上学习了《重要的问题在善于学习》。今后我要加强自己的政治学习，正确地处理好同学之间的关系，解决目前存在的问题。现在在做饭问题上，女生特别不愿意做饭，明天如雨还不停，我要很好地解决这个问题。

1969 年 4 月 21 日　　星期一　　农历三月初五

昨天开始是我做饭，昨天上午给哥写了回信，下午洗了些衣服。晚上记工，我发面，我让他替我去寄，大队开会我也没去。

今天上午给刘健文、张治安写了回信。下午把外面的蓝衣服洗了（到院子里边洗的）热了温水把上身洗了洗，把布鞋洗了。

早上做好饭后，我到会计那换了6个人的布票10丈5尺6寸（一人17尺6寸，有3寸是可以买线的）。晚上学习了《〈共产党人〉发刊词》。

1969 年 4 月 22 日　　星期二　　农历三月初六

今天上午做完饭后把下身洗了洗，今天又下雨了，下午收到了妈妈和尹青的来信。我给妈妈写完信，准备去公社［邮寄］，可雨下个不停，而且大了，所以没去。给尹青写了回信，有时间4封一起发了。晚上学习了"甲种本"［"文革"期间发行的一种毛泽东者作选本］中有关党的论述。

那次掏牛圈的粪时，殷俊华说北京56中有个学生患心脏病就回去了，我得早准备去公社医院检查一下。

1969 年 4 月 23 日　星期三　农历三月初七

早上去山上耕地（我到王家沟里，我们刚一来时背草的地方），刚到地方就下雨了。吃了早饭，接着干。后来雨老不停，看快到晌午了，我们就回了。走下大山碰到送饭的了，［我们走］到一个看场的小窑吃了饭，等了一会，看雨还不停就回家了。到家之后衣服全湿了，鞋也湿了，换完后洗了脚。然后学习了《矛盾论》就睡觉了。

昨晚王有富来了，我把信和邮票贴好，让他买了 2 分钱邮票贴在家信上发了。

1969 年 4 月 24 日　星期四　农历三月初八

早上下雨没上工，上午还下，在家把衣服补上了。下午下小了，到后来就不下了。我和杨去公社，来到邮局，看到有我一本《怎样分析农村阶级》（家里寄来的）。后又到供销社买了信封，从 10 打信封中，抽出［印有］延河大桥和宝塔山图样的共 22 张，（各 11 张），然后到公社医院看病。大夫说心脏病应注意一下，少干过重活。又去公社将报表交给了高德兴。晚上学习了《实践论》。

1969 年 4 月 25 日　星期五　农历三月初九

早上耕地。吃过早饭，王金堂让我判谷子，他耕地。我和队长一起判，会计和王永安一起去取饭。吃过饭继续判谷子。我气喘得厉害，晚上小队开社员会，给我们定了工分。男 8 分

（早上比下午多了3.5分）女6分（早上3分，下午2.5分）。

这里社员觉悟很低，定这分也觉得不合适，计较半天，还有经常说自己是"受苦人"等等。晚上回来学习了《对晋绥日报编辑人员的谈话》。晚上收到了爸爸20日的来信（学生带来的）。

1969年4月26日［六］　星期日　农历三月初十

早上耕地，上午也耕地。老乡有的找碴儿，大队长说有本钱了（意思是工分定了就不好好干了）等等。早上和中午都吃的白馍，下午判谷子。我特累，喘得也很厉害。胃因为白馍没熟和昨晚喝得（的）冷水，比较痛。晚上吃面条，吃过饭学习了《整顿党的作风》，看了报纸。今天听说粮站只有小米，没有其他。下工时把犁背下山。明天揭地［揭地，方言，一种农业耕作方式。］。

1969年4月27日［日］　星期一　农历三月十一

今天晚上8点多听了林副主席在"九大"所作的政治报告的全文。

早上扛着犁到对面山上去耕地，吃过早饭仍然耕地。中午队长让我［把］牛吆回来，刚下山一会儿，送饭的说把我的饭取来了，我吆着牛到家吃过饭去干活。大队长他们在昨天干活的地方判谷子还没回来，刘本旺上午没有去上工，我俩一起给牛铡草，中午到家没饭了，整了些洋芋吃了。下午下工后帮杨做饭，吃过饭听了林副主席的政治报告，听完报告后，学习毛主席的一系列最新指示。一定要很好地学习林副主席的政治报告。

1969 年 4 月 29 日　星期二　农历三月十三

昨天到山上耕地，下午掏荒地，[延安县] 河庄平公社的几个同学，有一个到这来找吴来了（张志生）。昨没粮了。

今天早上王金和女生一起去拉粮，我早上、上午耕地，中午就回来了。女生也领粮回来了，吃过饭后到河里洗了被单，[没洗] 干净。回来后拿洗衣粉又泡上（把衬衣洗了洗），然后去公社医院打问去延安看病的手续 [怎么办，他们] 说直接去，[不用办手续]。又到公社问了一下，[结果] 一样。吃过晚饭后，我去到饲养室记工分，完了又到队长家取来了马东年和孙子林寄来的信。

1969 年 4 月 30 日　星期三　农历三月十四

今天早上和上午耕地，下午掏荒地，晚上回来又把管理员的事说了一下，昨晚我说选吴，她们同意，因他 [吴] 不在。今天又说了一下，今后条据什么的，要盖章都由他来盖。我去问了大队会计去延安县看病的手续怎么办，他说小队开了会大队革委会正副主任 [同意]，他再开，然后再到公社去开介绍信。

晚上学习了林副主席的政治报告。

今后一定要好好学习，加强自己的思想革命化。现在自己思想觉悟很差，正在倒退，要很好注意。

1969 年 5 月 1 日　星期四　农历三月十五

早上耕地，上午耕了一会儿，就和队长换了，我掏梢。中午就回来了，下午在家休息，啥事也没干。晚上从保管那里把3元半取来，（6人21元）。早上已去会计那里开了去延安的证明，王金堂盖了章。晚上去大队会计那儿，大会计说小队可直接开到延安，就不用到大队和公社去［开介绍信］，直接去就行了。晚上王志坚、朱德忠和方月伟到我们窑商量啥时候去延安的事，［我们］准备4日下午动身，先到孟祥生那里去看看，再去延安。

1969 年 5 月 2 日　星期五　农历三月十六

早上耕地。吃过早饭，天又阴了，下起雨来了，雨大了就散，雨小了就接着干。利用休息时间给志军他们写了回信，中午就下山了，到家雨也不下了。下午又到王家沟山上去垒粪，晚上王志坚又来找我问啥时去［延安］，我说4日下午。他［听了］说［干脆］明天下午就走。后来［我们］去和队长商量，队长不同意。杨光利又去找队长，［队长］说正是农忙时节，不能同意。最后［我们］又找大队长，［大队长］也不同意。

晚上把工分记了。

1969 年 5 月 9 日　星期五　农历三月二十三

今天早上在牛圈垒粪，上午担粪撒粪，下午到王家沟去判地。中午下工后收到家里寄来的《红旗》第5期，特别好。0.25元1本，邮费6分。

5月3日早上和上午去山上耕地。上工前，一个小学生给我捎来了家信，在山上休息时写了回信。中午回家吃过饭就起身到延安去了，后来杨遇上我（他去找王志坚），我们晚上到了孟祥生那儿已8点多了，孟在大队机房没回来。吃了些饭，就在他的炕上睡了觉，晚上收听了中央人民电台的重要广播，11点多才睡。（他们这里4个男生，住的两个小窑都是三五九旅打下的，两个窑是相通的）。第二天一大早，我就去大队机房找孟祥生（3里多地），他又让我们回去在他们那里吃的饭，后来我又和他到大队机房等汽车。1点多来的大卡车，到下午三四点多到了延安。我去专区医院，人多一直等到6点多。大夫［用听诊器］听了一下，说没事（没挂号）。我又去延安县医院，大夫说你的病难办（看了我的介绍信），说让第二天来。我吃了自带的干粮，晚上就在东关找了一辆卡车箱，睡下了。夜里两点多又醒了，到附近的票房坐着，碰到几个不三不四的北京学生。他们先跟我们拉话，后又找我们问有粮票没有，我们说粮票、钱都没有。后来来了一些［北京］35中的［学生］，［他们］在安塞［县城］附近的［农村插队］，准备往北京跑。我们不等天亮就出去，到南关问了去南泥湾的车票怎么买。他们说是当时买，第二天下午1点多来车在东关大桥等。我们又到南关县医院，等到8点半挂了个号。［医生］看了看说，让我到专区人民医院去透视一下。我本来不想去，想到别处看一看。可又一想不能白来，于是又到医院挂了个号，下午2点才看上，照了透视。我问大夫怎么样，大夫说没什么。我说，我在北京检查出有心脏病。大夫就让我口含了药，并说让你咽你再咽。他又给透视了一次，到半截让我咽含在口里的药，我咽了，待会就完事了（可能是看食道有没有毛病）。大夫给我写检查结果，完了我去门珍医生那里，我把病情跟他说了一下，又拿出北京阜外医院的诊断证明给他看。他说上面写着"不排除外少量分流……"我问不排除外少量分流是啥意思，他说不排除这种现象，但并没有肯定。医生给我开了些药，说是镇静的，才花0.24元，取的药有3包，还有甘草片。出了医院，已经3点多了，前往河庄坪下午6点钟就到了。在石圪台大队找到邢燕春（鸭蛋儿），到她们屋等她下了工一起吃饭。张长庆离迎春有3里多路，周建光也有3里多路。燕春从山上回来吃过饭，我们又去他们窑聊了天。第二天早上未吃饭，一直睡到中午12点，中间起来了一次，看了会书，又困就又睡。中午吃过饭，邢燕春陪我们到李家湾崔家疙瘩上队的李伟民处，付柏杨也在，还有我公社金家屯两个女生，正吃着白面韭菜饺子。我们吃了一些，抽了两根前门烟。玩了会儿，又一起到崔家疙瘩上队去看看，待了10分钟就到下队去看谢丙臣和邓勇（邓英）。邢的队里只给了她半天假，所以吃了些饭她就回去了。我们吃过饭睡觉，早上八九点才起来做了饭。吃过后。我和谢丙臣去康家沟，到那里差不多1点了。袁建德和高蕴丰还有几个女生在那，我们喝了些大米粥，我们到那里他们专门熬的。然后又去后队（二队），赵琪、陈甫在那儿。到了3点来钟，人家去上工。我走了，又去前队吃了些窝头，和他们去挖了些野草（做药的，干了可卖0.16元1斤），等到5点多钟我就走了。接着又到赵家庄去等他们下工，吃了饭，聊了天，抽了3根宝城烟，我又到二队李允环、张月、柯照新那儿坐了一会，抽了根黄金叶烟，回去就睡了（丁大利、李山、文建生对我们都很热情，还有3个48班的女生）。第二天早上（8日），吃过饭我们就走了（到二队看了一眼）。10点多钟到延安城，我买了3个闹钟（15.90元），又到街上逛了逛，杨买了一瓶印油。11点多去等车，12点20分来车了，买了票（1.20元1张），坐上车两点半到了南泥湾，碰到孟祥生，和他待了半个钟头。他说西城区慰问团里我校的是樊济文、赵永生师傅。他送我们半天，下午7点到家。

9日早上到牛圈垒粪，上午用筐担着撒粪，下午到王家沟判地。

10日早上到王家沟种玉米，半截下起雨。休息一会雨停了又干。

11日早上让我耕地，牛不听话，我不耕了。上午掏地，下午掏地。四五点钟下起雨来，我们赶快跑到半山腰的小窑子里避雨（小窑是看夜时用的）。雨比较大，下了一个多小时，地有些都冲坏了。玉米刚种上又要重种（因坡地被洪水冲坏，沟地有的被洪水灌满），回来7点多了。刚回来一会儿，雨又下大了。后来又刮大风，最后变成小雨。吴永康没回来，我在大队长家吃点饭，在袁天恩家里睡了一夜，早上我和杨光利回去做了些饭吃了。今天因大雨过后，地下全是泥，没有干活。上午，我们包饺子吃，是黑面韭菜馅。吃过饭，队长来我们这里说了一下生活问题，也说了我们和吴永康的问题。（我们一直比较闹别扭）。[我们知青的] 管理员，队长的意思是让我当。我说我和吴有矛盾，让杨当女生也同意，就让杨当了。下午杨到会计那儿盖章，吴去二队，我在家学习，看英雄事迹的报纸。下午熬了些粥喝。

9日晚上开会记工分，我和杨没去。队里的260斤救济粮，给了我们160斤（因为1月份我们在老乡 [家] 吃的还没还，

再说我们的粮食还差一些）

今天早上看到郑、王、朱 3 人去南沟回来（昨天下午去的，去看我校死的那两个同学，昨天下午我也听说了）。死者是四七班的严庆生（男）和四九班的孙翠华，还有 3 个［当地］社员。［他们是］10 日夜里，为抢救队里的两个牛，一个驴被窑土压死的（第二次窑塌）。县和专区革委会都来人看了，准备调查一下登报纸。我听说了这个消息感到十分悲痛。毛主席教导我们说"为人民利益而死，就是死得其所"。我要向这两个同学学习，把悲痛化为力量，在山区干一辈子革命，把自己锻炼成无产阶级革命的接班人。

1969 年 5 月 12 日下午

下午我们一起去会计那儿查账，我们已经将生活费透支 40 多元了。在会计那儿打了欠条，领了我和杨去延安时的伙食费和粮票。公社有人来统计这次下雨所损失的种子等，还看了我们住的窑［是否安全］，我们全都没在，所以没看成。晚上学习了林副主席的政治报告。

5.12 晚

13 日不上工，14 日早上垒地坑，还在后山上掏了一天地，晚上孟来我们这，队长卖线，买了四小缕，1 角钱。15 日陪孟去公社，到邮局看了看，有我一封信和一个小邮包，［里面是毛主席著作］单行本和歌本。回来后把猪圈弄了弄，吃过饭到岳家屯去玩，天快黑了才回来。听说公社人找孟，我和王志伟、朱德忠都去公社，我校是胡□□和王双合师傅来。等他们开完会，我们一直聊到两三点才睡。今早上胡到我们大队各窑串了一下，回去就开追悼会，然后送葬。他们坐小轿车，让我和杨坐上，一起去到南沟在山上埋了［那两位逝去的知青］，然后又去［他们］死去的地方看了看。回来吃过饭写信，晚上学习了毛著。

1969.5.16

1970年6月22日　星期一　天气　晴

遵照毛主席关于知识分子与工农相结合的伟大教导［，我们］于1969年1月11日离开首都北京，14日来到延安麻洞川玉家崖大队插队落户。由于身体的关系，在北京休养一段时期，于6月16日离开北京，19日回到大队，在公社给家里发一封信。

路上用了3天时间，很顺利就到达了。

几个同学把我们迎回了大队，当天下午把我的东西整理了一下，当天晚上，王金玉、王金堂、李长成来看我们。

20日把衣服洗了，把被子拆洗了一床，下午，下放干部刘琪和陈友莉帮我把被子作［做］上，还聊了聊队里的情况，晚上大队开始"一打两反"运动。中午大队知识青年在一起学习，轮三队主持会。下午王生贵又去看我们。

21日给同学（马志军、刘健文）写了信，下午下了阵雨，中午李长成叫我们到他家去吃了些凉粉，晚上仍开会。

今天上午去麻洞川发了信，家里来了封信，不放心我，还有孟祥昇和尹青木的信，下午给家里写信没写完。

23 日上午给家里写信

24 日上午跟大队会计、书记一起查账，下午也查账。25 日一天都查账。两天把二队的账查了一遍，没发现太大的问题。

26 日上午在家洗了洗衣服，中午跟基建队去锄地。下午去基建队铲土。晚上学习。

27 日早起帮助做饭。上、下午都去基建队铲土、推车，晚上男生学练节目，我没学，给方国伟扎针灸治关节炎。

6. 27

28 日上午和杨光利、朱德忠一起去赶集。下午下雨没去。中午刘琪去公社开会。把我的看病处方带给公社。（前两天就说好了）

29 日中午小队知青学习，上下午都在基建队干活，晚上去公社看《地雷战》，给方扎针。

6. 29

1970 年 6 月 30 日　星期二　农历五月二十七日　晴

明天是中国共产党成立 49 周年的日子，今天晚上我们大队知识青年一起学习了新党章，一起讨论了当前运动的情况，提出了解决问题的办法，同学们一致认为当前运动搞不起来，群众发动不起来，主要是大队领导班子的问题，一致建议大队领导班子办个学习班，同时，同学们在底下进行调查研究，做鼓动工作。

今天庞吉英从县里考录广播员回来，去了两天半，可能没有录取上。

1970 年 7 月 1 日　星期三　农历五月二十九日

今天早上和上午去劳动，下午刘琪从公社开会回来，其他同学去上工，把我留下，跟我谈了谈，一个就是病的问题，先让我在队里帮助搞运动，以后看再如何处理，再有就好似运动的问题。以后让我搞一搞队里的人口清点和调查问题，让我写一写入党申请书，应该有这个要求，不能认为做好了再写。后来下起雨，同学们都回来了。刘琪对大家讲了 7 月 6 日公社召开"两下"积代会的［问题］，每五个知识青年出一个代表。3 日大队知识青年［要］开讲用会，让大家都准备。雨下个不停，我们窑的 4 个男生（我、杨光利、郑伟民、朱德忠）穿上雨衣，拿着铁锹一起去庄沟的坝上去，水已过了坝。我们想起了毛主席的教导，冒雨把坝旁挖了一条流水沟，保住了大坝。虽然我们淋湿了，［但］我们心里非常高兴。［接着］又准备去看王家沟的［水］坝，碰到石忠清说［水］坝没事，他和几个社员去看过了。书记和社员说我身体不好，让我回去，我说不要紧，回来后着凉肚子痛，扎了 3 针就好了。晚上和知识青年开会，把准备讲用稿的事说了一下。

1970 年 7 月 3 日　星期五　农历六月一日

7 月 2 日下午劳动锄小瓜地。

7 月 3 日上午劳动之前弄了一些柴，我和李长成一起挖洪水洞，因为下雨，大坝集了水，水从洪水洞流走。在挖洞时，我和李长成在洪水洞的最尽头挖土，要到两米高的直上直下的土崖上去掏土，水流很急，我怕被水冲走，心里有些胆怯。可是李长成就横跨激流，给我做出了榜样，然后又托我上了断崖。我想到了伟大领袖毛主席的教导："我赞成这样的口号，叫做一不怕苦，二不怕死"。使我联想到无数英雄人物的英雄形象，心里很激动，和英雄人物比起来，自己差得太远了。看看自己眼前的共产党员、贫农社员李长成同志，我自己胆子更壮了，鼓足了勇气一直站在断崖上干。滚滚的激流，从我下面几米的地方流过，我并不在乎，下午接着干。下午基建队就我和朱德忠、光利去上工，王志坚、宋、韩、张宛在二队灶房，没去上工。中午三队的 4 个女生找刘琪，看她们的讲用稿。晚上开讲用会，在选出席公社"积代会"的人选时，矛盾暴露得比较多。三队一再提王志坚去，也提韩亮，宋启燕也提韩亮，还提郑伟民，朱德忠提名我时带有讽刺的态度说，让杜去吧，他过去还是校革委会的呢。张小岩马上就说，过去只代表过去，不能代表现在，张宛也跟着说。这些都说明一定的问题。

1970 年 7 月 6 日　星期一　农历六月四日

7 月 4 日早上 4 点起来跟王晖、陈友莉去拉驴磨面。刘琪和我谈了谈昨天会上的事，认为王做工作做在我们前边了。让我把大队的户口弄一下，上午去基建队，下午没去上工，在家写信。

5 日要弄户口，会计没留下，说有人参观，基建队的人都得去，我就去了。下午才来参观，全公社各大队基建排排长都来参观。

今天早上我做饭，上午刘琪让我把去年 3 月 27 日打方国伟的事找人写旁证，我分别找了王志坚、朱德忠、方国伟和老书记。

1970 年 7 月 9 日　星期四　农历六月初七

7 日上、下午开始弄户口，8 日上午洗衣服，下午还弄户口。

今天上午接着搞户口，下午到基建队干活。

3 日晚上选出杨光利、韩亮、王志坚、计培君 4 人参加公社的"积代会"。6 日下午他们去了，今天下午回来了。晚上我们小队学习，让杨光利、韩亮介绍了公社开会的情况。刘琪没回来，她还要开下放干部和各大队书记会。我大队出席县"积代会"的代表是拐峁的一个知青和刘琪。

昨天广播了针织总厂的学习毛主席著作的"七字经"。我一定要很好地学习这个经验，把自己和知青的学毛主席著作〔活动〕提高到一个新的阶段。我们窑的 4 个同学规定每天早上进行天天读。

1970 年 7 月 10 日　星期五　农历六月初八　天气　晴

早上天天读学习了针织总厂的经验，上午去基建队劳动，中午下雨就提前下工了，下午去基建队劳动，歇过一歇后，下雨了，就跑回来了。晚上大队知识青年学习，三队人没来。刘琪从公社赶回来，讨论了夜校问题，让我和郑伟民负责，还讨论了一些具体问题。

要更进一步学习新党章和"七一"社论，努力严格要求自己，争取早日加入党组织！

1970 年 7 月 11 日　星期六　农历六月初九　天气　晴

今天上、下午都去基建队劳动。

我和郑伟民商量第一课把这次办夜校的目的和意义讲清，可以让贫下中农讲一讲。

1970 年 7 月 12 日　星期日　农历六月初十　天气　晴

我学习了毛主席的教导，认识到必须随时总结经验，认真地把工作中的经验和教训加以总结，使自己不断地发扬成绩纠正错误，以利今后的工作。

自己现在最大的缺点就是不能正确地对待自己，在政治上有些满足现状，实际上是跟不上形势的。为什么呢？因为过去自己是先进的，而后来放松了思想改造，（当然身体也是客观原因）主要是思想问题，有些吃老本的思想，这是万万要不得的。自己应该感到现在已经有些跟不上形势了，今后一定要狠抓学习，努力改造自己的思想，改造主观世界，狠斗"私"字，在今后的工作中锻炼自己，争取做一个共产党员。

1970 年 7 月 14 日　星期二　农历六月十二日　天气　晴

昨天上下午一起去试验田和自留地锄玉米。

今天上午去基建队劳动，下午休息，上午去上工时，收到家里的信和《红旗》杂志。晚上刘琪开会回来和我们聊了聊，她月底还要到县里去开"积代会"。

我决心在农村的三大革命运动中努力锻炼自己，努力改造自己的世界观。从到农村后，一年多的所见所闻，确实感到我们国家还是一个一穷二白的国家，要想改变农村一穷二白的面貌，把我们的祖国建设成伟大的社会主义强国，就需要几十年的艰苦奋斗，农村是一个广阔天地，在那里是可以大有作为的！毛主席的话真是千真万确的真理。

1970 年 7 月 16 日　星期四　农历六月十四日　天气　晴

昨天上下午和今天上午都是到大坝上去挖洪水洞，昨天晚上大队知识青年学习《新党章》和"七一"社论，没人发言，准备下次还谈。

今天又收到家里的信和《支部生活》，一份人民日报关于整建团的问题。毛主席对青年一代寄予无限的希望，历来非常重视培养青年的工作，对教育青年的问题作了一系列重要指示。在社会主义社会这个相当长的历史阶段，资产阶级同无产阶级争夺青年一代的斗争，腐蚀和反腐蚀的斗争，是长期的、尖锐的、复杂的。

我是一个毛泽东时代的青年，今后一定要严格要求自己。

今天晚上，夜校开课了，由于准备工作做得不好，［来的］大部分全是娃娃，郑伟民讲的基本还算成功。

1970 年 7 月 18 日　星期六　　农历六月十六日　天气　晴

昨天上下午去坝上劳动，下午睡了一觉。

今天上午去麻洞川收到家里寄来的书包和皮带（给老乡买的），我给治军发了封信，给家里寄了 15 元钱（买东西的）。下午书记让我画一张"大队农田水利基本建设规划图"，早上帮助磨面。

1970 年 7 月 20 日　星期一　农历六月十八日　天气　晴

昨天开始，基建队的都回基建队，有的去拉石头，我们修路。早起拉了驴磨面，晚上上夜校，朱德忠讲"毛主席万岁"，教这几个字，共有 28 个人参加学习，对我是一个鼓励。

今天早上不到 4 点就拉驴磨面，上午去基建队。下午休息，学习了一会儿，晚上大队知识青年学习。

学习了毛主席的教导，认识到党的领导是关系到无产阶级的根本利益，关系到无产阶级革命和无产阶级专政的头等大事。正因为这样，一切阶级敌人总是千方百计地攻击党的领导，破坏党的领导，我们必须狠批反对党的领导的黑货，坚决服从党的领导，牢固地树立党领导一切的观念，同种种否定党的领导［的］言行进行坚决的斗争。必须服从党中央的统一领导，决不能把自己和党的关系摆错了。

1970 年 7 月 22 日　星期三　农历六月二十日　天气　晴

昨天上下午在洪水洞掏土，干活猛了点，今天全身关节痛，还头晕，没去上工。下午好了些，补了补衣服。

1970 年 7 月 24 日　星期五　农历六月二十二日　天气　晴

昨天上下午去洪水洞劳动，中午我们小队知识青年学习，选了韩亮当副班长，今天上下午去洪水洞劳动。

韩亮开始有顾虑，怕没人支持，我说我既然选了就支持，同学们也支持。

我当时考虑，要善于团结不同意见的同学一道工作，选她是为了调动她的积极性，同时使她自己能够正确地对待群众，对待同学。

这种想法是不是合乎客观规律，是不是会有好的效果呢？还有待下一步观察，当然也有可能不像我想象得那样简单和容易。

1970 年 7 月 26 日　星期日　农历六月二十四日　天气　晴

昨天大队知识青年学习，选出了基建队的 3 个好战士：李长成、杨光利、庞吉英。每个小队为一个班（争四好），选了韩亮、方国伟、计培君为各班（副）班长，下午整理内务。

今天上下午都去坝上劳动，晚上，大队开会，传达中央关于修改宪法的通知。

1970 年 7 月 27 日　星期一　农历六月二十五日　天气　晴

今天上下午在坝上劳动，早上不到 4 点磨麦子，从今天开始，基建队上午 8 点半上工，下午 3 点半上工。上午刘琪和我在一起劳动，对我讲了招收 2 人的事。下午她到明屯，明天就去县里开积代会。

1970 年 7 月 30 日　星期四　农历六月二十八日　天气　晴

28 日早上又磨面，上午在坝上劳动，下午休息，在家补衣服，写信。29 日上午在坝上劳动和泥，下午累了，筛沙子，又替二队拦了会儿牛，中午小队知青学习。今天一早就去替杨光利拉沙子，上下午都拉沙子，中午回来得早洗了衣服。

我学习了新党章，新党章明确规定："中国共产党以马克思主义，列宁主义、毛泽东思想作为指导思想的理论基础。"正如林副主席报告中所说的："这是无产阶级文化大革命粉碎刘少奇修正主义建党路线的伟大胜利，是马克思主义、列宁主义、毛泽东思想的伟大胜利。"刘少奇及其同伙在"八大"党章中把战无不胜的毛泽东思想删掉。文化大革命彻底粉碎了他的狼子野心，大大巩固了无产阶级专政，毛泽东思想更加深入人心。

1970年8月2日　星期日　农历七月初一　天气　阴

7.31［7月31日］一天天气不好，未去上工，在家补衣服，雨下不停，下午给健文写了信。8.1［8月1日］上午去拉沙子，下午没去。今天一天拉沙子。

1970年8月4日　星期二　农历七月初三　天气　阴

昨天一天和今天上午都去拉沙子，下午到坝上去干活。昨天晚上找队长和张怀盛问我的工分问题，［他们］说今晚小队开会研究，晚上开会讨论同意给我定8分5［工分］。

1970年8月6日　星期四　农历七月初五　天气　阴

昨天和今天早上、上午全是拉沙子。上午让女生把给家里的信带着发走了（她们赶集）。昨天下午和今天下午去麻洞川拉石灰，石灰还没烧好，白跑了。今天下午我们队分洋芋，我拉架子车把分给我们的洋芋拉回来。刘琪今天下午回来了。

今天我们小队知识青年学习，晚上我学习了毛主席有关共产党员的论述。我决心加入共产党组织，但我身上存在着不少缺点和错误，今后我一定坚决改正。首先自己对本身要求少，对别人要求多，看自己的缺点少，看别人的缺点多。对别人严，对自己松。今后我要"严以责己，宽以待人"，改正自己的毛病，团结同学，不闹无原则的纠纷，运用针织总厂的"七字经"，把活学活用毛主席著作的自觉性提得高高的，抓紧改造自己的世界观。高就是要以共产党员的高标准衡量；严就是对缺点错误要狠狠地斗；快就是改正缺点错误要迅速彻底。

刘琪明天去公社开会研究招工人［的］问题。

1970 年 8 月 10 日　星期一　农历七月初九　天气　晴

8 月 7 日、8 月 8 日、8 月 9 日，3 天连续到麻洞川拉石灰。8 日晚上上夜校，决定每月 7 日教不识字的，初十教识字的。

刘琪昨天从公社开会回来，跟我说了一下最近招工的事，先做舆论，办学习班。招工的人没来，要的人还没定，先要学习，端正认识。

首先自己要端正态度。

毛主席教导我们说："共产党员无论何时何地都不应以个人利益放在第一位，而应以个人利益服从于民族的和人民群众的利益。"

我坚决服从革命的需要，作好两种准备，听从组织和领导的安排。不管在什么地方，不管干什么工作都是为人民服务，革命的需要就是我的志愿，革命需要我到延安，我曾经毫不犹豫地来到革命圣地延安。如今革命需要我继续留在延安，我也绝没有丝毫怨言。需要我奔赴新的战斗岗位，我也决不犹豫。

革命的需要就是我的第一志愿！

1970 年 8 月 16 日　　星期日　　农历七月十五日　　天气　　阴

这些天一直拉沙子和石头。14 日是杨光利 17 岁的生日。13 日晚吃的饺子，14 日吃鸡蛋西红柿面为给杨过生日。这天晚饭前和女生闹了别扭，中午杨和三个女生划玉米，已两点半了，我说回去补鞋。后来听杨回来说她们说闲话，说什么自己都有自己的事，不能光想着自己。这里（指灶房）又不是饭馆，也不是茶馆。我听了心里有些火儿，有意见不当面提。晚上我过去吃饭，杨正划玉米问我干啥去了，我说有事去了。王和陈在屋里说"咱们赶明也回来吃现成的"，又说："赶明咱们也轮流做饭"。我听了以后火儿撞脑门子，就跑回来了。到吃饭时，才去吃了一口面就回来了。第二天早起磨面，王晖要换我，我也没理她。我心想这些人就不懂心疼人，我从回来后，重活干得少，就主动多做饭、磨面，还不够（当然她们不光指我说）。

1970 年 8 月 21 日　　星期五　　农历七月二十日　　天气　　晴

由于自己近一段学习较少，脾气又不好，对同学提的意见强调态度，不能正确地对待批评意见。从 15 日到今天一直没好好吃饭，自己不动手做的饭不吃或少吃。话也说得很少，刘琪看出来了。19 日晚上让开学习会，谈这个问题。王、陈作了针对我的批评，可我还不服气，但没发言。昨天中午干部跟我谈了谈，没太大转变。今天上午她到坝上劳动和我一起筛沙子，谈了半天分配的问题，又谈到不团结的问题。给我讲道理（我把情况对她讲了），一个青年人应该把眼光放远一些，胸怀祖国放眼世界，不要看太近了。同学说的［意见］不对，［可以〕提出来辩论，思想见面，才好解决问题。自己也开始认识到，这样做确实影响团结。今后自己一定要加强学习，把眼光放得远一些。

1970 年 8 月 23 日　星期日　农历七月二十二日　天气　晴

今天全体知识青年到公社去开会，上午批斗反革命分子任尊武（老沟）大会。下午传达"三下"积代会精神。晚上大队知识青年又进行讨论。昨天我没去上工，前天在坝上干活。我们队的庞吉英 22 日去公社检查身体了。这次共来了 4 个工厂：南泥湾卷烟厂、延安县柴油机厂、铁厂和钢厂。她可能被挑到柴油机厂，还到北京去实习一年呢，都是合同工，以后才转正。

刘琪从 21 日下午去公社开会定这次去工厂的人，定了庞吉英，其余的还没定，因工厂还没来人。

22 日刘琪在公社开会，干部传达"三下"积代会精神。

晚上讨论时，刘琪说学生没有敢闯敢干的精神，主要是私心作怪，怕得罪人。王志强找我征求意见，我和他聊了聊。

1970 年 8 月 26 日　星期三　农历七月二十五日　天气　晴

昨天和今天我都没去上工、休息。24 日，刘琪和我还有大队会计上午去三队查学生的账。下午我和大队会计到一队查学生的账。吃过早饭，刘琪对我讲了这次分配的问题，公社的领导和她们一起研究，将我分配到比较合适的工厂。特殊照顾，不算大队的名额，大队还是 4 个名额，我算公社特殊照顾的。这样一队就得把王晖刷下来（原准备让王晖、吴永康、郑伟民和庞吉英去），因北京干部之间为本队名额多少争得很凶，我大队 18 个学生就只有 4 个名额，再照顾我就等于走 5 个了。别的干部不知道，要是知道了，非得找干部组长纪民吵不成。再说，一队走得太多，对干部今后开展工作不利。所以把朱德忠换下去。她让我一定注意保密，我对谁也没讲，只是自己心里明白。纪民 22 日去县里联系招工的事去了，把我的情况带到县安办，与县代表（北京干部）和安办再研究一下，大概快回来了。

我自己对这次分配工作一直是抱有正确态度。"共产党员无论何时何地都不应以个人利益放在第一位。""我们所做的一切，都是为人民服务。"虽然组织上一再研究我的工作如何适当地安排和照顾我，我自己在思想上仍然做好两种准备。到工厂去安排恰当的工作，固然是很好的，可以使自己更好地为国家多做出贡献，使自己的青春真正成为革命的青春。如果因为条件和名额的限制，不能去，我自己的思想绝不会有任何波动，更不会影响自己的情绪。坚决地服从党和国家、人民的需要，服从组织和上级的安排。

今后我一定要珍惜宝贵的时间，每天一定要坚持学习，坚持写笔记，向其他同学们学习。今天晚上我们小队学习，学习关成富同志的先进事迹。

1970 年 8 月 29 日　星期六　农历七月二十八日　天气　多云

今天上午大队知识青年学习，由于同学都没准备讲用，就学习了李全州和黄兴干同志的光辉事迹，准备明天晚上讲用。

刘琪昨天下午到公社开会，27、28 日到拐峁修地坎。今天下午我没去上工，给家［里］写信。晚上小队知识青年学习，学习了 8 月 22 日《陕西日报》刊登的《紧跟毛主席战旗扛到底——记优秀的指挥员王英洲》，王英洲是武汉部队某部三营营长，1964 年，他当连长的时候，为抢救战友失去了右手。但是，伤残，阻挡不住他的前进步伐；困难，更加磨炼了他的战斗意志。王英洲没有被困难所吓倒，他遵照毛主席关于"我们要承认困难，分析困难，向困难作斗争"的教导，努力实践自己的钢铁誓言，为广大指战员树立了学习的榜样。

王英洲说："一个人工作能力有大有小，毛泽东思想的威力无穷无尽！只要有一颗忠于毛主席的红心，就没有不可战胜的困难。""小场院练不出千里马，温室里养不出万年松。"

我一定要学习王英洲同志顽强的战斗意志，学习他刻苦、活学活用毛主席著作的精神。

7 月 30 日，《陕西日报》刊登了《掏尽红心干革命笑洒热血为人民——记为人民舍生忘死的革命战士黄兴干同志》，黄兴干同志为抢救贫下中农小孩的生命，英勇地牺牲了。我要向黄兴干同志那样努力活学活用毛主席著作，做紧跟毛主席的坚强战士。

黄兴干同志说："月亮离开了太阳不能发光，禾苗离开了雨水就要枯黄，不学毛主席著作睁着眼也要迷失方向。"越是困难的时候，越是艰苦的环境，越能磨炼一不怕苦，二不怕死的革命精神。

我自己今后一定要坚持努力活学活用毛主席著作，坚持在"用"字上下功夫。在艰苦的环境中磨炼自己的意志，发扬成绩纠正错误，以利再战。

1970 年 8 月 31 日　星期一　农历七月三十　天气　晴

今天没去上工，天气好，上午洗了衣服，下午学习，刘琪下午 5 点又去公社，临走前对我说分配工作推迟到 10 月份，我的问题还没来及问纪民。我向她征求我昨天讲用的意见，她说检查太多，可以把自己有病坚持出工，产生什么活思想，怎样用主席思想解决的事讲一讲。女生去公社捎来家里寄来的一本《上海工人哲学论文选第一集》交给我（还有七张《智取威虎山》彩色剧照）。

　　不要只看到革命后的胜利，要看到胜利后的革命；不要只看到自己过去的贡献，要看到今后的重大责任。

附表 1：玉家崖大队北京插队知青去向表（截至 1972 年 4 月）

	姓名	性别	家庭出身	年龄		备注
				出生年月日	岁	
一队	杜永基	男		1950.10.16	20	1971.7.1 当工人
	杨光利	男		1953.8.14	17	1970.12.31 参军
	吴永康	男		1951.7.11	19	1971.6.13 当工人
	韩 亮	女		1950.11.6	20	
	陈友莉	女		1951.5.17	19	
	王 晖	女		1951.4.12	19	1972.4.27 赴京上大学
二队	郑伟民	男		1951.8.21	19	1971.6.13 当工人
	朱德忠	男		1952.8.18	18	1970.12.31 参军
	王志坚	男		1951.4.28	19	
	方国伟	男		1951.12.19	19	
	刘文捷	女		1951.4.26	19	
	高玉英	女		1949.8.30	21	1971.8、9 半坡当讲解
	宋启燕	女		1950.8.20	20	
三队	张晓岩	女		1950.10.11	20	
	张 菀	女		1950.11.6	20	
	计培君	女		1951.10.17	19	
	庞吉英	女		1951.4.24	19	1970 年当工人

附表2：玉家崖大队一小队知青年终分红统计表

姓名	工分	现金	实物折价				结余（短）
			粮	价值	油	价值	
吴永康	2040 分	81.60 元	620.9 斤	46 元 71	7.9 斤	1.07 元	33.82 元
杨光利	1780 分	71.20 元	595.7 斤	44.85 元	7.7 斤	1.04 元	25.31 元
韩 亮	1229 分	49.16 元	542.2 斤	40.67 元	6.9 斤	0.93 元	7.56 元
王 晖	1175 分	47.00 元	537 斤	40.26 元	6.8 斤	0.92 元	5.82 元
杜永基	1010 分	40.40 元	521 斤	38.87 元	6.7 斤	0.90 元	0.63 元
陈友莉	767 分	30.68 元	497.4 斤	37.09 元	6.2 斤	0.84 元	短 7.25 元

王晓建日记选：一个 16 岁下乡插队少年纯粹而天真的心灵印记

　　这是一些读起来让人心情复杂的日记。日记的作者王晓建，1969 年 1 月 23 日从北京来到延安市宜川县高柏公社下熟畔村插队落户，1970 年 12 月 31 日参军入伍，在农村整整两年时间。王晓建来延安插队落户时年仅 16 岁，正是花季少年，还应该是个不谙世事的孩子。现在这个年龄的孩子，尤其是城市的孩子，在父母的精心呵护下，还像花儿一样地娇嫩。除了上学读书，几乎完全是衣来伸手，饭来张口。而那个时代的王晓建却已经在黄河岸边的一个偏僻、贫穷而落后的小山村里"战天斗地"，与祖祖辈辈在这块黄土地上艰难刨食的当地农民一样，吃着甚至不能果腹的粗糙饭食，穿着色彩暗淡的破衣旧衫，每天将日头从东山背到西山，重复着简单、粗糙而又极为繁重的体力劳动。陕北农民把这种千百年来不断重复的原始农业劳动，自嘲为"受苦"。因此，在他们的话语系统中，没有"劳动"与"工作"而只有"受苦"。对于陕北农民那种原始农业劳动来说，这也倒恰如其分，不愧为农民的哲学。但在王晓建，这位花季少年，这位出生在中国的一位著名电影导演家庭，成长在都市北京的知青农民的日记中，你丝毫感受不到他心灵世界里有哪怕一丁点"受苦"的影子，反而是充满着崇高、昂扬与纯粹的高尚情感。尽管那个时代的扭曲、乃至错误的思想与情绪深深地印在了日记作者的心灵深处，使今天的人们看来，日记中所反映的思想情绪，作者的心灵世界似乎给人以不真实的感觉，甚至荒唐可笑。但这都是因为犯了"关公战秦琼"的错误，脱开了历史的条件与环境。的确，"文革"的扭曲时代，让王晓建以及无数像王晓建一样的花季少年，承受了他们本不应该承受，也承受不了的沉重。但我们没有任何理由嘲笑崇高、昂扬与纯粹的高尚情感，嘲笑这种高尚的情感，在任何时代、任何社会都是对人类美好追求的亵渎，特别是对孩子们的这种高尚情感嘲笑。同时，我们可以怀疑成年人功利性的虚伪，但我们没有理由怀疑一个孩子、一个花季少年的真诚。尽管它有可能是幼稚的、空幻的、天真的，乃至是成人世界所刻意营造的那种虚伪与欺骗，在孩子心灵中的真诚反映。但这种错误是不能也不应该由孩子来承担的。孩子的心灵总是温暖的、善良的，孩子的心灵也总是崇高、昂扬与纯粹——这种高尚情感最肥沃的土壤。问题总是出在社会，社会应该给孩子们什么样的引导，应该给孩子们创造什么样的成长环境，这才是问题的核心。也许这就是我们选编这部分日记的目的与意义，也是这部分日记的价值之所在。

1969 年 1 月 20 日

今天，我就要到陕北插队去了。坐上到火车站的汽车之

后，心潮真是起伏联翩，久久难以平复，汽车没有开到天安
门，但可以远远望见。我向毛主席发誓：一定要走您指出的道
路，走到底！和我们的同志在一起，丝毫没有离别的"痛苦"
之感，有的只是改造思想，建设祖国的雄心壮志。火车开动
了，再见了，北京！再见了，毛主席居住的地方！［火车］横
穿河北，河南，过了黄河。火车上有不少抽烟、喝酒的人，弄
得车厢乌烟瘴气，这些人不整怎么行呢？

1969 年 1 月 21 日

今天，从巍峨壮丽的华山脚下经过。到了孟塬火车站，就
开始有欢迎我们的人群了。在西安车站，还有载歌载舞的。下
午，到了富平县城，住了一夜。

1969 年 1 月 22 日

早晨，坐上汽车，经过黄龙县城，下午到达宜川城。一路
［当地群众］用松枝、纸花、彩绸、横幅标语扎成的彩牌楼一
直不断。在宜川城，有两千多人夹道欢迎，红旗如画，锣鼓喧
天，陕北人民的白头巾、黑衣服、四周的群山、山上星星点点
的窑洞，构成了一副陕北的大好风光。

1969 年 1 月 23 日

坐了 8 个多钟头的汽车，到了新市河镇，由这里要坐 20
多里路［的车］，才能到［达］我们的目的地——高柏公社红
旗大队下熟畔生产队。我们整整走了五六个钟头才到，累得够
呛，是一次极好的锻炼。到了村里，男女老少都出来欢迎我

们，给我们安排得很周到。那崎岖险峻的山路上，我们空着手走都累得气喘吁吁，几步一歇，而贫下中农〔们〕却扛着、背着我们的行李上山。我永远忘不了那三个贫下中农拉着一车行李艰难地走下山坡的情景。

1969 年 1 月 24 日

今天，和贫下中农开始了真正的接触，按照我们的现状是太需要贫下中农的再教育了。另外，还要在改造主观世界的同时改造客观世界，誓以我们的双手谱出一曲陕北新歌来。

1969 年 1 月 25 日

今天，大队里开了欢迎会，社员们和我们 19 个新社员都参加了，我们一定不辜负贫下中农对我们的期望。下午去打柴，结果，我们三个同学打的还不如一个社员的多。读了几年书，真是越读越蠢了，一定要虚心向贫下中农学习。

1969 年 1 月 26 日

很多事情乍一看很容易，但干起来就困难了。烧火、打水都是这样。第一次烧火，连点都点不着；第一次打水，连水桶都挂不到驴背上去，还是社员们教会了我们。和别的村的同学聊天，发觉他们很怕苦，怕艰苦就将一事无成。

1969 年 1 月 27 日

今天开始了到村后的第一次劳动，大家都憋足了劲，打窑洞，抬土，虽然手上磨起了泡，肩膀压的生疼，但咬咬牙就坚持下来了。

1969 年 1 月 28 日

今天是下雪天，没有出工，在家学习了《青年运动的方向》、《五四运动》、陈伯达同志的《五四运动与知识分子的道路》几篇文章。知识分子是一个附属于阶级的阶层，这个阶层如若不与工农相结合，就将一事无成。所以，知识分子与青年学生今后的道路应该而且只能是与工农相结合。五四以来，我国的知识分子已经开始走上了和工农相结合的道路，这是中国大变化的枢纽。在马列主义的传播下，因而产生了伟大的导师毛主席、伟大的毛泽东思想和伟大的中国共产党。在社会主义时期，对知识分子如不加以改造，就将出现修正主义，知识分子是修正主义的温床。而接受了工农再教育的知识分子一旦发挥出他们的知识来，就将起巨大的作用。在现在的时代，知识分子只能走毛主席指引出的与工农相结合的道路，否则就要陷入泥潭里去了。

1969 年 1 月 29 日

我们这儿的生活条件虽然比农场差些，但还有一个更重要的条件要比农场好。即：我们和贫下中农的接触是直接的，更加有利于我们的思想改造，这是一件好事。我们决不能只顾生活上的眼前利益，而应当放眼于更重要的思想方面。

1969 年 2 月 16 日

今天是旧历的大年三十，生产队开忆苦会，给我们介绍了本村的历史。在黑暗的旧社会，我们这里和全国各地一样，贫下中农过着牛马不如的生活。反动政府和地主阶级巧取豪夺，他们先假惺惺地送给穷人大烟抽，等穷人受骗，染上烟瘾以后，立刻就换了一副面孔，迫使穷人用土地、牲畜来换大烟。租种地主的地，到头来得"三七分"或"四六分"，农民辛辛苦苦种一年的地只得［到］全部收成的十分之三，身不摇、膀不动的地主却净得七分。有一户贫农打下的粮食刚刚收到场里，就被地主派来的人拉走了。抓丁、拉夫、苛捐杂税就像几把刀子似的刮取贫苦农民的血汗。我们村原有 30 多户人，但是经过两次大灾荒，天灾人祸，全村人死的死、逃的逃，只剩下 6 户了！在民国初年的一次大灾荒中，甚至有人吃人的事！1948 年 3 月，平地一声雷，1948 年 2 月，宜川解放了，下熟畔的贫苦农民也翻身做了主人。在毛主席的领导下，他们分得了土地、耕畜、农具，组织起了宜川县第一个农业合作社。以后，又成立了人民公社，农民的生活便越来越好。但是，刘少奇的流毒在这里流行得也很广，致使有些社员现在还打不起精神为集体干活，我们一定要肃清他的流毒，把大寨的红旗也插到我们村。

1969 年 2 月 17 日

今天是旧历的大年初一，我今天过得很有意义。早晨，我就和宁大爷到山上放牛去了，他过去曾参加过赤卫军，［我们］一面放牛，一面打柴，［宁大爷］一面给我们讲了一些革命斗争故事。1935 年，毛主席率领的红军从宜川经过。那时，我们这一带的崇山峻岭是游击队出没的好地方，游击队和红军经常在这里和白军激战。宁大爷就曾把守过交通要道高树梁，打退过保警队的进攻。在艰苦的革命斗争年月，红二十九军在这里转战过，他们有 200 多人，有一次我们村一次就住下了 100 多人。老乡们都把红军当做自己的亲人，推麦子，烙白面大饼慰劳子弟兵。这些故事我们越听越爱听，决心继承这〔种〕革命的传统。

1969 年 2 月 28 日

今天打柴的时候又有不虚心向贫下中农请教的倾向，要坚决扭转，不然的话是很危险的。老以为自己行，其实是最不行的。一定要记住"虚心使人进步，骄傲使人落后"这个真理。

1969 年 2 月 19 日

听了张广庭谈的西庄那些情况后，觉得非常严重。我们绝不做阶级斗争面前的怕死鬼，只顾眼前利益的政治庸人，我们要成为真正的马列主义者，就必须在三大革命运动的大风浪中站稳立场，紧紧依靠贫下中农，认真实行调查研究。张广庭要是能够在这场尖锐、复杂的阶级斗争中做到这些，是能够揭下西庄捂着的阶级斗争盖子的，成为一个坚定的革命者。

1969 年 3 月 11 日

这个月的粮食减少到每人毛粮 44 斤，不够吃。起初自己也想不通，为什么活重了粮反而倒减了呢？同学之间也是怨言纷纷。后来转念一想：只有不顾个人利益，才能把集体、国家、个人利益摆得正确。为了共产主义事业的实现，每天少吃些粮［食］又有什么不行呢？红军长征，每天行军打仗，啃树皮，嚼草根，哪个叫过一声苦呢？三年困难时期，欧阳海每顿只吃一碗饭，却仍然抢着干重活，这是多么值得我们学习的榜样啊！

1969 年 3 月 12 日

个人主义是万恶之源，归根结底又是一种肮脏的资产阶级思想。它为名、为利、为各个人，我们要坚决抛弃它，处处以工作为重，不计较个人得失。

1969 年 3 月 13 日

穷则思变，要干，要干革命。队里穷，生产上不去，于是大家想出了主意，在后条沟里筑一条［水］坝，闹［淤］出80 亩好地来。这需要极其艰苦的工作，但我们有信心、有决心搞起来。任何新生事物的成长都需要经过艰难曲折，一定要经得住种种失败、挫折的考验。

1969 年 3 月 14 日

我们6 个同学每人捐10 块钱，［用］来买架子车。这几天打窑洞，送粪使我们看到没有架子车不行。我们捐钱买生产工具，也是自力更生。

1969 年 3 月 15 日

晚上开会时，我们向生产队提出了建议，［即修水坝淤地］果然，群众中蕴藏着一种伟大的社会主义积极性，绝大多数社员都赞成打坝，明天就可以上报公社了。农村真是一个广阔的天地，大有作为！我们要用自己的双手改变农村暂时的落后面貌。

1969 年 3 月 16 日

过去，总以为我们几个干得不错，其实呢，山外还有山，和县里一些先进的知识青年小组比起来，我们还差得远呢！材料上表扬的这一桩桩先进事迹，哪一件不是我们学习的榜样？戒骄、戒躁、虚心、谨慎，才能继续前进。

1969 年 3 月 17 日

干活的时候，我推车运土，风沙很大，打在脸上生疼，眼睛都睁不开了。这时想起：只有在大风大浪里才能锻炼成长，这不仅是指政治上的风浪而言，天然的风浪也是一种锻炼。［我］想起过去在［北京］后海游泳破四级风浪前进［的事］；想起了在［北京］香山冒大雨爬山越岭的事。今天，又在大风沙中顶风推车，［这很］有意义。

1969 年 3 月 18 日

我们的调查研究做的太差了，偏听偏言严重，这样下去必定会栽跟头。还是要遵循毛主席的教导，做深入细致的调查研究，才能掌握真实情况。

1969 年 3 月 19 日

村里正流行着感冒，每家都有人病倒。我们拿出药来，帮助全村战胜疾病，同时感到农村的医疗卫生条件太差，我们同学当中如果有一个人学医就好了。

1969 年 3 月 20 日

离开家已经整整两个月了，在这两个月当中，发生了多么大的变化啊！从学校走上了祖国［建设］的第一线，直接为改变祖国一穷二白的落后面貌而奋斗。一改过去饭来张口，衣来伸手的状况，开始了劳动。生活条件艰苦了，但思想上［却］得到了不小的益处。

1969 年 3 月 21 日

毛主席的最新指示"要认真总结经验"发了。晚上，刚刚通过半导体收音机把它记录下来，就立即组织了社员们学习，钱明还照抄了许多份，散发了出去。

1969 年 3 月 22 日

小晶在吉林插队，戴伯成在工厂，其余同学也是天南海北，内蒙古、东北、陕西、山西、河北、河南哪儿都有。有的在工厂，有的在部队，有的在农村。总之，［大家］战斗在不同的［工作］岗位上，值得我们引以为豪的是：我们都在为人类历史上最伟大、光辉的共产主义事业而奋斗着！

1969 年 3 月 23 日

来到下熟畔已经整两个月，回想起来，在与工农相结合迈出的这第一步里，并不是没有动摇和反复的。有时也想，这样下去连一点学习时间都没有，怎么能行呢？有时甚至回想起家里那种舒适的生活来了。我现在实际上仍然是毛主席所说的"动摇的和空虚的"，仍然需要进行长期的思想改造。

1969 年 3 月 24 日

今天学会了耕地，轰着牛、扶着犁、吆喝着走过去，像个农民的样子了。

1969 年 3 月 25 日

前些日子搬土块时，总是竭力使土块不挨到自己的衣服上，生怕弄脏了［衣服］。可是一看社员们呢，却是毫不迟疑地搬起就走，丝毫没有我那种顾虑。"最干净的还是工人农民"，最近，我搬土块也不管它三七二十一了，拿起来就走。衣服脏了算什么？滚一身泥巴，才能炼一颗红心！

1969 年 3 月 26 日

妈妈的信里说：我们全家都是毛主席从火坑里里救出来的。确实是这样，妈妈十一二岁就在工厂当童工，几个姨或是当童工，或是给人当佣人；爸爸也是十五六岁就从家里跑出来参加革命，没有毛主席领导的革命的话，我们全家还不知道在哪儿呢！我要永远不忘本，跟着毛主席干一辈子革命。

1969 年 4 月 13 日

牢牢记住吧：真正的马克思列宁主义者是不为名，不为利，埋头苦干的。那些为了个人的名和利而"奋斗"的人是最可鄙的。

1969 年 4 月 14 日

穿上了贫下中农的老布鞋，脚跟站得稳，立场坚定，永远站在贫下中农这边。

1969 年 4 月 15 日

脚踩高山，放眼世界，身居土窑，胸怀天下。

1969 年 4 月 16 日

今天读到了林副主席的九大政治报告，林副主席的报告精辟地论述了毛主席对马列主义的发展，论述了毛主席在社会主义社会里，无产阶级专政条件下继续革命的光辉思想，总结了无产阶级"文化大革命"的宝贵经验。我一定要好好地、认真地学习这个政治报告，把自己在思想上提高一步。

1969 年 4 月 17 日

开生活会是个好办法，它使同学们畅所欲言，巩固团结。出现了问题，那么每个同学都有权召开生活会。今天的生活会上，大家对某些同学的错误提出了批评，并使他［们］认识、改正了错误。

1969 年 4 月 18 日

我们的粮食极度缺乏，每天都不得不吃大量的野菜、麦麸充饥，蒲公英、苦苣、裤子碗，牛辣子、狗苣、地软、荞麦芽都掺到饭里吃。生活是艰苦的，虽然每个同学都明显地消瘦了，但一想到毛主席在陕北时和群众同甘共苦，吃野菜玉米面糊糊，每个同学都很乐观、激动。

1969 年 4 月 19 日

我们知识青年小组被公社树为先进集体了，公社多次表扬了我们。这是贫下中农和上级对我们的信任和鼓励，我们继续努力保持这荣誉，取得更大成绩。

1969 年 4 月 20 日

我们掘地时，一个同学的手不小心碰破了，一个社员马上毫不犹豫地撕下自己衣服上的一块布替那个同学包了起来，这情景使我好半天激动得说不出话来。

1969 年 4 月 21 日

拉车是重活，我今天头一回拉车，又碰上上坡路，但我咬住牙坚持了下来。我要常常找一些重活来磨炼自己。

1969 年 4 月 22 日

今天掘地时，不小心将老撅砍到了腿上，顿时血流不止。但我只包了包，就继续掘地，坚持着掘完了地。

1969 年 4 月 23 日

经过几个月的实践，使我认识到：必须不间断地坚持学习毛主席著作，一天活干下来，不管有多累，也必须坚持着学几段毛主席著作，否则没有坚定正确的政治方向。

1969 年 4 月 24 日

今天我们 4 个人在上熟畔照了一张相，背景是窑洞，我们几个都显得比在北京时瘦多了。这张照片很有意义，今后一看到它，就会回想起这段战斗生活来。

1969 年 4 月 25 日

一个老大娘看到我的衣服破了，就拿去给我缝补。事后我才知道她是带病给我补的，我感动得说不出话来了。贫下中农就是我们的亲人。

1969 年 4 月 26 日

一个人做点好事并不难，难的是一辈子不做坏事，尤其是革命的朝气，保持下去就更难了。我们要不间断地努力，才能永葆革命的青春。

1969 年 4 月 27 日

今天，看见北边佳县老边区下来的一个要饭的，吹着唢呐，调子是《刘志丹》。我听到以后很不好受。

1969 年 4 月 28 日

要认识社会就要深入进去，接触、观察、分析一切人，获得尽可能多的感性认识。因此，走在路上碰见老乡，就要操着半生不熟的宜川话同他们拉话，获得不少生动、活泼的实际知识。

1969 年 4 月 29 日

今天背狼牙刺柴，累得够呛。这几天我拉肚子，虚得很，汗流得和水一样，从坡下背上来那 100 多斤重的一大捆狼牙刺柴，已经累得够呛，还要再走一里路才能回到村里。咬紧牙关，终于背了下来。

1969 年 4 月 30 日

读书必须分析，尤其是我们在农村，封建主义残余的影响就比资产阶级的思想影响大得多。因此，我们就必须分析一下，批判一些在农村流传着的带有封建主义毒素的典型东西。

1969 年 5 月 1 日

今天是五一劳动节，大家有生以来第一次在"劳动节"劳动，真是一个名副其实的"劳动节"。一边锄麦地，大家忍不住引吭高歌《全世界无产阶级联合起来》，嘹亮的歌声回荡在田野中。

1969 年 5 月 4 日

听了《五四运动五十年》的广播，我们在农村干下去的决心更大了，信心也更高了。50 年来，中国青年在毛主席指引的道路上做出了不少可歌可泣的革命事业［业绩］。现在，中国青年肩负着更伟大的历史使命，任重而道远，需要我们艰苦奋斗一辈子。

1969 年 5 月 15 日

下雨了，雨后的景色格外清新。一股股雾气由沟底升上来，遮住了沟对面的岭与村，却露出一棵大松树，在乱云飞渡中屹立。

1969 年 8 月 4 日

瓜果熟了，西瓜、香瓜（小瓜）、桃子、李子、沙果、苹果、梨，都熟了，走到哪里［顺手］摘上一个，又甜又脆。我们村里的瓜果又多，往往吃得我们肚子都疼了才罢休。

1969 年 8 月 10 日

这几天一直在锄地，玉米、糜子、谷子、豆子都长了起来。"东山的糜子，西山的谷，肩膀上的红旗手中的书。"塬上、坡上、沟里到处都是庄稼，煞是招人喜爱。我们看着这亲手栽种下的庄稼，更是打心眼里高兴。

1969 年 8 月 25 日

接到县里办学习班的通知，今天就到了县城。通知上说什么"交流经验"，报到以后，才知道是办流氓小偷的学习班，能斗得过他们吗？能办的出效果来吗？

1969 年 8 月 26 日

县［知识青年］安［置］办［公室］的同志召集我们开会，研究对付他们［即前文所指的流氓小偷］的办法。大家提出了很多可行的建议和措施，信心也有了。县革命委员会的意图原来是抓两头，用我们这些表现好的同学帮助那些犯了错误但还不够法办条件的同学，以此来肃清宜川［北京］学生的混乱状况。

1969 年 9 月 1 日

学习班快要结束了，这几天我还是有收获的，和一些同学真正交流了意见。另外，也了解了一些宜川的［北京］学生情况。最后，也搞清了一些流氓学生的情况。在学习班里，起初我不愿说话，不爱理那些流氓小偷，也不相信他们能改正错误。以后想：应当敢于斗争，而且人的变化也有外因的促成作用。所以会上也讲话了，介绍了我们村的同学学习主席著作的一些体会，也批判了无政府主义。

1969 年 9 月 2 日

学习班结束了，总结一下，这次学习班办的还是有效果的。两个犯了错误的同学真正认识到了自己的错误，只有两个"顽固不化"的［同学］。另一方面，好的同学们也受了一次"反面教育"，交流了经验。

1969 年 9 月 3 日

在县城碰上了桥德，他来为生产大队的合作医疗买药。他一个人拿不了［购买的药品］，我就放弃了坐汽车的打算，帮他背药步行回去。经过 8 个月的劳动锻炼，四五十斤的药箱子也不觉得重了。一路上说说笑笑地赶了回去，路经高树梁时，桥德还把他爹 30 多年前坚守高树梁的"交通站"的地方指给我看。

1969 年 9 月 10 日

腿上的疮拖了半年多没有好，家里知道以后着急了，给我打来电报，叫我回北京去治疗。我想：现在马上就要秋收了，怎么能在这个节骨眼上为了个人的事回北京去呢？在战争环境里战士们轻伤不下火线，我也要学习这种革命精神，在困难条件下坚持到底。

1969 年 9 月 12 日

北京慰问团来了！我们村一共来了 6 个，有解放军、工人和教师，这是毛主席和首都人民对我们的关怀。当时我们正在沟那凹锄地，一听到消息，就飞似的翻了两道梁。刚上了半条梁，一个慰问团的解放军［战士］就已经上来了，帮我们扛锄、拿包，一同回到窑里开了座谈会，同学们都很激动。社员们也把村里的大沙果摘了两篮子来欢迎客人，村里喜气洋洋的。

1969 年 9 月 27 日

今天下沟背谷子，累得上气不接下气，喘作一团，心里禁不住委屈起来。但一看旁边的宁大爷也在气喘吁吁地背着谷子上坡，况且比我还多背了一束，顿时惭愧了。连这点苦都吃不了，还怎么能成为无产阶级革命事业的接班人呢？吃大苦，才能耐大劳。

1969 年 10 月 1 日

今天，是我们伟大的社会主义祖国成立 20 周年大庆，同学们心里都有抑制不住的兴奋。早起，憋足了劲锄了一早晨草，马上跑回去听十一游行的实况转播。怀着深深的激动［心情］听完转播后，又跑了 20 里地，到公社去开庆祝会，我们大队的知识青年还唱了几支歌。

1969 年 10 月 19 日

秋收结束了，场也打了一半，家里来了电报说电影学院将要下放，同学们都决定回北京看看。今天，早晨起来我送走了年年，［家里］只剩我一个人，很孤独，一个人待在窑里又很寂寞。

1969 年 10 月 21 日

今天到了县城，要学习 3 天，才能去延安，在县城，一些熟识的同学又见了面，高兴劲就别提了！大家都盼望着快些动身到延安去。

1969 年 10 月 22 日

今天，由领队讲了注意事项，编了排、班，还组织了文宣队、通讯组、篮球队，下午就活动开了，闹得挺红火。

1969 年 10 月 23 日

一早起来就开始练队，到底在学校受过训练，稍一整顿，同学们在农村养成的散漫习惯就赶跑了。操场上，步伐整齐，口号嘹亮，同学们个个精神抖擞，情绪都很高昂。

1970 年 3 月 8 日

在窑洞的窗户上新贴了一张窗纸，再加窑洞外挂的几串红辣椒，扫得干干净净的院落，像个普普通通的陕北农舍了。

1970 年 3 月 9 日

这几天抓紧时间打柴，争取自力更生，在烧柴方面自给自足。

1970 年 3 月 10 日

向社员们做宣传，念报纸、文件，仍然操着北京学生腔是不行的，人家听不懂，也就减弱了兴趣。以后争取用宜川话来读，并且加上自己的解释。

1970 年 3 月 11 日

写了入团申请书，已经交上去了。虽然严格讲来，我距离一个共青团员［要求］还差得远。但我有信心，有决心来做到一个团员的标准，早日成为共青团员。

1970 年 3 月 12 日

我对同学有意见不敢提出，怕"影响"了团结。其实，在斗争中才能求团结，越是有话不说，却越要影响团结。

1970 年 3 月 13 日

列宁在西伯利亚流放时，把过去喜爱下棋的习惯也扔掉了。原因是"棋太迷人，影响工作"，我们也要学习列宁，把［玩］扑克、［下］象棋等没有意义的东西收起来。因为它们，我们一天本来就很少的学习时间［就更少了］。所以，必须收掉它。

1970 年 3 月 14 日

在一天劳动之余，为贫下中农服务，写个信，写个什么东西的，使我有时很晚才睡（因为每晚仍然要坚持学习）。但我办了这些事之后很高兴，能为贫下中农办点事就是我的乐趣。

1970 年 3 月 15 日

今天到上熟畔开会，开会回来已经后半晌了。本来想不干活了，反正队长也没吩咐，但是一想这是不对头的，就主动去打窑洞，结果由于我和年年的"窜道"，窑洞在今天终于打成了。根海说，若不是你们俩来，今天［要打完窑］就危险。我心里像吃了蜂蜜一样的甜，这就是劳动中的乐趣！

1970 年 3 月 16 日

今天［队长］分派活时有铡草、有淘粪，本来［我］想去铡草，但又一想，应当抢重担子挑，不应拈轻怕重，就决定去淘粪。这是在"私"字前打了一个胜仗。

1970 年 3 月 17 日

我的一个缺点是：遇到不顺心的事、不顺眼的事，马上就"牢骚满腹"，怨天尤人。遇到事情顺利，却又被"胜利冲昏头脑"，要改掉这个忽冷忽热的毛病。

1970 年 3 月 18 日

有些事情，必须全面地看，看主流，尤其是一些社员。光自以为是地把社员们的一些缺点看得一团漆黑，一无是处，不是辩证的，这种看法很有害处。

1970 年 3 月 19 日

今天拉车，我里面的棉毛衣都汗透了，拉完车以后，两腿都有些发软，咬住牙坚持下来。

1970 年 3 月 20 日

今天我学会了理发，可以更好地为群众服务了。过去，我对这些事很看不起，认为庸俗，没有必要在那上面耗费精力，现在则增长了实际的东西了。

1970 年 3 月 21 日

天寒地冻打地边埂又在塬上，冷得实在够呛，跑回窑里去穿了棉衣、棉裤。可是看到碌子不但没加衣服，反而连棉袄都脱下了干起来，我很惭愧。社员们说得很对：天冻冻得是闲人。

1970 年 3 月 22 日

今天修水利时，远远一望，到处都是修水利的人。西面是上熟畔人，南面是下熟畔人，东北面是宁园人。而且连一向都不出来干活的妇女也参加进去了，全体人民都行动起来了，为了给延安增光。

1970 年 3 月 23 日

对村里的一些错误现象，明知不对，也不敢去做原则性的斗争，而是怕得罪人，任其发展下去。张老师指出我的一个缺点就是：不敢在阶级斗争的风口浪尖上摔打，我要注意克服这个老毛病。

1970 年 3 月 24 日

今天到公社去开会，这是回来以后第一次去公社。一路走，一路和同学们回忆去年的情景。一想起去年，浑身就又有了力量，又有了勇气，我们决心在今年取得比去年更大的成绩。

1970 年 3 月 25 日

今天到新市河去挑红薯，虽然经过了一年的锻炼，担、背都能行了。但像今天这样担二十里路的长距离，却还是头一遭，尤其是上坡、下坡，很不好走。又受到一次锻炼。

1970 年 3 月 26 日

面对着农村的封建主义势力，我们拿不出什么办法来抵制。硬来，解决不了思想问题，但是就看着他们肆无忌惮地搞下去吗？谈心解决思想问题是不是能收到效果呢？

1970 年 3 月 27 日

最近，有一个不良倾向就是不太严肃，而且笑话说得太多了，思想方面的交流就冲淡了。我们应当严肃起来，（必要时当然也应活泼）要对当前的一些实际问题展开讨论。

1970 年 3 月 28 日

和年年拉了一车柴，从坡下慢慢上来，我们汗如雨下，拼着命拉了上来。生活是艰苦的，但我们［将柴车从坡下］拉上来以后，心里却非常愉快。我们在艰苦生活的磨炼中已经找到了乐趣。

1970 年 4 月 7 日

今天在公社开会，［北京］学生很多，其中虽然还是相当混乱，但必须承认，整个情况比去年是强多了。现在，很少听说哪儿的学生干坏事、不干活了。经过农村里好的思想的潜移默化，同学们也开始起变化了。再过一年，会有更大的不同。

1970 年 4 月 8 日

我已经满 17 周岁了，想起在北京，还有一个小孩叫我"叔叔"，真是又好笑、又引人深思。到了这个年龄，已经是决定这一辈子做一个什么样的人，怎样做人的大问题的时候了。我决心要做一个有益于人民的人。

1970 年 4 月 9 日

看到延安地区赴京汇报工作的文件，顿觉精神振奋，心花怒放。延安地区的各项工作，包括知识青年工作，将有一个新的飞跃。感谢党中央和毛主席的关怀，感谢首都人民的热情支援，我们一定勤奋工作，绝不辜负中央、首都人民对我们的期望。

1970 年 4 月 10 日

盼望以已久的春雨下来了，早晨起来一看，杏花也开了，空气格外清新，不禁想起了杜甫的诗《春夜喜雨》，"好雨知时节，当春乃发生。随风潜入夜，润物细无声。野径云俱黑，江船火独明。晓看红湿处，花重锦官城。"

1970 年 4 月 11 日

今天收工后，我们又每人打了一束柴。这时天已经黑了，刮着很大的西北风，又冻又饿。我们唱起了《高举革命大旗》，"我们年轻人，有颗火热的心，革命时代当尖兵……"歌声在黑暗的大地上飘荡着，我们也浑身充满了斗争的力量。

1970 年 4 月 12 日

我的老镢很重，去年都有点抡不动，今年放在手里，却上下自如，得心应手，除了拌地以外，无论掏生地、掏熟地都很得劲。目前，我们正在锻炼，就应该用重家具，贪图安逸是不行的。

1970 年 4 月 13 日

朱解人来了，交谈后对我有些帮助：1. 学习应当有个重点；2. 多发挥一些知识青年应起的作用，要敢于向不良现象作斗争；3. 小组里的同学们的团结一定要加强。

1970 年 4 月 14 日

弄来了一个猪娃，也想养猪。我们自己动手修了猪圈，学着喂猪，觉得很有意思。去年由于我们太懒，许多事情都没有做。所以，今年许多事是头一遭做。

1970 年 4 月 24 日

今天锄麦地，比去年强得多了。吃了早饭到天黑，一人都锄了二亩半。

1970 年 4 月 25 日

在沟南凹种玉米，过些日子，就可以看见亲手种下的玉米发芽、长叶、开花、结果了。这才是劳动真正的乐趣。

1970 年 4 月 26 日

在公社办学习班的也散了会，干劲是比县里差得多了，基层干部基本上没有什么触动，这怎么能行呢？这次决不能像过去那样虎头蛇尾。可是，我们却拿不出什么办法来解决这个问题。

1970 年 4 月 27 日

因为小学教员有事，叫我代一天课。我本想，自己刚走出校门一年，还教得了别人？后来又一想：要敢于挑重担，再说，实践实践小学教员如何当也好。今天上课还是比较成功的，另外，同学们没有叫我老师，也使我很满意。如果那样，就叫人太不好意思了。

1970 年 4 月 28 日

碌子妈去世了，这是一位好老大娘。她从 34 岁就守寡，把三个儿子拉扯大，却又都参加革命工作，先后离开了家。在她三儿子不幸因公殉职时，她没有被这种沉重的打击压倒，反而更坚决地支持儿子们要安心在外面工作。对我们也总是像对自己的孩子一样关怀、照料，帮我们做饭、缝补衣服是常事。来串门时总是给这个同学一些枣，那个同学一些软糜子蛋蛋子、炒黄豆、玉米花。对于她老人家的死，我们是非常悲痛的。要化悲痛为力量，努力多生产，以实际行动纪念老人家。

1970 年 4 月 29 日

为碌子妈开了追悼会，这是农村的一种新生事物。虽然许多守旧的人激烈反对，但终于在碌子本人的坚持下，[追悼会]成功地开了。追悼会上学习了毛主席的《为人民服务》，我们致追悼词，会开得还是成功的。

1970 年 4 月 30 日

又教了一天学，小同学的学习精神也教育了我，使我真正体会到毛主席的"教育者要先受教育"的思想，就在这些小同学身上，也有着许多优秀品质，值得我们学习。学校的条件差，二、四、六年级在一个教室上课，只好在一个年级上课的时候，另一个年级去背书或写字。没有足够的纸张，小同学们就跑到教室外的土地上去写字。大太阳正当头，晒得人受不了，但他们仍然坚持着写下去，学习态度的认真使我非常感动。

1970 年 6 月 5 日

今天，听到北京支援延安物资的消息。给每个公社两台大拖拉机，一部电影放映机，一个大队一台手扶拖拉机，一部三用半导体，已经快来了，心里非常高兴。"农业的根本出路在于机械化"，有了这些机器，再加上我们的自力更生，艰苦奋斗的精神，陕北的落后面貌就可以改变。瞻念前途，宽广无量！

1970 年 6 月 6 日

天下大雨，正是学习的好时机，平常读书时间不多，今天可以"放展"［陕北方言，意思是放开、尽兴。］。有人说没有学习时间，这实际上是偷懒的一种借口。要学习，就必须"挤"和"钻"，抓紧一切时间。

1970 年 6 月 7 日

胸怀一定要开阔，眼光一定要远大。百折不回的顽强毅力，吃大苦、耐大劳的革命精神，实事求是的科学态度，这就是我今后要注意做到的，也即努力方向。

1970 年 6 月 8 日

今天到新市河抬电线杆，要抬的路有几十里远，两个人抬一根都很费劲。上坡时累得汗如雨下……克服种种困难，终于把电线杆抬到了指定地点。虽然又疲又乏，但心里很高兴，又受了一次锻炼。

1970 年 6 月 9 日

昨天过河时，由于水深，均羊过不去，我好意背他，不料走了几步，［我俩］就一起绊倒在水里，两个人都湿了。均羊觉得对不起我，我想：这又有什么呢？衣服湿了可以干，但为人民服务的精神却永远要发扬光大。

1970 年 6 月 10 日

最近，由于自己的小资产阶级动摇性在作怪，活一重，许多活动，如搞宣传、组织学习等就都放松了，这实际上是革命的信心有所动摇。这样下去，由小到大是很危险的，学习了主席的教导，看清了形势，增强了信心和决心，一定要坚持下去！

1970 年 6 月 11 日

对待落后的人们应当采取什么态度？过去，自己对这个问题的态度是不太正确的，不是为了把工作搞好去主动接近他们，帮助他们共同前进，而是抱着"敬而远之"的态度，根本不理他们。例如对上熟畔的同学，这是不对的。今后，我要时刻用毛主席提出的接班人五项条件来鞭策自己，衡量自己，为了把工作做好，去团结一切可以团结的同学共同进步。

1970 年 6 月 12 日

看到曹家庄那个要饭的到我们村来要饭，心里很不是滋味。我们的祖国还不是十全十美的，还需要我们这一代青年人继续艰苦奋斗，［把祖国］建设得富强起来。我们一定要把社会主义革命进行到底！

1970 年 6 月 13 日

准备开展扫盲学习、小评论等活动。农村的工作真是一个接一个，有些"应接不暇"了。但只要我们时刻准备不忘学习毛主席著作，时刻按毛主席的指示办事，就一定能把工作搞好。注意：时刻不忘带着问题学习毛主席著作。

1970 年 6 月 14 日

早晨，接到通知，到壶口去开现场会，吃了饭就出发了。在公社，看到我们知识青年小组的材料已经由公社印了出来，使我感到必须继续进步，做出更大的成绩来。否则，就辜负了贫下中农和上级领导同志对我们的期望。要牢牢记住："虚心使人进步，骄傲使人落后"这个真理。

1970 年 6 月 15 日

今天，我就动身到壶口公社所在地桑柏去，翻山越岭 40里地，在天黑之前赶到桑柏。晚上没有什么事，走了几十里山路，有些累，本想倒头就睡，但想起自己订的学习制度，必须严格遵守，就坚持着又读了一个小时的毛主席著作。

1970 年 6 月 16 日

今天早晨，"宜川县革命委员会知识青年再教育工作壶口现场会"在热烈的氛围中开幕了。县革委会主任霍振义同志致开幕词，接着地区革委会的同志，壶口驻军的同志都宣读了给大会的贺信。接着宣读中共中央批转、毛主席批示"照办"的 26 号文件，听完以后觉得很受鼓舞，觉得毛主席对我们革命知识青年太关怀了！我们一定按照文件中对知识青年提出的要求，做三大革命运动中的生力军，在农村扎下根来。

1970 年 6 月 17 日

今天，我们到水南村去参观水南知识青年小组。一进村，就觉得有一股落实、宣传"复电"［精神］［即毛主席 1949 年 10 月给延安和陕甘宁边区的复电］的热烈气氛。［我们］看了水南［村北京］同学自己打的窑洞、种的试验田、办的小学校，还看了他们演出的节目。［参观］结束以后，我们几个还和他们一起聊了一会，觉得很受启发。他们发动群众一起搞工作，这条经验特别值得我们学习。另外，还有团结问题等等，都值得我们好好学习。总之，水南知识青年小组是我们知识青年小组今后学习的好榜样。

1970 年 6 月 25 日

这几天，我认识到：必须不断地改造思想，才能不断地取得思想上的进步。否则，不进则退，稍一放松，思想就往下滑，就退步。

1970 年 6 月 26 日

要真正树立起无产阶级世界观，就必须一切从革命利益、最大多数的人民利益着眼，一定要克服遇事考虑个人得失的坏习气。虽然经过一年多的插队锻炼，［自己］已经克服了不少，但总是没有绝根，这就是因为在我头脑中还没有树立起无产阶级的世界观。今后时时处处都要先以革命利益着想，彻底抛弃资产阶级肮脏腐朽的个人主义。

1970 年 6 月 27 日

今天，在上熟畔开会，我被补选为大队革命委员会委员，这是上级和群众对我的信任，同时也是对我的鞭策。自己肩上的担子更重了，这就需要更加认真地刻苦地学习马列主义、毛泽东思想，把学习毛主席著作放在生活第一需要的地位。另外注意坚持群众路线，继续保持谦虚、谨慎、戒骄、戒躁的作风。诚恳地请同学们给我提意见，帮助我改正缺点和错误，把工作做好。

1970 年 6 月 28 日

［我们知青小组的两位］女同学耕地、纳粪，这是一件很了不起的新生事物。这说明，她们俩思想革命化做得好，对劳动有正确的认识。这种不怕苦、不怕累的革命精神是值得我认真学习的。

1970 年 6 月 29 日

村里的麦子已经基本割完了，但大队里高家顶生产队的麦子还有不少没有割完，他们希望我们生产队派些人支援他们割麦。许多人本位主义思想发作，不愿帮助人家抢收，但大部分社员是通情达理的，愿意发扬共产主义的协作精神。最后，还是碌子带了 4 个社员去了。

1970 年 6 月 30 日

后晌，山雨欲来风满楼，倾盆大雨眼看就要下来了，我和队长这时正在井上吊水，队长首先想到的是队里放在地里的纳粪屹崂［一种农具］，马上不顾自己的水，先去放好它，这种先公后私的精神，是值得我们学习的。这件事再次证明：接受贫下中农再教育，是必须自觉、主动的。

1970 年 7 月 16 日

接连两天晚上又看了场［农村过去脱粒、晾晒小麦等农作物专用广场，夏、秋收季节，因大量堆放粮食，所以需人守夜看护］，晚上睡不好，白天还是那样鼓劲干活，有些吃不消。但一想自己什么时候都不应先考虑个人得失，而把革命利益放在首位，要多为同志们着想，只有吃大苦，才能耐大劳，坚持下去吧。

1970 年 7 月 17 日

今天，驻县的老李同志到我们村来了，上级的关怀使同学们很激动，我们要拿出更大的干劲，把工作搞得更好。

1970 年 7 月 18 日

由于村里的牲口少，公粮只好用人来背一部分了。我们每人背了 50 多斤，跋山涉水 20 里，终于把粮食背到了新市河。到新市河以后，衣服、裤子都［被］汗［湿］透了。我想，劳动人民的粮食真是来之不易，从种到收这些种种辛苦都不说，只是往［国家］仓库交粮这一道手续就这么艰辛！我今天觉得浪费粮食的人是多么可耻。

1970 年 7 月 19 日

今天，我们还是往新市河背粮，发扬连续作战的作风，能受到更大的锻炼。一路上，今天比昨天更艰难，但我们想起当年红军战士在井冈山挑大米，想起八路军战士在南泥湾开菜地，想起抗大学员在豹子湾百里背粮，我们顿觉干劲倍增。吃早饭前，就赶到了新市河。

1970 年 7 月 20 日

今天早晨，钱明要走了，我帮他背着行李，送上了高树梁。我们紧紧握着手，依依惜别，目送着他下了梁，我才转身往回走。我想，我们革命者就是一切要听从党的安排，哪里需要就在哪里扎根。

1970 年 7 月 21 日

接到召开县学代会［这是口语，应该是下乡插队知识青年代表会，在延安各地，群众当时都将下乡插队的北京知青称为"北京学生"〕的通知，不知为什么叫我提前几天去。我早晨起来就走，爬了一道梁、翻两道沟、趟 12 道河，下午两点钟就到了县城。现在，一天跑 70 里地〔对我来说〕是很轻松的。

1970 年 7 月 22 日

今天才知道，提前到县里的同学都是为第二次学代会做准备，开一个预备会，准备各人的讲用材料。我过去就不愿意讲，总认为一个青年人应该实干一些，讲得太多就是"夸夸其谈"。这种想法实际上也是片面的，我们要树立"为革命而讲用"的思想，宣传毛泽东思想，歌颂毛泽东思想。

1970 年 7 月 23 日

今天在小组会上试讲了一次，材料准备得还是很差劲，很不够，还得下下功夫。

1970 年 8 月 19 日

今天觉得病已经好了，看着病房里脏得不像话，一直没人打扫，自己就想动手打扫打扫，却心有余而力不足，一直起不来。今天，病好了，就拿起笤帚扫了个干净。由于虚弱，扫完后出了一身汗。但病房里干干净净的，心里非常高兴。

1970 年 8 月 20 日

今天，走了 10 里地到桥儿沟去了一趟，桥儿沟是鲁迅艺术文学院旧址，是父亲当年的母校，早就想去看看，今天终于得到了机会。出了城往东沿着大路走 10 里就是桥儿沟，这儿有一座教堂，是当年鲁艺的教室，村里广场上的几排旧石窑洞就是鲁艺当年的校舍。我在里面转了几圈，就与一个坐在路边上休息的老乡攀谈起来。当我向他询问当年鲁艺的情况时，他给我介绍了鲁艺当年打下的窑洞、种过的地，最后深有感情地说："鲁艺的人自那年走后就再没有回来。"我站在鲁艺学员当年打下的窑洞前，心里非常激动，父亲到延安的时候，也就是我这个年纪，十七八岁，是吃小米，喝延河水成长起来的。在毛主席的雨露阳光下，打窑洞、纺线、开菜地、大生产、自力更生、艰苦奋斗，终于锻炼成了坚定的革命者。而今，我们就是要发扬这种精神，这股劲，革命加拼命，为建设好延安而奋斗。

1970 年 8 月 21 日

总算出院了。和一个佳县的社员聊天。他是佳县乌龙铺的，这个村有 900 户人，3000 多口，但每年［每人］交公粮 200 斤，购粮 40 斤，还总是完不成任务，每年都要吃国家返销粮。生活艰苦，每口人每年只有 100 斤的粮食。为什么呢？我分析有这样几个原因：一、大叛徒、大内奸、大工贼刘少奇特别是他在陕北的代理人的破坏；二、社员头脑中的根深蒂固的极其严重的自私自利；三、自然条件极差。但陕北人民对毛主席感情很深，就拿这个社员来说吧！才 31 岁，但已经在 9 岁时见过路过乌龙铺的毛主席了，并且留下了很深的印象。陕北人民一定会使陕北改旧貌，换新天！

1970 年 8 月 22 日

今天，从延安启程回宜川。出来开会已有一个月了，急切地想见到同志们，归心似箭。中午到了新市河，步行 40 里地赶到了公社，汇报了会议精神，准备传达。

1970 年 8 月 31 日

下雨天，正是学习的好机会，今天趁下雨的功夫，又读了一天书。农村学习时间似乎很少，但只要抓得紧，还是有很多时间可以利用的，主要取决于自己的态度。

1970 年 9 月 1 日

盼望了多时的雨终于下来了，这一下麦子可以种上了。今年计划耧播一些，粪上得也普遍比去年多。耕作、播种都有进步，争取明年麦子能得个好收成。

1970 年 9 月 2 日

经过思想斗争，现在我可以毫不犹豫地说：我决心在农村干一辈子革命！虽然以后还可能经过许多反复、动摇。但我有决心在农村这片广阔天地中，在改造世界的斗争中干一辈子革命，誓叫落后、贫穷的农村变成共产主义的人间乐园。

1970 年 9 月 3 日

一连纳了五六天粪，[陕北农村的一种农业生产方式，将装粪专用工具挂在胸前，用双手将里面的粪均匀地撒在刚播下种子的垅沟里，是一种农业技术活〕，今天又背上粪屹崂，有些吃不住劲了。有人说"拿粪能把人拿败"，但我想，用毛泽东思想武装起来的人，刀山敢上，火海敢闯，何况干这点苦活累活呢？拿下去，不拿到种完麦不罢休！

1970 年 9 月 4 日

我们的试验田种上了，是参加小麦丰产试验的，〔科研小组〕有我们 5 名北京插队青年和五名〔当地〕农村青年。大家干劲是有的，改变农村落后面貌的决心也是有的，都决心打响这头一炮，争取丰产田每亩能产达到 250 斤。今天并没有试验记录。

1970 年 9 月 5 日

今天，又与同学发生了一场"论战"。我总是改不了这个习惯，可是听到自己认为的"原则问题"，就绝不后退一步，一定要弄个水落石出，辨清楚真理究竟在谁手里。小事马马虎虎，不去计较，原则问题则不能糊涂，就是破了面子也绝不放过。我觉得自己这样做，并没有错，难道能够容忍错误思想毒害同志的灵魂？虽然同志们暂时不理解，但以后是会明白的。

1970 年 9 月 6 日

今天，我们大队的团组织过了一次组织生活，大队里原来只有 9 名团员，这回招工，被召去 3 名。趁这三位同志未走时过这次组织生活，显然是很有意义的。留在农村的同志，即将到延安当工人的同志们一起学习了党中央的"关于整团建团"

的重要文件，学习了九届二中全会公报。最后，又在一起讨论了大队团支部工作的不足，对即将奔赴工业战线的同学们的希望。大家一致表示：无论站在什么岗位上，都要时刻记住，自己是一个共青团员！时刻记住共青团员应起的作用。

1970 年 9 月 7 日

今年的秋庄稼又不好，村里人已经担心明年前半年怎么办，看到这种现象，我心里很不是滋味。社员们辛辛苦苦地劳动了一年，［自己］却还要出几十元的粮钱，而且出了粮钱还是不够吃，只好用打酸枣核、卖药材弄来的一点钱买高价粮……看到这些，应该激励我们更加努力地改变农村的落后面貌，更加加强我们的决心，争取在今后的几年里实现粮食的自给，并给国家作更多的贡献。

1970 年 9 月 8 日

今天到公社去看几个就要到延安当工人的同学，我对他们说：希望他们无论走到哪里，干什么工作，都永远不要忘记陕北的贫下中农，不要忘记农村的艰苦生活，不要忘记在农村度过的这段有意义的生活。这样，才能永远和贫下中农连心，时刻想到人民、贫下中农的利益，时刻站在最前线！

1970 年 9 月 9 日

我与年年、家琪之间的空气越来越紧张了。我们之间生活上没有任何问题，主要是思想上的分歧，我们的思想方法似乎不同。因此，对村里的人、事也好，对一些严肃的问题也好，总是统一不起来了。他们俩平时不与我说话，我去找他们谈心，则不是争论［不休］，就是谈不到一块去，弄得很僵，搞得我也毫无办法。我想，让时间来冲淡我们之间的分歧，消除我们的隔阂，证明我们谁是谁非吧。我决定到英旺去做一个月的工，暂时避开。

1970 年 9 月 10 日

今天启程到英旺去做工，赶上毛驴驮着行李赶路，这还是第一次。走了一天，在傍晚时分到了宜川城，听说钱［明］从梅七线［工地］回到县城，于是不顾疲劳跑了几个地方，却没有找到。

1970 年 9 月 11 日

见到了钱明！虽然分别只有一个半月，但由于这一个多月情况变化很大，因此一见面就有千言万语想说。可惜时间有限，他要赶着去检查身体，我着急到英旺去换工，结果只把分别后的情况谈了谈，就分手了。不要紧，革命道路还长着呢，只要我们是为了共同的目标而奋斗，就永远是亲密无间的同志。

1970 年 9 月 12 日

县城里北京插队青年云集，一批又一批熟识的，当工人的同学坐汽车奔赴了新的战斗岗位。我在送走了又一批同学之后，心里好像缺了点什么东西……我们这些留下的同志，应该担起走了的同志们的担子，更加努力地学习和工作。

1970 年 9 月 13 日

到了英旺公社的茹坪工地，任务是修公路。但是刚到茹坪，工地的管理员却不收我的面粉，指导员说连长强俊秀不在，不敢擅自收知识青年做工，弄得非常不舒服。知识青年为什么要受歧视？大多数知识青年总是革命的，胡作非为的只是个别。为什么不问青红皂白，一律否定？到最后，我把在路上碰见强俊秀同志，老强对我说的话搬出来，［工地］才勉强收下了我。

1970 年 9 月 14 日

刚到茹坪天就下起雨来，没有出工，在窑里看了一天书，和工员们还没有开始什么接触，只是觉得，工员们都用一种异样的、怀疑的眼光看着我。为什么会这样呢？原来，前些日子我们大队的学生马崇生刚刚在这儿做工，因为胡作非为被赶了回去。所以，形成了工员对学生的片面看法。我想，我的实际行动可以证明我是一个什么样的人，工员们是会看得清楚的。

1970 年 9 月 15 日

到石村坡去了一趟，多日不见，高合、海河等同学都很好，他们村当工人的同学还没有走，8 个同学还是热热闹闹的。今天是八月十五，正好吃肉，在这儿过节。

1970 年 9 月 16 日

今天雨终于停了，我开始上工了。我想，自己是青年人，又是共青团员，应该挑重担子、挑重活干。于是，拉了一天车子就没换人。我应该用实际行动来带动大家，谨防指手画脚。

1970 年 9 月 17 日

做工是学习的好时机，每天上工迟，收工早，时间非常充裕。我抓紧时机学习，与工员们商量好，窑里只有两盏灯，我用一盏，每天读书到深夜，十分满意。

1970 年 9 月 18 日

天总是下雨下个不停，阴雨连绵的八月又到来了。我们刚刚修得平平整整的公路上又［被汽车］碾出几条大沟，得费双倍的力气去修补。眼看着自己的劳动果实被糟践了，心里很不是味。

1970 年 9 月 19 日

今天在工地上发生了一件事情：一个青年人干活不鼓劲，立在那儿半会才懒洋洋地铲上一锨土，一位贫农积极分子看不过去了，批评了那位年轻人了几句，那小伙子不但不接受批评，反而强词夺理地攻击那位贫下中农积极分子。这时，旁边看的人不管是非，纷纷地劝他们，当和事老。有人甚至帮那小伙子说话，我心里十分气愤，但也不敢上前"多嘴"。回宿舍后我心里一直在想，为什么自己不敢站出来主持正义呢？当年的造反精神哪里去了？在农村一方面要接受再教育，另外，也要注意不受坏影响。

1970 年 9 月 20 日

同窑里住着一个聋子，但过去在延安上过西北党校，认识字。于是，我和他进行了一场"笔谈"，谈到他的经历：到延安、上西北党校、见毛主席……他很后悔因为自己的耳朵聋了，失去了工作、学习的机会。同窑住的工员们都很歧视他，我却对他有好感，充满了同情。

1970 年 9 月 21 日

今天，我到山中去打柴，这是真正的深山老林。在山顶的林中空地上，我打好了一束柴，一边欣赏这雨后初晴的美景，一边吃着各种各样的野果子。我联想到有多少革命者曾经在这样的地方风餐露宿，艰苦奋战，才换得了今天的大好河山。如今，我们虽然不必在这里生活了，但这样的革命精神必须存在，必须鼓舞我们勇往直前。

1970 年 9 月 22 日

许多工员不顾国家政策大砍大折树木，做镢把、锄把、锨把、水担。甚至有人把一丈多长的柏树都偷偷地抬回来截断做水桶。我想：这简直太不像话了，自己决不能迎合这股歪风，也大搞起来。

1970 年 9 月 23 日

工地上，许多民工都是懒懒散散的，五分钟挖不了两锨土。我想起今年 4 月朱解人说的工地上的情景和现在一模一样，与我在小说里、荧幕中、舞台上想象里的社会主义建设工地，差得不知有多么远！群众的积极性远没有发挥出来。

1970 年 9 月 24 日

今天，灶上因蒸给民工们补助的白馍，又引起了一场风波。每个民工补助的白面是一斤半，但是蒸出来后，有人一称，仍然是一斤半。难道就不吃水吗？民工们议论纷纷，十分气愤。在群众的压力下，管理员不得不说还有 7 斤多白面没有蒸，马上给大家补上，这更加引起了民工的怀疑。才一追，就追出 7 斤面，鬼还不定有多大呢？我联想到长久以来传说的灶上管理员克扣民工的面粉的事，心里也充满了怀疑。

1970 年 9 月 25 日

群众和工地领导委托我和一位社员查［民工灶的］账，我从来没学过这一行，又不会打算盘，心里有些畏难情绪。但想起贫下中农的期望、工地领导的信任，就勇敢地担起了这副担子。一定查个水落石出。

1970 年 9 月 26 日

账查完了，账面上没有问题。但群众都反映，问题很明显，是在管理员出面时捣了鬼。当场有工员要试验一下，看一斤玉米面究竟能吃多少水？管理员和伙夫都支支吾吾，不敢试验，我看他们心里一定有鬼。工地领导不在，公路又修成了，可能马上搬迁，暂时把这件事放下，等到了史村沟再说。

1970 年 9 月 27 日

公路修好了，富（县）——宜（川）公路顺利通车了！
我们站在自己付出了辛勤劳动的地方，看着一辆辆从富县开过
来的客车、货车，心情格外兴奋。伟大的社会主义的祖国啊！
我们又为你的繁荣、富强贡献了一份力量！

1970 年 10 月 5 日

今天，我们修那几面烂窑，我学会了做泥水匠。担水、和
泥由我一个人搞，忙得团团转。傍晚，看到这一面面能住人的
窑洞时，劳动者的愉快充满了心间。

1970 年 10 月 6 日

晚上，到史村塬上去看电视纪录片《智取威虎山》。在北
京时，曾经多少次看过这出京剧，但是那是在北京的大剧场
里。今天，是在深山沟里冒着严寒之夜，感受就更加深刻了。

1970 年 10 月 7 日

帮助生产队收割了一天的庄稼，割糜子、拔荞麦，结果，
两晌就干完了原订由我们干一天的活儿。生产队的社员们都很
感谢，请我们吃了两顿家常饭。

1970 年 10 月 9 日

得到了钱明他们已经到了铜川三号信箱的消息，心里有些
沉闷。在一起多年的学友、战友、志同道合的同志，到现在终

于真的分手了。钱明是我几个真正志同道合的同志之一，他到工厂，可以使我们更加广泛地认识、观察社会，更加加深对毛泽东思想的认识和理解，是很有益处的。我们在不同的战线上为祖国贡献着力量，不应当沉闷，只应当更加振奋。

1970 年 10 月 10 日

一辆解放军的汽车出了故障，停在我们窑前修理。夜里，车上还有两位同志守在车上看车。解放军同志，为了保卫祖国，为了全国人民，在严寒中仍然坚持在汽车上，民工们都十分感动，纷纷自动地把自己的被褥拿出去，送到车上……军民团结如一人，试看天下谁能敌?

1970 年 10 月 11 日

今天发生了一件非常令人气愤的事。生产队给我们送来了七八十斤红薯，送红薯的人都对我们说了，但回去吃饭时，[红薯] 只剩下 55 斤了。民工们议论纷纷，都怀疑管理员从中克扣了。当时我还不大相信，结果今天从连部的废灶坑中发现了许多又大、又红的好红薯。事情很明显，是管理员偷吃了红薯。这时，我非常愤慨，社员们每天抽工余时间帮生产队收庄稼，生产队送来的红薯，却被根本没帮助收庄稼的管理员和伙夫藏着吃了，这太说不过去了。况且，社员们怀疑管理员偷面粉也有了根据——连一点红薯都不放过，何况是面粉、伙食费呢? 社会主义社会容不得寄生虫与吸血鬼! 在新资产阶级分子面前必须斗争。我决心做贫下中农的忠实代言人，坚决与贪污现象做斗争!

1970 年 11 月 29 日

征兵开始了，我也报了名。为了保卫祖国、保卫人民，我坚决要求参加中国人民解放军，但批不准的思想准备我也作了，反正干什么都是干革命。

1970 年 11 月 30 日

干了一天活后，社员们见我干活还是那样大刀阔斧的，都说我这样做得对，应该保持劳动者的本色。

1970 年 12 月 1 日

今天还是修水利运粪。今年，我们村粮食平均每个人分了330 多斤，我们知识青年加上分粮达到了 460 多斤，比去年多了几十斤。许多村因为今年的灾害减了产，但我们村却增了产，这是因为，我们坚持了学大寨运动。今年我们要继续去年的农田水利基本建设，在明年取得更大丰收。

1970 年 12 月 2 日

北京同学又都开始回北京了。我想今年留在村里与贫下中农共同苦战一冬天，争取把坝打成。至于别人的劝说，家里的私事是不应该理会的，一切应当从革命利益出发。

1970 年 12 月 3 日

与大队蹲点干部赵世龙同志谈了一阵，聊到半夜，很投机。老赵同志与一般的地方干部不大相同，他求知欲很强，知识也很广泛，处人处事的观点是正确的，虽然有病，却充满着青年人的朝气。他的一条重要经验是：对党对人民一定要忠诚老实，在日常工作中要勤勤恳恳。

1970 年 12 月 4 日

明天，就要到公社目测去了。今年征兵，自己眼睛虽不好，但决心很大，身体没问题，家庭出身好，估计是有希望的。因此要及早地做好思想准备，参加中国人民解放军。

1970 年 12 月 5 日

今天，在公社目测，自己测上了。这回全公社共有 8 名同学参加目测，测上了 6 名。我觉得有些同学的想法是不对头的，不是想着去保卫祖国、去打仗，而是打算去当一个和平兵。吃得好，穿得好，生活比农村舒适，多么狭隘呀！这样的人到部队的目的不纯，到了战场上就会临阵退却。只有树立起以鲜血和生命保卫祖国的决心，才能在战场上英勇杀敌，勇往直前！

1970 年 12 月 6 日

村里有些人嫌给解放军卖的菜价钱太低了，我对他们说：请想想解放以前国民党军队逼粮草、逼租税是什么样子吧，那时候，国民党反动军队不但不给钱，稍不遂意，还要把你吊打一顿……今天，人民子弟兵解放军买菜，价钱公平，按市价收购，但我们还嫌钱少，不如黑市上价高，这是一种什么思想？社员们也都把新中国成立前国民党反动军队敲诈勒索的罪行控诉了一阵子。结果，那个嫌钱少的社员承认自己是忘了本，中了毒。通过这件事，我们大家都提高了思想［觉悟］。

1970 年 12 月 7 日

今年，我们知识青年小组的同学每人平均分了 35 元钱，（秋季），我把那份钱借给了［本村社员］柏珠子。贫下中农的困难，我们是不能袖手旁观的。自己家庭经济状况很好，又不缺那几个钱花，而把这钱借给欠钱的困难户，就能解决了其很大一部分问题，因此自己觉得应该这样做。

1970 年 12 月 8 日

我觉得，订规划必须按照毛主席所说的发动群众，留有充分余地。而现在的县社领导同志却不是这样做的，他们只是宣布在 1972 年粮食亩产全部要上"纲要"，却拿不出什么措施。计划订得这样紧［指指标定得过高］，完不成的话就又失了信，背包袱。我们要充分发动群众，真正说到做到，留有充分余地。

1970 年 12 月 9 日

今天，在新市河检查身体，我顺利地通过了各关。我最担心的眼睛也没出问题，透视结果虽然没说，但我肯定没什么问题。这回当兵是有六七成把握了，最后一关，就是家里能不能及时把信寄来。

1970 年 12 月 10 日

盼望已久的雪终于下来了，虽然不太大，但对麦子的好处却是不小的。什么时候，我们能够彻底打破靠天吃饭的现象，冬天不怕不下雪，夏天不怕不下雨，无论什么气候都能取得丰收呢？

1970 年 12 月 11 日

遇见徐尚武，谈到他们村同学的情况，他很苦恼，尚武也经历着我前两个月所经历的事情，同学之间有分歧意见，闹不团结，尚武做了不小的努力，但收效不大。他们正准备着开整风运动，扫除掉歪风邪气，重新团结起来。我向他说了我的教训，希望他们能撤掉成见，团结一致。

1970 年 12 月 12 日

压了一天铡子把，还是很轻松。记得两年前刚到农村时铡草，压不了几下就压不动了，经过两年的锻炼，劳动基本上过关了。思想呢？也应该总结一下。以求在第三年取得更大的收获。

1970 年 12 月 13 日

公社通知我们大队，要了解我的情况。看来，我这次参军入伍是十有八九了。但更重要的是做好思想准备，如果这次参军不成，就继续安心地在农村中学习、劳动，不受丝毫影响。

1970 年 12 月 14 日

到公社去了一趟，武装干部不告诉我能否批准，只说看我父母单位的证明信能不能及时送来，如果能及时送来的话，录取是不成问题的。但如果按期来不了，就不行了。直到今天，我的心才不安了。

1970 年 12 月 16 日

驻队干部老赵同志来了，他告诉我当兵已经被批准了，马上就要送通知书了，叫我赶快做准备。盼望已久的理想终于实现了！自己就要成为一个光荣的革命战士了！

1970 年 12 月 17 日

今天我仍然扛起老镢到水利工地干活，队长、社员们都劝我在家里歇一歇，收拾收拾东西，不要来干活了。我想过几天再收拾东西还来得及，今天应该再干一天活，站好最后一班岗。一想到我就要离开农村了，干活就格外出力，砸了一天石子。

1970 年 12 月 18 日

下沟去驮水，心里充满着激情，望着这一道道山梁、一面面坡，想着两年来在农村接受贫下中农再教育的一件件往事，再想到马上就要离开这熟悉的地方了，也很不是滋味。……永远记住陕北这战斗的、火热的两年吧！

1970 年 12 月 19 日

今天发［征兵］通知书了，村里在我们的窑洞前开了会，全村的男女老少、上熟畔、高家塬的贫下中农代表也都来参加了会议。会上驻队干部、北京来延干部、大队支书，生产队贫下中农代表都发了言，勉励我参军后更加努力地学习毛主席著作，我也表示，一定做毛主席的好战士，最后，还一起照了相。

1970 年 12 月 20 日

今天，我到公社去领军衣，穿上了军装，戴上了军帽，心情非常激动。晚上，老高把我叫到月村去，谈了很多，并且谈到，到了部队也要做好思想准备，如果我所在的部队政治思想工作不强，就要靠自己努力改造思想取得进步了。晚上，想得很多，久久不能入睡……

1970 年 12 月 21 日

回村路上到史庄头去看徐尚武，不巧他不在。回村后，大人娃娃都十分高兴。今天晚上，有好几家叫我去吃饭，那激动人心的情景，我永远也忘不了。晚上，生产队开了座谈会。

1970 年 12 月 30 日

今天坐汽车到了铜川，路上经过了延安县、甘泉县、富县、洛川县、宜君县、黄陵县，延安地区各县都呈现出一派农业学大寨的火热的战斗景象。到处都是"敢把山河另安排"的大字标语，到处都是修水利、学大寨的人群，延安人民在毛主席"复电"的鼓舞下，空前精神振奋，意气风发，斗志昂扬，战天斗地。我相信，几年后，延安的面貌一定会大大改变的。

1970 年 12 月 31 日

在铜川火车站坐上了火车。火车站上，播送着《毛主席的战士最听党的话》的歌曲，听起来是那样激动人心："毛主席的战士最听党的话，哪里需要哪里去，哪里艰苦哪里安家……"为了保卫祖国，为了保卫人民，我们远离了家乡、亲人奔赴祖国的边疆。誓以自己的鲜血与生命保卫祖国的每一寸土地！

张大力、李霞日记：两位知青赤脚医生相同的情怀与不同的思索

　　这是两个不同时期担任赤脚医生的北京知青的日记选。张大力是 1969 年首批来延安插队落户的北京知青，是在北京知青延安插队落户高潮中来延安的。李霞是"文革"后期，1974 年来延安插队落户的北京知青。那时正是邓小平主持全面整顿，有限扭转"文革"错误的时期，形势已经在悄然发生着变化。尽管全国知识青年上山下乡运动仍在继续，但北京知青到延安插队落户的高潮早已落幕，最初的狂热与梦想，已被残酷的现实击得七零八落，许多北京知青也陷入了迷惘与彷徨之中。因此，这一时期有组织地北京知青到延安插队落户已停止，延安农村剩余北京知青事实也不是很多，他们中的大多数已进入延安的企事业单位工作，或离开延安到外地就学就业。这一年来延安插队落户的北京知青很少（总共只有 44 人），而且都是自觉自愿，甚至强烈要求来延安的。李霞就是在这种背景下，来到了延安最知名的知青点——孙立哲所在的延川县关庄大队插队落户，而且与张大力、孙立哲一样成为赤脚医生。

◈ 张大力、李霞日记：两位知青赤脚医生相同的情怀与不同的思索

张大力作为第一批来延安插队落户北京知青中的赤脚医生，李霞作为后一批来延安插队落户北京知青中的赤脚医生，他们俩的日记有着典型性。相同的是共同的情怀，即全心全意为人民服务，以及与王晓建及千千万万那个时代年轻人共有的崇高、昂扬与纯粹的高尚情感。不同的是心态及思索，张大力更多的是单纯与明净的心态，积极与昂扬的追求。而处在"文革"的神话既将破灭，变革的时代即将来临前夜的李霞，心态中自然多了迷茫、苦闷，多了彷徨、怀疑，追求不再纯净，有了复杂、有了动摇。张大力牺牲在自己的工作岗位上，而李霞1977年考入西安医学院，成为"文革"后的第一批大学生，后来也因患癌症英年早逝。把这两位的日记放在一起，也许更有利于我们对在延安插队落户北京知青心路历程的深切感知。

一、张大力插队日记选

引子：这是一本普通的红色硬皮日记本，有当年时代的特点，印了毛主席语录，还有英雄人物张思德、雷锋的照片插页。日记的主人张大力牺牲了，他是为给一位老乡看病，在路上被狗咬而失足掉崖的。这本日记我们不知翻了多少遍，每次都被感动，掩卷长思，这是一个知青插队仅仅10个月的心路历程。张大力这个赤脚医生，是不脱产的，有时比其他知青还受累，他要坚持上工下地劳动，下工后也没休息时间，随叫随到。在崎岖的羊肠小道上奔波，王连沟几个自然村沟壑纵横，地理环境极为恶劣。读着这些朴素而感人的知青日记，你会走进一个知青纯洁与忠诚、善良与美好的心灵深处。

张大力牺牲了,老乡把那条害死他的狗打死了。张大力经常是半夜出诊,狗好像是他的冤家,但他从不畏惧,从没有耽误过出诊给老乡看病。最后他还是在猝不及防的情况下被狗给咬了并失足摔下崖的。

这本知青日记有着严酷的真实,不但是一代青年的心灵史,也是上山下乡运动的真实反映。将近30年后,张大力的妹妹来到安沟乡王连沟村,竟把哥哥张大力用过的,沾满了岁月尘土的药箱找到了。这是张大力牺牲时背过的药箱,是历史的见证,这个药箱记录着大力对老乡们的一腔深情。当拍摄药箱的特写时,张莉又一次抱着药箱泪水满面。

1969 年 3 月 23 日　星期日　农历二月初六　晴

夜里 3 点钟,郭景达和双喜来敲门讨药。郭景达二哥的小孩病了,还不到一岁,真不敢给药。向东给了 8 片土霉素。早上起来,听说向东给了药,很肝颤。匆忙吃过早饭,准备去罗家山上看看去。路上碰到郭景达和他二哥二嫂抱着孩子去安沟看病。看着贫下中农焦急的面孔,深切感到医药卫生对 5 亿农民是多么重要。稍微重点的病就要到几十里以外去看,误工不说,病人的危险很大。我们这些知识青年里一定要有一个人下决心学医。

1969 年 3 月 29 日　星期六　农历二月十二　阴

和向东、晓明议论了一下卫生员的事儿。贫下中农用血汗把我们养大,我们一定要用文化知识好好为贫下中农服务。我们应当去当卫生员。

1969 年 3 月 30 日　星期日　农历二月十三　多云有时晴

决定让本人去学卫生员。

1969 年 3 月 31 日　星期一　农历二月十四　晴

卫生员的工作是非常重要的。为了彻底改变农村缺医少药的现象，我应该学好卫生员。咱学医，一不为名，二不为利，就是要以白求恩为榜样，好好为贫下中农服务。一想到贫下中农由于缺医少药而产生的种种痛苦，浑身就有用不完的力量。下定决心从自己身上开始练，一定要学出个名堂来。

1969 年 4 月 1 日　星期二　农历二月十五　晴转阴，有小雨

12 点半，从家里出发，去安沟报到，参加卫生员培训班，准备好好学一番。对这个新的生活有一种好奇。虽然也感到和我们的集体分开 15 天，真是相当长、相当难受。一种复杂的心情。

到了安沟一看，真是出乎意料，本人虽然已经迟到 1 天，但仍然是第一名，上一批的还没有走。据说学习和生活安排得很松，没有专人负责。安沟卫生所管组织，解放军医疗队管培训，之间并不联系。而且柴米油盐菜完全要自己解决，看来处境够困难的。

1969 年 4 月 4 日　星期五　农历二月十八　晴有时多云西北风

卫生所却又把集训的时间推迟到三天以后了，说是过清明，真是涮人不眨眼。而且又说，上级规定，知识青年一年之

内不许担任任何职务。卫生员似乎也要算一种职务，本人当即去找公社。我以为，知识青年一方面要接受贫下中农的再教育，一方面要用所学到的知识好好为贫下中农服务，在这个服务的过程中可以建立更深的感情，可以更好地接受再教育。我坚决要求继续派我学习卫生员。

1969 年 4 月 9 日　星期三　农历二月二十三　晴

到安沟去学卫生员，凭大队革委会的介绍信，很快就征得了公社的同意。卫生所只得把我收下。

1969 年 4 月 10 日　星期四　农历二月二十四　晴

学医的第一天。

通过与解放军接触，感到她们的政治思想工作抓得很紧。她们坚持三同，到老乡家吃派饭，每天有一个人参加生产队的劳动，跟贫下中农可亲了。对我们这些卫生员也是认真培养，不厌其烦地解答我们的问题。

1969 年 4 月 12 日　星期六　农历二月二十六　晴

下午，和老骆一起练习注射。老骆让我往他三角肌和臀大肌上注射了两针。第一次注射，心慌意乱，不是刺斜了，就是没刺进去深度，拔针时还把针斜着拔了，肯定够老骆疼的。但是老骆面无惧色，很认真地纠正我的注射动作。为了培养我们这些赤脚医生，解放军花费了多少心血。

出诊时被狗在大腿上咬了一口，左腿上被咬了两个鲜红的牙印，真气我。

❖ 张大力、李霞日记：两位知青赤脚医生相同的情怀与不同的思索

1969 年 4 月 17 日　星期四　农历三月初一　阴

到蔡家塬去看病，受到热情的接待，学了不少东西，也产生了一个问题，妇女要是有病，我怎么给看呢？

从蔡家塬到罗家山去，和大队长家的狗激战了足足有 10 分钟，真紧张。大队长对我学习卫生员表示了极大的希望和支持，一再嘱咐我好好学。解放军医疗队的老赵也有意识地给我预约下不少病人，说让我回来后给他们扎针。我一定好好学习，不辜负贫下中农和解放军的希望。

1969 年 4 月 18 日　星期五　农历三月初二　阴

冯占彪的四娃病了，很重。看着冯占彪（他婆姨害病殁了）消瘦的面颊，我心里真是很着急，生活的担子一下子把他压得老了许多，够难的了，真想分担他一点，使他减轻些负担，哪怕是精神上的。

1969 年 4 月 23 日　星期三　农历三月初七　阴有雨

大队长说，要我继续学习。心情很复杂，想继续学又想回家参加队里的生产劳动，矛盾的心理。

1969 年 4 月 24 日　星期四　农历三月初八　阴

上午看完门诊，原想天黑前回家，可是归心似箭，无论如何也等不得了。午睡后，拔脚便往家跑。不论是继续学或是不学了，都必须回去一趟，征求一下队里的意见。如果再学，就拿上粮票，入公社灶，省得自己做饭，太麻烦了。

村子里一派热闹的景气。家里的基本建设也搞起来了不少，厕所已经落成，粪窖也挖好了，猪圈里的小窑也掏成了，小日子过得挺红火的。队里同意我继续学习 15 天。

1969 年 4 月 25 日　星期五　农历三月初九　多云有时晴

高一的哥儿们聚会在安沟河滩。这是几个月来的第一次大聚会。同学们畅谈着插队生活的各种体会、感想和收获，真是"书生意气，挥斥方遒"，但到这里后，比过去增加了老练、经验、稳重和脚踏实地。看着这一批朝气蓬勃，能够吃苦，有远大理想而又富于实干〔精神〕的同学们，谁不相信，陕北 20 年后将要出一批英雄呢？

1969 年 5 月 11 日　星期日　农历三月廿五　阴有雨

很兴奋地听到了要在安沟公社实行合作医疗制度的消息。县医院、公社、卫生所和解放军医疗队的同志开了一天会。听说决定了 3 个试点：朱家河、踅梁、瓦石头。

1969 年 5 月 1 2 日　　星期一　农历三月廿六日

晚饭后，老骆跟我讲，要到我们沟里去办合作医疗。听了以后，又高兴又担心。办合作医疗是我们久已盼望的一件大喜事，这次有解放军帮助，更值得高兴。担心的是条件是否成熟。大队的干部不太团结，有的这一段比较消极。如果没有大队革委会的支持，是根本办不好的。再者，我们队很穷，收合作医疗费有困难。还有，必须有技术力量，而我现在连半瓶子醋还够不上。心里就像有十五个吊桶，七上八下的。

1969 年 5 月 14 日　星期三　农历三月廿八　多云有时晴

下午，去趄梁开会，南掌、趄梁、王连沟 3 个大队的联席会议，很勉强地通过了 3 个大队合办一个医疗站的决议。趄梁的态度比较坚决。我们大队的支书没有来，因为他不同意在趄梁办。

1969 年 5 月 15 日　星期四　农历三月廿九　多云、晴

收工时，一块乌云带来了几个雨点。本人塞了两口团子，向蔡家塬出发。暮色笼罩着大地，天阴沉沉的，我以极快的步伐向前走着，脑子里却直打转：塬上的狗实在厉害，我单枪匹马，夜上蔡家塬，让狗给"断"了怎么办？俗话说"大村的娃娃，小村的狗"，真有点肝颤塬上的狗。迅速、紧张而又小心地上了塬，还不错，人跑在狗前面迎了出来。塬上的会与其他两个队不同，对医疗站办在趄梁，提出了许多意见，主要是两条：1. 太远，来回要上下四个坡，不方便；2. 对某人当赤脚医生有意见。支书在这里面起主要作用，而其他人的意见与支书是一样的。

1969 年 5 月 16 日　星期五　农历四月初一　晴、多云

上趄梁去开前天约好的碰头会。总的看来，办合作医疗是没意见，问题是办在哪儿。我们大队的支书直言不讳，说出了他的意见，很坚决。于是决定了 3 个大队分着办，决定了回去收钱，定具体的规章制度。

1969 年 5 月 17 日　星期六　农历四月初二　多云、晴

晚上，本人作为代表参加了社员会，首先研究合作医疗的

收费问题。一提起这个，就是个冷场会。社员现在手头确实很困难。决定：队里、社员各出 2 角 5 分。会议开到 12 点半。

1969 年 5 月 22 日　星期四　农历四月初七　多云有时晴

零点刚过，我尚未睡着。朦胧之时，双全和海全来叫［我］出诊，他母亲肚子痛得厉害。［我］爬起来当即出发。夜里三点左右，病人说好些了。五点半，病人肚痛加剧，呻吟不止。当即凤翔去董家畔，双全去安沟，本人去堠梁请医生。一路上除了上坡，都是小跑。此次出诊的几点体会：

1. 必须多走山路，能走远、走快。
2. 看病时要镇静，先详细问清病情，再动手治疗。
3. 考虑问题时应该全面，警惕严重局面的出现。
4. 在病人家吃饭的事情应想法避免或合理处理。病人送的东西坚决不收。

1969 年 5 月 30 日　星期五　农历四月十五日　晴

晚饭后，塬上环环她大来叫［我］出诊。虽然我身体刚刚有些好转，还很软，但还是拖着病体上去了。环环她们已经睡了，但还是爬起来极热情地接待我，当即就要点火做饭。本人一再劝阻，表示"刚吃饱"、"有病不能多吃"，但被骂作"装假"、"不老实"。给小孩看过病，拿好药，饭已经熟了，鸡蛋面条。真叫人过意不去，可做下了，只得吃，只得放钱粮票。以后这种事尤应注意，严加避免。

1969 年 6 月 2 日　星期一　农历四月十八　晴

药买得够赔的。应记取教训：贫下中农的每分钱都来得不易，应该把钱用在刀刃上。而这次买药就不够精打细算。尤其当许多药品没有，钱有富余，时间又紧时，就不管三七二十一，大手大脚地买了一些药。以后买药，事先一定要有详细的计划，如有变动，必须慎重，对贫下中农负责，对合作医疗负责。

关于合作医疗收手续费的问题，必须严格执行，否则有些人收了，有些人没收，群众肯定有意见。一切制度都必须执行，财务必须清楚。

1969 年 6 月 12 日　星期四　农历四月廿八　晴间多云

我们的口粮已经发生危机了，6 月份的粮只够吃三四天的。现在真是事无巨细都要操心，大到国家的大事、世界的大事，小到每一担水、每一捆柴、每一顿饭。我们决定去买糠、麸子、豆腐渣来代替一部分粮食。

1969 年 6 月 20 日　星期五　农历五月初六　晴

买回来的豆腐渣已经吃得差不多了。豆腐渣有股酸味，而且难咽，但比起红军长征吃草根、树皮来说，这就很不错了。现在吃不得苦，将来也就难成材。

1969 年 6 月 29 日　星期日　农历五月十五日　晴夜间有小雨

群众对于合作医疗还是不够信任。有些人还是采取怀疑态度，只相信医务人员（我），不相信我们的物质力量。这种怀疑是不足为怪的。越是在这样的情况下，越要努力认真工作，争取迅速使群众信任和支持合作医疗。没有贫下中农的支持，合作医疗一天也搞不下去。

1969 年 7 月 15 日　星期二　农历六月初二　晴转阴，有小雨

除了上课、门诊、吃饭和睡觉以外，本人把一切时间都用于学习，极少上街或打扑克。有人说本人太呆，整天看书，快成书呆子了。我自己不这么想，我总觉得必须把全部时间用于学习，必须抓紧。我常常想起家里的战友们和贫下中农，他们正在紧张地劳动。一想起他们，我就不能允许自己有任何的逍遥。我要拿出全部的精力学习、学习、再学习。

1969 年 7 月 17 日　星期四　农历六月初四　晴

学习各地合作医疗的经验，颇有收获：
1. 节省经费是巩固和发展合作医疗的一个重要环节。
2. 种植草药，采集草药，是节省经费的一个重要方法。
3. 资金的筹集，可以收鸡蛋、收药材。
4. 贯彻预防为主的方针，把环境卫生来个改变。

1969 年 7 月 19 日　星期六　农历六月初六　阴有小雨转多云

最近，常听到一些人对我说："好好学吧，学好了够吃一辈子的！"什么"这是铁饭碗！"之类的话。也有的北京同学听说我学习了两个月，没有参加劳动，还有工分，表示很羡慕。这些值得我思想上警惕。我学习赤脚医生，决不是为了从人民那里得到什么利益、什么报酬、什么名誉地位，而是要为人民贡献出更多的力量。

1969 年 7 月 26 日　星期六　农历六月十三　阴有雨

开始《延长地区野生中药材资料汇集》一书的钢板刻写工

作。这本资料是解放军医疗队和县医院的同志们上山采药后整理的，很有实用价值。我非常感兴趣，准备下一番工夫掌握它。在病理上，我相信西医。西医能从解剖学上找出病因。在治疗上，针灸和草药非常经济，效果亦好。这对合作医疗的巩固和发展具有很大的意义。

1969 年 8 月 6 日　星期三　农历六月二十四　晴

结业。上午座谈了参加学习的收获。临别前，去看望解放军医疗队。他们全体集中在县城里开会。老吴、老赵等极热情地接待我们，亲如一家人，心里非常感动。

1969 年 8 月 10 日　星期日　农历六月二十八　阴有雨

醒来一场好雨仍在淅淅沥沥地下着。前响，支书从安沟开合作医疗现场会回来，要我总结合作医疗费的使用情况。后响，召开大队委员会，本人参加。讨论了巩固合作医疗的问题。决定每个社员收 3 角钱，各队抽一名卫生员集训，明确提出怕我们走的怀疑。关于培训卫生员的问题，我是很高兴的，一定尽力教。

1969 年 8 月 12 日　星期二　农历六月三十　多云

妇科、产科的问题值得注意。四儿婆姨、下院三婆姨、白妮、茂胜婆姨等人今天都来看妇科，简直有点突然袭击，使本人非常困难。看来，这方面的疾病给妇女们带来的痛苦不小。试想，我是一个新手，又是一个年轻学生，如果她们不是很痛苦的话，绝不会来找我的。但实际困难很多，不好检查、不好治疗。有一个办法，就是培养一个妇女，专门看妇产科的疾病，小莉是比较具备这个条件的。

1969 年 8 月 13 日　星期三　农历七月初一　晴

晌午时，卫生员培训班初步活动。本想正式活动，但人未到齐。海全、新全干劲还是不小，看来大有希望。

1969 年 8 月 14 日　星期四　农历七月初二　多云间晴

去延长县城买药，很顺利。山道年酚酞实在太贵了，21 块钱一瓶。据说刘古塬一个汉子昨天刚买了一瓶，想与人平分。本人便不辞劳苦，上刘古塬，问了十几次路，走了一个半小时，找到了刘古塬，药已被别人分走了，十分遗憾。受累倒是小事，回去拿什么治病呢？心中实在熬煎。

1969 年 8 月 16 日　星期六　农历七月初四　雨

清晨便踏上了归途，云压着脑顶在和我争时间。终于在离家还有 10 分钟的路程［时］，［雨开始］掉点了。一进家门劈头所闻便是：双全婆姨生产不下，小青上塬了，向东走安沟请医生去了。雨正猛，我穿上雨衣、胶鞋，怀着一种异乎寻常的镇静心情出发了。下坡的时候，连滑了几跤，浑身是泥，非常狼狈。我仍然丝毫不动摇地向前，心里确实坦然。快到塬上时，上面的人对我喊："已经生下了，慢点走吧！"我这时才真的安静下来。我知道，我先前的心情是准备去迎接重大的新的考验，而在这个考验面前必须镇静。现在，它已经不存在了。

1969 年 8 月 19 日　星期二　农历七月初七　晴

早上，上塬看双全的"月娃"。本人以为病得不轻，"四六风，没救星"，虽然是一句老话，但也可以说明病的严重。这里的小孩常有风，流传在民间的土方、验方，起了不少的作用，值得收集、学习和运用。

今天，卫生员培训班正式开学了。学员有羔儿、海娃、铁栓。第一课就是学习目的问题。卫生员们都有信心学好，使我很受鼓舞。每个人的心里都像点了一把火一样。

1969 年 8 月 19 日

今天身体不大好受，两肋下胀痛，体温 38.9℃。

补记：一个月后，张大力在补记的"一个月的总结"中写道："由于工作紧张，时间安排不好，记日记的习惯便丢掉了。生活是如此地丰富多彩，我不能因手懒而使这段历史从我的记忆中失去，因此，又提笔了。"他又写道："秋，不知不觉来到人间。这是我在王连沟里迎来的第一个秋。一个丰硕的、喜悦的秋。"

"生活上相当丰富，白面以及南瓜、红豆等，与春天不充足的玉米、野菜是一个鲜明的对比。吃得很饱、很好，再加果园的小瓜、西瓜、红枣、真没治了。"

"我们的工分是生产队里最多的，除了粮食，大部分东西都是按工分分配的，我们所得极多：130 余斤麻秆，几十斤西瓜、小瓜，近 200 斤红枣，估计南瓜、红薯、土豆、白菜、萝卜也将不少。"

"一年中最舒服、最愉快的日子。"

二、李霞插队日记选

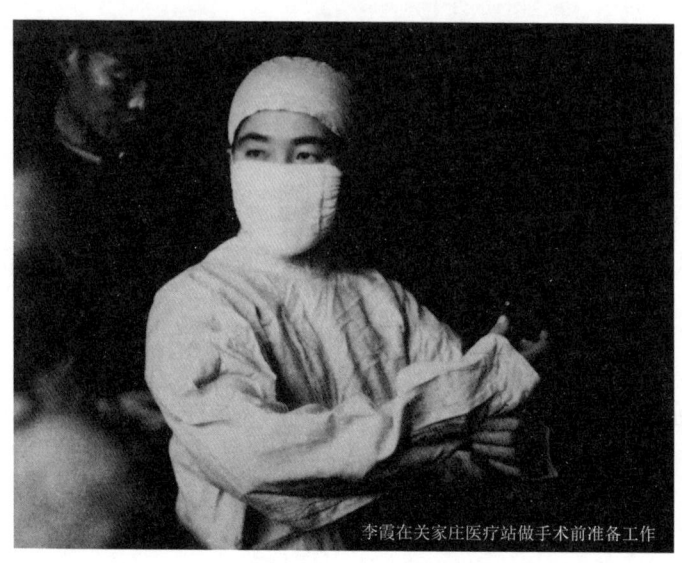
李霞在关家庄医疗站做手术前准备工作

李霞在关家庄医疗站做手术前准备工作

1975 年 4 月 30 日

来到农村已快一年整了，思想上的收获是有的，特别是认识自己，如何正确认识自己，有了一点新的体会。回忆自己 19 年走过的道路，我的确感到是太平坦了，没有经过艰苦斗争的考验，不懂得阶级斗争，也不会做工、种田、打仗。可是，却还洋洋得意，觉得自己很聪明，也比较能干。长期以来，养成了极严重的骄傲自满情绪。过去也曾经对这个问题有了点认识，可是，却总是改不了，最根本的是没有思想结合实际，想凭空想象去改正，这是永远改不了的，并还会越发展越危险。

陕西省延川县关庄公社关家庄村赤脚医生　李霞

事实就是在无情地批判着我，随时冲击着我。这次办赤脚医生学校，也是自己思想一个总暴露，到底是真革命，还是假革命，是个口头革命派，还是个真正的革命派，就看你是否相信党，坚决按照党的指示办，是否真正依靠贫下中农，相信群众，还是故步自封，自以为是。认真地检查一下自己，我深感到自己头脑中的资产阶级东西非常多，列宁同志讲道："夸夸其谈，这是丧失阶级性的小资产阶级知识分子的特点"。我正是具备这个特点，说起大话是一套套的，可是，在实际工作中，还是我行，别人都不行。在条件适合自己利益了，就情绪高，干劲大，实质是个人的虚名图利；条件不太适合了，情绪低落，口头上的共产主义也没了，这是多么典型的资产阶级思想作风，骄傲自满不断出现。要认真找原因，从这次教改过程中，每前进一步，都是在主席教育革命思想指引下，在全体赤脚医生的支持下取得的，丝毫不关我那"灵感"的头脑的事，而这种灵感往往搞错。开始就办得不好，不适合我们需要，赤脚医生想了出来，我们才得到改进。反之，我是不会发现有什么不适合的。无论如何是发现不了的。所以，我初次感到自己只是沧海的一滴水，只有融汇到群众中去，才能起到一滴水的作用，要硬往外跳，只能自取灭亡。不但如此，还会把革命事业损害。

还有，骄傲自满的一个很大副作用，就是不能脚踏实地而是出风头，求名利，不屑于做小事。我在这几个方面存在有不同程度的问题。表现在做有的事和有的讲话是虚伪的，假谦虚，这是很有害的。主席讲要光明正大，不搞阴谋诡计，我认为要是个人主义、名利思想再发展下去，搞阴谋诡计就是其表现。所以要在改造客观世界的同时，努力改造自己的主观世界，要学会分析问题，正确看待自己，是前进，还是倒退的问题。问题已明显摆出，下面如何做，要下定决心，要放下架子，当人民的小学生。

1975 年 5 月 1 日

今天是五一国际劳动节，我同赤脚医生们上山，今天参加了劳动。今天劳动了以后我有这样一个体会：赤脚医生学校，主要的就是学习，而这个学习也决不能是单方面的，还有一个重要的学习内容，这就是向贫下中农学习的问题。今天，对我是一个很好的启发，学生们要虚心地向贫下中农学习，学员们越闲坐着越懒。可是看看贫下中农战天斗地的革命精神，回来学习就更有劲了。我们要把这点经验总结起来，要努力完成好学习任务。

1975 年 5 月 3 日

今天早上，在学习的时候，我和李彦争论一些学校的问题时，我是很不冷静的，发起火来，根本不去听别人的意见。我当时只是过多地追究李彦对我的态度，表面上是个态度问题，可是究竟应该从什么地方去分析这个问题呢？我当时感到自己是很委屈的，我觉得我做的是对的，而李彦不对。不对就在对我的态度上，好像别人对我都是不了解的。于是我就什么也不对他们讲，很厌烦。后来孙立哲同志找我谈了一会，我感到有些问题谈的是很好的。从我思想上反映了许多骄傲自满的东西，对别人要求是严格的，而对自己的问题却看得很少，看得很浅。从我行动上反映出来就是闹独立性，目无组织领导，而且只善于磨（模）仿，而不善于独立思考问题。只能用于口头，而行动上是直接相违背的，这是典型的口头革命派，也是资产阶级思维方法，是思想上很懒与不愿深刻地去分析问题，去认识世界。这个问题是很严重的，也是我一贯的，这一点上我也是不自信的。为什么不能去深刻地认识一点问题呢，而只是听别人只言片语，去小分析一点，便仿佛得到了"真知"，这样的思维推理的方法不是无产阶级的思维方法。而是否从思想上找□□。今后的道路的确是漫长的，要认识到这个问题的严重性，下定决心，接受贫下中农再教育一辈子。

1975 年 5 月 4 日

今天是五四青年节，团支部和民兵组织全村青年［开展］一些活动。早上我们往民兵地［专门为村里民兵组织分配的耕地］里挑了一次粪，然后集体学习五四运动的历史意义和现实意义，了解了一点历史知识。随后又组织青年人进行掏地，这种劳动是义务劳动，是不要工分报酬的劳动。青年们都是积极响应的，对共产主义教育是善于接受的。今天的活动搞得很好，青年同志们在一起，互相竞赛，在很短的时间完成了一大片地，后来又去修车路。中间休息时，大家一同表演节目，团结，紧张，严肃，活泼的生活斗争场面，这个五四过的是很有意义的。

1975 年 5 月 17 日

队里及医疗站工作及问题都很多，应该怎样去做，我感到在一些问题上比较明确了，比如说，搞预防为主，要在防病上打主动仗，但也同时有许多并不很明确的问题。有时感到比较忙，但有时也不知干什么好。究竟是怎样搞好预防工作，打扫环境卫生，灭蝇，灭蚊虫，可目前没有药品，在没药的情况下怎样搞呢。

我回到队里已经 5 天了，什么具体问题也并没认真搞清楚。队里主要矛盾在哪里，医疗总站与我们分站有哪些分歧，主要观点是什么，要在方向道路上搞清楚，要把握社会主义新生事物之新在哪里，发展规律在哪里。

1975 年 8 月 13 日

我们队有个小孩得了病，已经发烧好几天了。我们怀疑他得的是肝炎，想让我们队的汽车去送他到永坪化验一下，可是车不出。我听了后，心里就很不平。这车究竟为什么人服务的，是为贫下中农服务的？关家庄合作医疗站的车，不能为病人服务，可有些人随便调遣、使用却合法。不算经济账，这车难道是私人的吗？在社会主义新生事物的光辉下，总能有意扩大资产阶级法权。看到这点，使我深感到脱离群众，脱离广大劳动人民，就必将会向官僚主义者阶级迈进，新生事物将会改变性质。一切矛盾的东西都在运动中，一切事物都在变化中，看是否按照马列主义办事，是否坚持主席的无产阶级革命路线。我们医疗总站不斗，是一定会出现修正主义的，一定会出的，这是马列主义同修正主义斗争□□。从目前形势来看，有许多东西是不符合群众利益的。8 月已开始半免费，但没有群众基础，没有经济保证，也会搞不好的。不能官僚，要向下，向群众学习。医疗站的成长，仍然处在尖锐复杂的阶级斗争之中。我们也要警惕，使自己永远不脱离群众，不脱离劳动，正确识别真假马列主义，使自己不断在实践中弄懂一点马列主义，提高理论水平，更好为党工作。

8 月 15 日

今天是学习日。我们这里来了 4 个小同学，两个是要求来这里插队的，一个叫吴燕梅，一个叫汪海晨，还有两个高一同学来体验生活，一个叫沈兵，一个是祝敏的妹妹祝扬，他们都谈了一点到我们这里来的体会。

1976 年 9 月 11 日

9 月 9 日下午 4 时，惊悉伟大领袖和导师毛主席逝世，心情万分悲痛。毛主席逝世对中国革命和世界革命都将是一个重大的损失，对于我们这些刚走上社会不久的年轻人来讲，失掉了一个伟大的导师，是不可估量的损失。我们生长在毛泽东时代整 21 年，是幸福的 21 年，我们刚懂了一点事，就失去了我们敬爱的毛主席，我们今后的任务将是很重的，我们的工作将更加艰苦。我们究竟应该怎样做呢！把共产主义事业进行到底，为解放全人类奋斗终生！如何奋斗呢？中国变修的可能性是随时存在的，如何正确识别真假马列主义，首先要懂一点马列主义，要善于学习。我们的工作要一点一点做起，困难要一个一个去解决，为人民服务。斗争的复杂性、尖锐性我体会得很少，主席逝世以后，我们要经受这种斗争的考验的。就真是右派上台，我们也是要奋斗的，和广大劳动人民永远在一起，为他们谋利益，把主席没有完成的事业继续下去，下定决心，不怕牺牲，排出（除）万难，去争取胜利。坚决、努力去完成主席给我们留下的任务，坚持社会主义条件下的继续革命，斗争到底！

1976 年 9 月 16 日

今天，来到延安。要到西安去开会，又是一个意外的事情，让我们几个赤脚医生到西二院（西安医学院第二附属医院——笔者注）去搞斗批改。说实话，现在心里一点底也没有，究竟怎样搞，上层建筑领域的斗争是靠几个人去搞搞就行了，真是个迷。不过这也是个学习的好机会，当自己感到比较乱，对一些问题产生疑问，不理解的时候，正是说明要明白一点什么的时候，只要肯学习罢了。我们要做的工作是非常多的，向别的同志认真地学习，谦虚，谨慎，戒骄戒躁。

这次到西安，准备学一点政治经济学、上层建筑领域的革命怎样搞和经济革命怎样搞。

1976 年 9 月 17 日

今天来到西安医学院第二附属医院，和孙立哲及李发有、姬世连同志一起交换了思想。对我们为什么来这里进行工作，一起谈了些看法、问题。我有些也仍未想通。但是有一点目前还必须要明确，就是赤脚医生进入上层建筑进行斗批改，这是毛主席一贯指出的，是属于社会主义革命的范畴，是主席的既定方针。但是如何搞，是一个很重要的问题，如果不能正确贯彻执行，就可以走到邪路上去，就会流于形式主义的东西，就被篡改。我们应该怎样做呢？在实践中学习吧。

1976 年 9 月 19 日

今天晚上，我们讨论了工作问题。孙给我们讲了一些问题，究竟怎样进行工作，现在看来，最终目的是学习，向唐山病人学习，向医生护士学习，向工宣队及工农兵学员学习。参加斗、批、改任务很重，在这个问题，不是光看到表面的东西，不是光当汇报情况人员。主要的是在理论上搞清一点问题，理论解决本质问题。要在理论学习上抓紧，要准备研究产生事物的条件、原因、基础是什么。要学马列主义、政治经济学，分析一些问题。救护伤员，要满腔热情地护理医治伤员。向白求恩学习，对病人极端负责任，把医疗工作搞好。明天我们就要投入新的工作生活，大胆实践。问题是会很多的，矛盾也会有的，看我们怎样去解决这些问题，学习、实践都不能放松。

1976 年 9 月 20 日

今天第一天参加工作，首先感到大医院的气氛使人窒息，条条框框无穷无尽，做什么都不知怎样做。在今天的工作时间中，一半时间都是坐着聊过去了。下午和唐山病人谈了很长时间的话，了解到医院的一些问题。但是对这些问题在理论上解释清楚，现在还是比较困难的。但目前，特别是今天下午和病人谈了以后，我感到自己在实践上的差距也是非常大的。病人今天谈到医生和护理人员的一些资产阶级医疗作风时，说他们怕脏怕累，不给倒大、小便器。我也联想到我自己，今天一个病人小便以后，我把小便器接过来，放到凳子上就完了，也没给倒掉。病人们对我们赤脚医生还是非常信任的，所以我们应该为他们服务好，把毛主席的卫生路线带进来，把贫下中农的关怀带进来，把赤脚医生这个社会主义新生事物的革命性体现出来。我做得还很不够，和广大工农兵的要求差得很远，要努力实践。病人们讲，你们是从贫下中农身边来的，是比较了解工农的。他们说了以后，我感到很内疚。说实在的，我虽然来到农村两年了，可是感情、立足点还是远远没有移到工农这方面来，还是小资产阶级的东西占上风。这是什么原因呢？高俊林曾经谈过，我们的经济基础和农民还是不一样。我们的思想感情还永远不可能和农民一样。但是，上层建筑对经济基础的反作用如何讲？上层建筑也可以促使经济基础的改变。看来主要的问题还是我们思想改造是不彻底的，是需要长期的甚至痛苦的磨炼。在这里也是改造，但要向无产阶级方面改造，要抵制资产阶级思想，要向唐山人民学习，改造自己，锻炼提高。

1976 年 9 月 21 日

矛盾是很多的。就目前来讲，我们工作总处在没人管、没人张〔读音：zhǎng，陕北方言，没人理会的意思〕的境地。真是在浪费时间。

今天做了一些护理工作，看来这一天最有收获的可能就是早上的生产会议了。这里的所谓生产会，先由护士长讲了从 9 月 2 日以来，护理人员出现的医疗错误，把这些问题最后归结到没有认真做好三查五对。究竟什么是三查、什么是五对，我也不很清楚。只知道是注射前要反复检查、核对，究竟这些问题是不是三查五对的问题？这上面是有问题，因为从药品的使用，用给什么人，怎样用，怎样取药，都是各人是各人的事，甚至井水不犯河水。我每要干一件事，必须把别人所嘱牢牢记清，然后再做自己的。自己做的这项工作，下面的同志也不清楚，这就需要下面的三查五对，这就是大医院的条条框框。人们必须遵守这样的条条框框，不遵守，就要搞错。正如护士长讲到的，这是用血的教训换来的经验。在这种环境和条件下，这种条条框框是打不破的。这种条条框框打不破，医护结合就是一句空话。这样的基础怎样可能搞医护结合？还有，他们把这些对工农兵病员的态度，仅仅［归结为］由于没有三查五对好吗？不，绝不是这样简单的问题。毛主席讲，在阶级社会中，每一个人都在一定的阶级地位中生活，各种思想无不打上阶级的烙印……

……我们目前调查工作及一些其他工作都存在问题，大家心里都比较浮，我也如此。昨天我们一起开了生活会，进行了批评和自我批评。我对自己前一段的工作也做了总结。在这里，自己工作主动性很差，什么原因，一是从领导上抓得不紧，这个也给孙立哲提了意见。二是我总感到这里不是永住之地，工作没深没浅，太深地陷入医疗与工作不利，［但工作］不进入与调查不利，始终没有找到一种好的工作方法。也很难开展工作。到这里已 15 天了，可每天都没进展。开调查会等于坐陪，小组会也决定不了问题，思想上也产生了厌烦情绪，工作热情及主动性就更差了。但这样工作，我们是不可能完成好任务的。下面怎样做，初步想了想，和工人谈谈医院基本情况，统计一下病房病人概况，自己抓紧时间学习，还要注意身体，还需要德、智、体全面发展。

1976 年 10 月 21 日

即将结束在医院的工作。这次来二院所得到的东西，我认为教训的东西很多，成绩也有，但是在总结教训的基础上得到的。这次是需要很好地总结的，认真总结是会得到一点知识的。

1976 年 11 月 2 日

我们马上就要离开二院了。可是，我的总结至今没有总结出来。这几天日子过得很虚无。心里也很浮，不踏实，什么书也没看，什么东西也没写。今日又觉得心里有问题，很想写出来，明天，我们就要离开二院。此时，二院要和我们开个座谈会式的欢送会，省文卫办和省卫生局同志也参加。我们在二院的一个多月时间里，和二院党委产生了矛盾，矛盾主要是从孙立哲那来的。对赤脚医生进驻医院党委的看法、态度上有问题：（1）对孙立哲同志问题的处理绝不是个孤立问题；（2）说赤脚医生进驻医院是整走资派、投降派来了，说所指的走资派就是党委，投降派就是工宣队；（3）对赤脚医生工作不支持，在群众中风言风语，讲他们的行动都是背着［医院］党委的，开座谈会没有经过［医院］党委［同意］；（4）和工宣队的关系。［说我们］破坏［医院］党委和工宣队的关系，干扰［医院］党委工作。从这些［问题］看来，［医院］党委对赤脚医生进驻很有看法，并且是反感的。这说明了什么问题？这些问题是什么原因造成的？什么因素在起主要作用？总而言之，社会上的事物要用阶级观点去分析，要一分为二地分析问题。从这次进驻的一个多月时间里，我越来越感到的一个问题：［这］就是，识别比批判更困难。对问题认识不清，是怎样也批不出来的。不能识别正确与错误，不能认识斗争的严重性，就不可能有效地进行斗争，就是糊里糊涂，头脑不清楚。对［医院］党委究竟和我们是怎样的问题，斗争的核心是什么，严重性我目前仍未认识到。所以，讲到明天会上的发言，我原来想，只要他们态度好，我们把工作总结一下，不要总点别人的问题。人家的缺点、错误，让人家自己讲，我们要做自我批评，要向群众学习，要相信党的领导，相信毛主席无产阶级革命路线的伟大胜利。要旗帜鲜明，立场坚定，走主席指出的六·二六道路，走上山下乡的光辉道路。这是一方面要讲的。但还有一方面，关于同二院党委的斗争，是不是两个阶级、两条路线的斗争呢？如果是，那么应该如何斗，如何做；不是，那又是什么问题，又应该如何处理呢？我对这个问题认识还很糊涂。再则，二院关于路线问题，是否在别的地方表现得更厉害，我们不知道，即使知道，路线斗争究竟怎样斗，是否还是团结、教育、帮助、挽救，还是高喊，一棍子打死。革命精神要有，还有斗争策略和科学态度，这种经验我是没有的，只有认真学习，认真总结。

1976 年 11 月 8 日

本该昨天离开西安，可是，情况是在不断地变化。在［医院］党委欢送会后，［医院］党委把对孙立哲的问题以党发1976（11）号文件［的形式］给孙本人过目，在我们决定走的前一天晚上［我们也］看到了，也就是 11 月 6 日晚上。孙看过后，把文件中不实事求是、不符合事实真相，而肆意捏造的假象，都抄录下来，并向我们讲了。当天晚上我回家，第二天准备走，才知道此事。我们全体又决定不走了。一、我们对文件中捏造的东西的态度。（1）认为在党委文件中讲没有事实根据的一些臆想是对组织的不负责任，对孙立哲同志不负责任，对新成长起来的青年干部不负责任，是不实事求是的态度。（2）这很多的假象完全是别有用心、有意扩大事态，混淆事实真相，是不利于把问题搞清楚的。二、我们对文件结论：对孙的行为是不正常的，是对主席感情不深的态度［问题］。

我们认为，对一个人要像导师们讲的，不能看一个人的一时一事，而要看他的历史的全过程，而且看问题要忌带主观性，片面性，他们对孙没有去全面地分析这个人，而是凭一件事就做出结论。（2）党委做出这个结论，不是在调查清问题后做出，而是对事实本身的一个大概设想，没有充分事实根据，做这样的结论是很显然有政治上陷害、栽赃的成分。对孙在受申〔审〕察期间，不检讨自己的问题，而去揪二院党委"别有用心"。我们对这个问题的态度。（1）孙立哲同志在问题发生后，态度是在不断转变的，首先是想到什么问题，把情况向领导讲明白，但是问题讲明白后，二院党委不信，继续调查，搞些隔离审察。孙这时就是讲清情况，拭目以待，相信组织，真相大白。向各级有关领导做了说明及检查，但二院党委还死死不放，非要孙承认他们是不正当的关系，是对伟大领袖毛主席的感情问题。在孙与□□的接触中，不存在不正当关系问题，而二院非让承认〔有不正当关系问题〕，这是使人不能接受的。也不得不使人感到，这绝不是帮助人的态度，而是一棍子打死的做法。对这个做法，我们是很有看法的。这不是"别有用心"是什么，做他们满意的检讨是不可能的，想搞阴谋，整人的人都是不会得到好下场的。历史会清楚地展示给我们，我们现在的态度，力争把问题向上级领导汇报。二院党委文件的与事实不符部分，我们要说明，请领导参考。同时，我们要把对孙立哲同志的一个较全面的分析的材料交给领导，特别是进驻二院、和主席逝世前后一些表现讲出来，供领导参考。还有二院对孙的态度也绝不是偶然的，也绝不是对他一个人，同我们进驻工作紧密相连。我们在工作中遇到许多困难、阻力，与二院党委有直接关系。对我们进驻医院有戒心了，对我们工作是观望、不支持，甚至在 10 月 19 日会上，质问赤脚医生干什么来了，"你们来就是抓走资派，投降派"来了。工作开展不了，他们又抓住孙的事不放，我们就根本无法工作下去。当然我们在工作中也是存在许多缺点错误的，包括孙立哲本人在内，问题也是有的。但什么是主流，什么是支流，党委应该分清。可二院党委却没分清，抓其一点，不及其余，把整个赤 [脚] 医 [生] 进驻这一新鲜事物一举否 [定] 掉。事物都是相互联系的，我们的缺点、问题，我们要做总结，特别是我自己要很好总结。这次在二院的斗争，是活生生的阶级斗争，两条路线的斗争，真是树欲静而风不止。我们要在孙立哲同志这次所出现的问题中，也要总结教训，受到教育。有这样几点：（1）在我们今后的工作中，要把改造世界观的任务抓紧，在群众斗争的风雨中，克服资产阶级和非无产阶级世界观，建立崭新的无产阶级世界观。这样就要一辈子接受贫下中农的再教育，永远保持赤脚医生的本色，坚持亦农、亦医。（2）要相信群众，相信党，无论什么时候，不能忘记这两条根本的原理。（3）要谦虚、谨慎、戒骄、戒躁，加强党性，加强组织纪律性，特别是年轻人，切不可骄傲自大，盛气凌人。（4）一定要本着实事求是的态度。实事求是不会垮台，对党忠诚老实，对同志、对人民襟怀坦白。（5）一定要按主席给我党制定的三条原则办，要搞马克思主义，不搞修正主义；要光明正大，不搞阴谋诡计；要团结，不要分裂。一切想搞阴谋，想整人的人都不会得到好下场，只有团结起来，共同对敌。目前形势大好，打倒了"四人帮"，他们就是整人的人，总妄图把别人搞垮，可事实恰恰是他们垮台。阶级斗争是历史发展的必然规律，我们要学习这个斗争，不断掌握斗争的规律，将革命进行到底。虽然我现在还很无知，特别是政治上不成熟，很幼稚。但只要肯学习，善于总结经验，斗争经验会逐渐越来越多，特别是逐渐掌握斗争规律，更好地为无产阶级专政服务，所想到就基本是这些。今暂搁笔。

11 月 10 日

明天就要准备回队了，进驻的工作已结束，但迎来的便是更艰巨更多的任务。首先回队里有几件事情要办：

（1）要认真地参加到生产队的劳动中去；

（2）要注意抓紧时间学习，学习革命理论，要关心国家大事；

（3）医疗站的工作，下面究竟需要怎样搞了？要研究；

（4）要和同志们商量几件事。a. 孙立哲同志吃饭问题。b. 与朱珍珍谈赤脚医生大学的事。c. 还要去一趟张家河。我们总站分站怎样轮流的问题，我的特殊情况问题。d. 怎样和同志打通思想，要虚心听取他们的意见，互相交流，互相帮助。

今天，孙少瑞、王学敏都到延安来了，听王学敏讲了一些知识青年目前不同的思想状况。我听后主要总结这样几条：

1. 有些人对目前形势估价是很错误的。在对形势如何看〔的问题〕上，是要本着历史唯物主义和辩证唯物主义的认识论，而不能形而上学。对事物要一分为二，不能总当评论家，要把自己摆进去。对形势估计不正确，就会在思想上产生一些

颓唐和一些不愿继续革命的想法，特别是做坚苦斗争的信心就
会丧失，想尽快离开农村。

2. 等待观望，对目前各种东西看得不太清楚，不表态，
干着看，看着干。有些革命的愿望，但在盲目实践，这种情况
只要有毛主席革命路线指引，教育得当，是可以继续在主席指
出的路上前进的。

3. 对目前的东西能看出些门道，但是，如何做，如何把
革命和生产紧密联系起来，还比较模糊，还是新问题，这样的
同志是决心继续革命的。

4. 是政治上比较糊涂，不善于学习和动脑子，极容易上
当受骗。

我感到自己属于第二种人。对目前一些新政策还没有完全
理解，但又不能光等待，还要主动学习，向同志们学习。我们
有些同志政治敏感性比较强，善于学习。我要向他们学习，也
要向那些持有不同意见的人学习。现在我们是处在一个新的历
史阶段中，一天要比平常的一年都有意义。在此时要注意学
习，对有些问题究竟为什么错，为什么对要认真研究，对同志
之间也是一个重新认识的过程。往往在这种时间，是很能看清
一个人的。有的同志的思想是出乎我意料的，但这也没什么，
阶级斗争会给我很好的回答，也不能着急。事要一件件办，路
要一步一步走，就这样，在每一件事和每一步路中去学习，在
斗争中学习提高。

1976 年 11 月 16 日

又想写上几笔了。回到队已 4 天，仅 4 天的时间，可对我

级乃至工人阶级的思想，在哪里都有无产阶级同资产阶级的斗争。

我国现在是一个农业国，农业人口占全国人口的80%。如果，只谈论工人阶级是进行社会主义革命的，而农民是被改造的。那么，在农村复辟资本主义，工人再革命，力量也是不够的，也是不能使革命成功的。这个道理，革命导师都讲了许多了。还讲农村不是处在尖锐矛盾中，我感到这种谈话是否认事实的。自己的行动已经证实农村的斗争也同全国一样，非常复杂，甚至到了不可解决的地步，那么还怎么说农村是不处在激烈斗争中呢？

他们讲我由于长期脱离现实，所以思想上与他们差距很大，他们目前的思想是正确的。我以后（在队里实践一、二年之后）也一定会产生他们这些东西，他们思想产生是必然的。但我认为，要在这个必然前面加上几句话，如果能正确地认识现实社会，得出正确的分析和估计的形势，他就能更努力地去实践，而不是半途而废。半途而废，对大多数人是必然的。因为如果遵循这样的世界观，也是不可能改造社会的，是必然要灰［灰：陕北方言，意为没有信心，灰心丧气］的。但仍有能正视现实的人，对于他们来说，必然将找到真理。他们本身是劳动者，我们要努力争取做一个劳动阶级的一员。

他们都说我以后也是要灰的。可我对自己的自信（当然比较盲目）还是有的。在实践中逐渐加强吧，彻底革命的精神，是最可贵的精神。百折不挠是革命者优秀的品质，在我们今日这样的国家里，"战斗正未有穷期"，还要努力作战，在实践中学习吧！

1976 年 12 月 26 日

今天是伟大领袖和导师毛主席的生日，但主席已同我们永别了。在这个日子里，我们队里也发生新的变化。今天宣布了新党支部的成立，党支部暂时由 5 名同志组成。书记：田玉明，副书记：郭企义、米珍珍，支委：樊富贵，崔世清。这几个同志，除米珍珍外都是成年人甚至老年人，他们是否能把关家庄的工作搞上去呢？真让人担心。从全国来讲，毛主席逝世后，华国锋同志当主席，粉碎了"四人帮"，要搞好生产。但是，从我们这个地方来看，生产状况仍然很落后，究竟什么阻碍了生产力的发展，党支部应该重点抓什么，目标不明确，看来只有维持的力量，而没有大干的力量了。维持现状，从某种意义讲是倒退的。这样会打击一些人的积极性，当然从中还会有人乘虚而入，兴风作浪，要密切注意阶级斗争新动向。从青年中能看出一些问题，青年比较敏感。今天晚上开社员会，也出现了一些怪现象，为什么张那么反对平当机械员？反常。为什么□□的态度发生 180 度大转弯？牢骚满腹。新党支部刚上台就会遇到许多困难，要调查情况，要认清每个人对党支部的态度，对关家庄如何生产的态度。

今天党支部已讨论了两名新党员，一个□□，一是刘恺。这两个同志有许多好的地方，很值得我学习。我在回队一个多月的时间里，的确又发现自己身上有许多弱点。和群众还保持着很远的一段距离，小资产阶级的动摇性，斗争不彻底，为个人的想法较多。但和过去比，对问题能看到两方面了，也实际多了。动摇性是有的，但坚定的一面也是有的。这是从实践中增强了实际的坚定性，逐渐地明白了一些革命道理。不能盲目地干工作，要从理论上搞清楚，要善于从实践中学习。我离一名中国共产党党员的标准还差得很远很远，从组织上入党，虽然是很好的，但更艰苦的是从思想上入党。努力学习，工作吧，为党的事业工作。

1977 年 1 月 10 日

在这几天里，我思想上有许多东西，想来想去，什么原因呢？熊朝晨当兵走了，在我思想上有一些影响。这种影响，主要是个人问题。在处理个人问题的时候，怎样与革命利益相一致起来，怎样以革命事业为第一生命，怎样建立革命的友谊和团结。怎样在共同奋斗的道路上前进，怎样不满足于小安稳，小生活。怎样去求得解放全人类，怎样去为大多数人服务。我之所以在农村不可能长期干，主要原因，经济上有，政治上意义较大。可是困难也很多，生活上是个很大的问题。我要在农村长期干，可是个人生活问题怎样解决。人与人的关系问题怎样解决，真是走向社会，各种问题接踵而来，不是我一个人愿意不愿意的问题，而是一个家庭的问题。这几天想法比较多，也没想清楚。怎样正确处理这些矛盾，怎样去做这种革命的尝试，下一步我准备搬到老乡家去住。关于身体问题，我的身体确是不很好，但是在这里有个正确对待的问题。要有实事求是的态度，我的身体也是会好起来的。为革命也要有个好身体，量力而行，下定决心，不怕牺牲，排除万难，去争取胜利。

1977 年 2 月 13 日

快过春节了，已经很长时间又什么东西也不写了。不是没写的，主要是思想上的东西比较零散，没有很好总结一下，所以写不出什么东西。在新的一年里，我在和群众的接触中比过去多得多了。在劳动中和他们在一起，他们就和你逐渐地亲密起来了。但这还是一些表面的接触，从思想感情上还有很大差距。比如，明天晚上团支部会上，讨论近期及长远工作计划问题。我讲，我首先要了解群众目前在想什么，他们对我讲，主要要联系实际进行讨论。大家出主意，想办法……

1977 年 3 月 7 日

这两天给种中草药的地里送肥，只有我和娃子两个人。一开始，我总觉得这件事人少太难办。可是，一干起来，一车又一车的增加着，运一点就多一点，我信心又来了。世上的事可能就是这样的，不是不能办到，而是办不办。劳动创造了人类，一切真知都是从直接实践发源的。在干的过程中，会使我们懂得正确与否。第一，是要改造客观世界，同时要努力改造主观世界。如果不去干，何有改。

关于医疗站的工作，下面重要的是种中草药的问题和搞好环境卫生，还有交中草药的问题，制度问题。

团支部组织学习，团员整风问题，超龄团员退团问题。这些工作都要搞。

1977 年 3 月 21 日

又半个月过去了，这半个月的工作也是紧张的。要看病、防病，种牛痘，种中草药，许多工作一拥而上。队里最近也很紧张，而在紧张时候，娃子正巧又开会走了。面对着这样的问题，只有努力工作，再无其他出路。只有踏实地工作，才能有收获。

这一段思想上、工作上都比较紧张。工作基本上做完了，通过这段时间的工作，我有一个很强的感觉就是，谦虚、谨慎，不尚空谈，是一个革命者应有的品德。而我在这方面差得很远。仍然比较浮，当然比过去是好些的。但工作一多，就怨气很大。自己真的踏实地干了点，还觉得挺委屈。这是一贯的思想作风，表现在工作中很浮躁。这也是对自己要求不严的结果，这只能从最基层工作中去改正。

今天接到小赵一封信，讲从今年起，从高中直接升大学。看到后，我想到我今后的问题。当然这个问题我没有认真考虑过，但曾想过上学的问题，这下是不可能的了。究竟怎样做呢？是否非要离开农村呢？连农村的人都想走，我们是靠怎样的思想基础在这里干呢？（从少瑞的问题中吸取什么？）是否受"四人帮"思想的影响。许多老知青讲，许多问题要重新认识，许多事情要重新办起。需要很好地学习，把我们为什么要在农村干，为什么干不下去，为什么会有许多钉子，从理论上搞清楚。我们过去的思想究竟哪些是对的，哪些是错的。对，对在哪，从实践中可能有哪些证明；错，错在哪，从问题中去找。完全肯定是不对的，完全否定也是不对的。

我仍然做好再留下一年的准备，从这点上来讲我还是坚定不移的。关于调转的问题先不着急办，如果上不了学，就不要着急，慢慢来吧。

1977 年 6 月 24 日

马上就要回到延安了，我感到要做许多工作。我虽然打算今年上大学，但是否能上还是一回事。不管上不上，都要把学习工作搞好。想想快回去了，应该做些什么呢？主要几个事：一是向党组织再次提出申请的问题，和朱珍珍商量一下再说。二是把医疗站账簿买好，建好账，结好账，存好钱。三是和组织商量赤脚医生工作如何安排。四是中草药工作做好。五是把病人治好。六是好好参加集体生产劳动。七是关于上学的问题和知青处理好关系。看来主要是这七件事，每一件究竟怎样做，我心里还是有些底，当然一边做一边学吧。在农村的几年中，使我学到了许多东西。要做好工作，没有群众基础不行。要和群众搞好关系，特别是和大多数群众搞好关系，并不是件很容易的事。对别人过于严格是不行的，要用大多数能做到的标准去要求他们。在不了解情况的时候，不能乱发言。一方面，表现不了你的勇敢，因为你解决不了问题，只是造成隔阂，今后的工作更无法进行。这几年有的问题处理得还可以，下定决心，干好工作，不管别人讲什么吧，走自己的路。

1977 年 7 月 4 日

回来已 6 天了。这几天究竟干了点什么呢？我自己感到，这段表现并不好，思想负担比较大，我在想我自己今后道路究竟怎样走。只有这样一个想法，应该为党的事业努力工作，做一个对人民有用的人。这样做是否是高标准了呢？什么是高标准，人的思想是不可能脱离现实社会。我之所以产生许多想法，也不是平空出来的，而是在我所实践的范围内产生的。我有时感到比较痛苦的，就是怎样对待人生，怎样对待苦和乐。我感到，在这些方面，自己的思想意识是低的。但我感到又逃不掉，也不可能逃掉。现实和环境对我的教育，我过去所做的，也有很多人不可理解。但那时我自己完全是能理解，并可以这样做。但我现在却又不能理解，说确切点，理解也可以，但我认为是不能长久的。心里很矛盾，写东西也很乱。特别是这两天，我感到很闷，心里不舒服，为什么呢？插队三年了，第一次感到，我和知青的关系在变化。小知识分子成堆的地方，思想感情在变化。我对这种变化，内心是……（日记到此嘎然而止，有头无尾，编者很遗憾，相信读者也很遗憾。作者已逝，已无法弥补这一遗憾。其实，我们已经读到了那个时代终结的必然了，也读到了日记作者思想转变的方向了。此处无声胜有声，浪漫的狂热在遭遇到严酷的现实之后，失落是必然的，困惑也是必然的。只有经历了这种失落与困惑，才会真正地融入现实的生活，只有真正融入了现实的生活，人生才会是真实的，是有益的，人生的价值也才能真正得以体现。从这个意义上说，其实也无所谓遗憾不遗憾。——编者注）

温东方日记：两个知青农民的追梦之旅

　　作家麦家说过这样一段话："平庸的人只有一条命，叫性命；优秀的人有两条命，叫性命和生命；卓越的人有三条命，叫性命、生命和使命"。读读北京知青温东方记述他与"插友"陶晓峰，在延安甘泉县插队期间，从甘泉出发一路向东，自费步行前往当时全国著名农业典型——山西省昔阳县大寨大队考察的经历，以及他的相关评述，我们会很自然地想到麦家的这段话，并由然对人生进行深入的思考。

　　对知识青年上山下乡运动如何评价，乃至对那个特殊时代整体如何评价，这不是我们的任务。我们所关注的是这个特殊时代下的那一大群人，以及他们生命历程的价值。的确，他们无力改变时代，甚至也无法左右自己的生活，以及自己的生命历程。他们从相对繁华文明的都市，从相对宽裕舒适的生活中，突然跌进了偏僻荒蛮的山村，跌进了吃糠咽菜、粗衣重劳的生活之中。这样剧烈的反差，他们会做何反应？他们的心态会发生什么变化？读读他们的日记吧，没有抱怨，没有逃避，没有沉沦，更没有屈服！他们并没有甘于一条命，即活着；也没有满足于两条命，即不但活着，而且生活着，而是仍然在顽强地追求着三条命，即性命、生命和使命。20世纪英国著名学者伯特兰·罗素认为，支撑我们生活的动力应该是三种单纯而极其强烈的激情：对爱情的渴望，对知识的追求以及对人类苦难痛彻心扉的怜悯。的确，对爱情的渴望使人成为了人，对知识的追求使人成为有用的人，而对人类苦难痛彻心肺的怜悯则使人成为高尚的人。温东方与陶晓峰，以及许许多多像温东方与陶晓峰一样的北京知青，面对这片承载了中国革命这艘巨轮而今依然荒凉落后的黄土高原，面对为新中国创立付出了巨大牺牲而今依然贫困拮据的陕北人民，他们充满着深切而真挚的怜悯。而当他们成了其中的一员，有了切肤之感之后，这种怜悯就内化成了一种强烈的使命——改造山河，建设社会主义新农村。今天许许多多"现实"的人们，也许会嘲笑他们的天真，嘲笑他们的自不量力与自讨苦吃。甚至在他们所处的时代，知青温东方与陶晓峰的追求与行为，可能也会与事无补，改变不了什么，或者说改变不了多少。但我们还是被深深地打动了，打动我们的恰恰就是这种"匹夫"的强烈使命意识，就是这种"身无分文，胸怀天下"的伟大情怀！这就是我们民族的脊梁！是我们今天许许多多"现实"的人们所患"有奶便是娘"的软骨病的病根！

温东方与陶晓峰当时都是货真价实的"官二代"，而且是高官的儿子。他们的父辈们曾为民族独立、人民解放，在这片雄浑的高原上流血流汗，书写过壮烈的人生篇章。他们功勋卓越，位高而权重（陶晓峰的父亲陶鲁笳从1953年起至"文革"

前任中共山西省委第一书记，是中共八届候补中央委员、十届中央委员、中共中央华北局书记）。然而，他们留给子女的却不是财富和荣耀，更不是封妻荫子，而是崇高的使命和不朽的精神。尽管这种使命和精神在那个扭曲的时代，被异化得七零八落，但其本身的高尚与正当却仍然是可贵的、无价的。对比今天的一些高官及其所谓的"官二代"的所作所为，那种把人民赋予的权力当做封妻荫子的资本，那种"一人得道鸡犬升天"的丑恶现实，那种把"父贵子荣"看成荣耀与理所当然的不劳而获的腐朽价值观，温东方与陶晓峰，以及许许多多像温东方与陶晓峰一样的，当年的所谓"官二代"和他们的父辈们的所作所为，所思所想，也许对我们今天有着更多的启示。

引 子

一个严冬的早晨，东方刚刚露出淡淡的白，梢林的尖尖上隐隐约约的有点儿天光，大庄河东边的烂油沟北梁梁上，两个20来岁的年轻人踏着衰草上的白霜，快步行来。前面这个，壮壮实实略有点小曲背，头上扎条羊肚子手巾，上着黑棉袄下穿缅裆裤（即陕北方言中的大裆棉裤），脚上踩着双土布鞋，一件黑大衣不知裹了些什么，打成三横二竖的背包规规矩矩地背着，手中拎着一根栒子斧把，弯着个腰也不怎么看路径直朝前走去。后面这个更奇怪了，一块半新不旧的红毯子打个卷，里面还露着毛衣的半条破袖子，用一根陕北大绳绕了两圈背在背上，中式的小棉袄半开半合，不知什么料子的裤子依然沾着机械操作的点点油污，一条蓝色花条毛巾用陕北加日本的方式缠在头上，手中也有一根栒子棍，再加上一米八的个头，粉红英俊的脸膛，格外引人注目。

那天是 1972 年 12 月 19 日，我们从北京来到延安插队已经近 4 年了。这四年里，我们在大庄河的山村建立了机械组、代销店、合作医疗站、广播站，成立了科学实验小组，的确为乡亲们作了一些好事。但是今后的路应该怎么走？作为从北京到延安插队的知识青年，我们亲眼看到亲身体验着城市和农村的巨大差距，清楚地知道要想真正摆脱广种薄收靠天吃饭的穷困生活，仅仅停留在目前这种水平上是远远不够的，必须从根本上改变落后的生产面貌，这才是最难最难得呀。为此，我和陶晓峰决定作一次社会调查，在克服了各种阻力之后，那天早上我们踏上了从大庄河步行去大寨参观的漫漫路程，东行计划终于实施了，其目的有三：

1. 农业学大寨，亲眼看看昔阳大寨到底是怎么建设新农村的；

2. 沿途社会调查，对中国农村作更深入全面的了解；

3. 锻炼自己，磨炼心志。

20 天时间我们走延川、跨黄河、翻吕梁、沿汾河、进太行，途经两省三市 15 个县，甘泉、延安、延川、永和、隰县、交口、孝义、汾阳、云水、交城、清徐、晋祠、祁县、平定和昔阳县。三个市，延安、太原和阳泉市，总路程 1450 里，其中步行了 1300 里。

东行漫记路线图

1972. 12. 19—1973. 1. 10

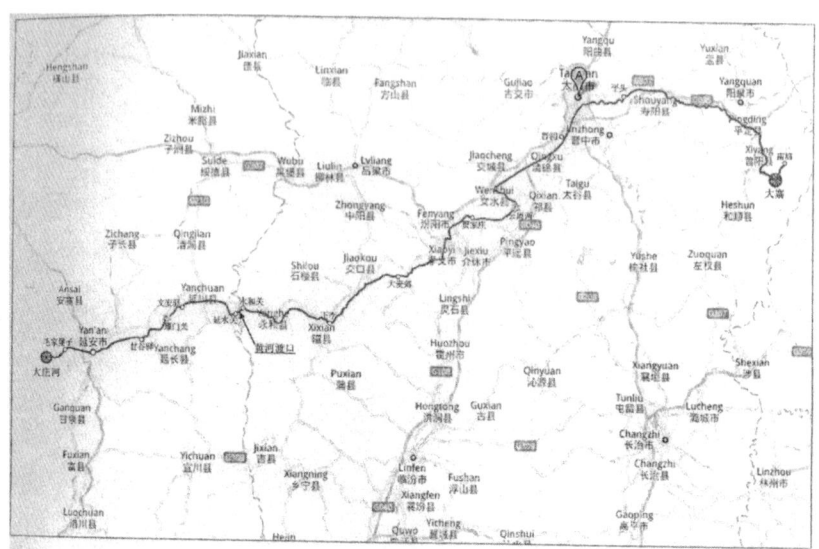

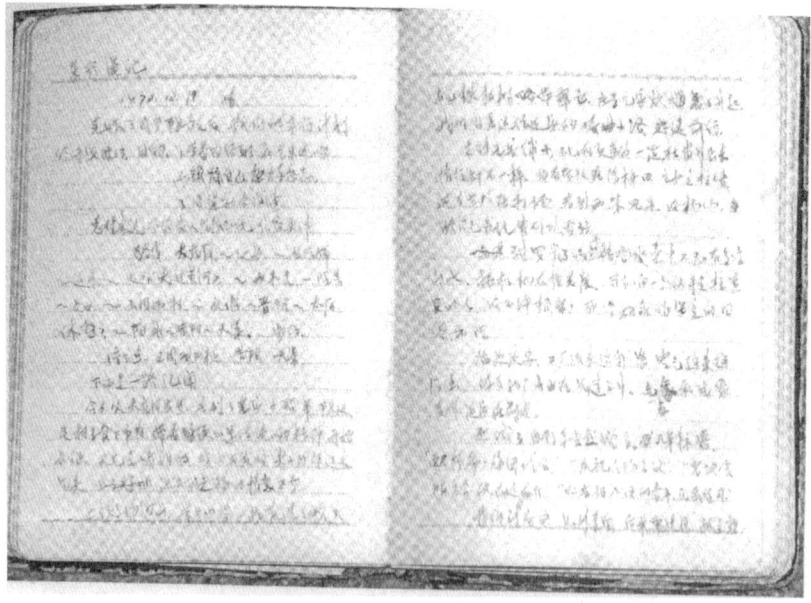

日记原件

让我们从第一天的日记开始吧。

（一）黄土高原——船到河心抹河钱

1972 年 12 月 19 日　星期二　晴

克服了许多阻力之后，我们的步行去大寨的东行计划终于实现了。目的：

1. 学昔阳经验，希望具体一些，

2. 锻炼自己，磨炼意志，

3. 沿途社会调查。

总的来说，为改变大庄河面貌准备条件。

路线：大庄河—延安—甘谷驿—延川—延水关过黄河—永和关—隰县—交口—云周西村—交城—晋祠—太原（休整）—阳泉—昔阳县—大寨。步行。

停三点：云周西附近、昔阳、大寨

以下是一路纪闻。

今天从大庄河出发，告别了老安（大庄河北京驻队干部）、小猫（曹恭）、羊（蔡小雪）、陈延和村里的贫下中农，带着继承红军传统的精神，开始长征。天气是晴朗的，我们出发时，来子砍柴还未回来，这次能走成"猫"的情分不少。

上了烂油沟山，举目四望一片荒秃秃的，只有几株松树略带翠色，庄里几家炊烟袅袅升起，我们沿着通往延安的崎岖小路急速前进。

走到毛家铺子不见社员劳动，一到杜甫川情形却不一样，有不少队在修梯田，主要是打墙。还有些队在打场，看到两架风车在扬场，政治气氛比我们队要强。

到罗崖了，吃点干粮，喝水壶中不知有多凉的水。拖拉机在拉老麻（蓖麻），司机问一个似乎是检查员的人，许不许捎柴？那一个好像很坚定地回答：不行。

临近延安，工厂越来越稠密，空气越来越污浊，许多新厂房正在建立中。气氛和迹象表明：延安在前进。

进城了，自行车显然增多起来，几条标语很显眼："迎接第二届团代会"，"庆祝人防会议"，"庆祝省饮食服务会议在延安召开"，"向应征入伍的青年民兵学习"。

我们来到地区知青办，见到李南（知青办公室主任），后来栗建国、孙立哲、朱果立、李浙阳过来一块谈了谈。栗调到地区当团委副书记，正在筹备团代会，据说有 500 名正式代表，200 名其他人员。

晚上在知青办休息，给老安发了封平安家书。延安的夜晚是比较暖和的，可惜地方很小，我们 4 个人在县办的值班室过夜，我在沙发上睡的。

今天行程 80 里，总行程 80 里。

1972 年 12 月 20 日　星期三　晴

一大早就被那无限可恶的高音喇叭吵醒了，天色漆黑，我只好在沙发上十分费力地翻身。迷糊中李浙阳走了。

天亮了，我们起来打好背包出发，在"大桥食堂"吃了早饭，米陈了，菜也馊了，真可气。跨过延河桥，告别宝塔山，携延河东去，目标是甘谷驿。

一路上许多队在平整土地和打场，有台拖拉机在碾谷子，有个队打了约十五石齍黍（高粱），许多土地都翻过了，麦子还是很不少。延安飞机场在扩建，巨型推土机在隆隆作响。

今天是古历十一月十五，各处都是集。沿途有李渠、姚店，走到甘谷驿时，集已经快散了。集上主要分为两摊，一是杂货，二是牲口。我们买了 10 个苹果，5 头蒜。苹果 5 角 1 斤，蒜 1 角 5 头，卖肉的不少。

下午 4 点半到甘谷驿，找到权海帆同志，他在我们队搞过材料，十分热情。我和他与另外两人，洪鹰和老杨在一个老乡家吃晚饭。这家看上去还挺富裕，有一台缝纫机，油漆的箱子和米柜，不少坛坛罐罐。开饭了，先摆上来一个大圆盘子，两碗菜，一荤一素，一碗酒。我与洪鹰（1 位协助他们搞运动的女知识青年）袖手旁观，权、杨二人喝得挺美。我看不惯，因为权等［人］在这个队是搞运动整顿领导班子［的］，这时候少搞这种酒肉关系为妙。当然了，真正熟悉了，［对方］是优秀贫下中农也可以吧。

正式饭是米汤，里面有豆子、玉米、小米等，还有玉米馍，挺入口的。

席间啦了啦，此地是东大队二小队，今年红利是 1 元 5 角（天啊，比我们高 7.5 倍）。粮食投［陕北方言，意思是人均］300 多斤。目前社员们在打坝，大队打，约上［劳］70 人。早起［上］也动弹［陕北方言，干活、劳动的意思］，运粪，男女均定工，妇女冬天也出工，和我们队显然不一样。社员还是不愿意打坝，我听到一些人说闲话。这个队洋芋不算粮数，社员们愿意出勤。据老权说，这种队资本主义倾向大，钱主要靠果园和外出搞副业。另外我看到的那个社员家，是中等家庭，

7 口人，5 个娃娃，是个缺粮户。

晚上在公社住宿，找到 4 床被子，大概能睡美气吧。今天身上感觉挺累的，大腿疼，明天据估计要走 100 里，只好打早出发了。

今天行程 80 里，小里 90，总 160 里。

1972 年 12 月 21 日　星期四　阴转小雪

早晨又被延安县的广播吵醒了，不过他们的广播挺生动的，自编的节目不少。我们听了个快板"老主任对口词"、"鸡蛋不是鸡"，小合唱等等。比我们县搞得好，这方面要和（沈）小兰谈一谈。

我们打早就出发了，因为听说到延川路程不近，为了节省时间，我们离开了大路，出甘谷驿向东不远告别了延河，走进了一个拐沟，第一站是唐家坪，15 里，这个我们很快就走到了。吃了两个烤馍馍，在合作医疗站喝了点水，就此机会做了些调查。

这个医疗站是今年成立的，3 个小队合办，一队抽 1 名保健员，全脱产，每月记 27 个工。社员每年收费 5 角，看病时本队社员半费，对外全费。我问他们这样办，社员是否有意见？曰：无。因为给外队看病有收入。

医疗站内中药不少，但都是买来的。本地是秃山，条件比我们那差多了。

此队没什么红利，今年粮食投 400 斤，麦子占 150 斤，多是王麦。机械组也是成立了一年，不收加工费，靠其他副业维持。这样似乎有不妥之处，但他们却不以为然。本队有代销点。

离开唐家坪向沟掌挺进，过石家河开始上山。这里全是秃山，社员家门口的柴垛上堆着的是蓺黍（高粱）杆，烧煤要到姚店拉。沟地不多，但沟沟都有坝，农田基建比我们那里搞得好。

牛羊较少，牛开始套鼻子了。猪大多数是洋猪，狗不多，羊圈无明圈，社员们在背草。

继续东进，山渐渐地陡了起来，地形不知不觉间由陕北常见的山峁转为数峰突起的峻岭，越接近后沟掌，越能清楚地看出前面的山比群山众峰明显高出许多，有一点"鹤立鸡群"的感觉，这在以丘陵地貌为主的延川一带是极为罕见的。

我们沿着古驿道盘旋而上，一直登上山顶，方见一块石碑，赫然刻着"雁门关"三个大字。石碑背面刻有不少先贤名士字迹，其中竟然有北京红卫兵大串联时的题诗。

雁门关古称延榆喉襟，居高临下，地势险要，东西有两个小山包相夹，易守难攻，尚可看到石砌的关洞。想来古代兵凶战危，这等天险正是抵御外虏的绝好屏障。那天微雪飘飘，站在关口，俯瞰四方，万山之巅尽收眼底，令人心旷神怡，倍感祖国山河之壮丽，可惜满目秃山竟无一木，试题一阙。

雁门山上雁门关，
天寒岭陡雁难来。
重关扼险三边地，
层峦叠嶂一线开。
百里飞雪入胡域，
千年落日照秃崖。

万丈高原播新种，

大寨红花关畔开。

下山后的目的地是文安驿，一打问有 30 里。仔细一算今天要走 100 里，任务艰巨，脚步加快，到文安驿已经是 2 点 45 分了。急急忙忙吃了点饭，继续上路，这时腿脚已相当沉重了，每迈一步都要付出很大的力气。我们想着自己的责任，学着红军的精神，相互鼓励奋力向前，夜里 7 点摸黑到达延川。

实在够累的了，望望身旁的晓峰早已酣甜入梦，就此搁笔吧。今天行程 100 里，总 260 里。

东方评述：

后来得知延川塬上的雁门关并不是北宋时期抗辽名将杨六郎抵御外虏的那个雁门关，那一座"雁门关"据说在山西省忻州市代县境内。而延川这个"雁门关"，始建于唐代，名合岭关，宋元时更名为合峪关，明嘉靖三十年（1551）重修后，因山关形似鸿雁展翅，气势磅礴，改为雁门关。它是西安经延安到绥德、榆林以及长城之外的包头等地主干驿道上的主要关隘之一。南有甘谷驿，北有文安驿，历时千百年，护卫着这一方土地。那些传说中的故事大概是延安百姓期盼和平、安宁日子的象征吧。

1972 年 12 月 22 日　星期五　阴　小雪

一觉醒来居然轻松了不少，在延川吃了顿饭，去县安办〔全称为县知识青年上山下乡安置办公室〕开了张介绍信，直奔新胜古大队。我们是顺公路走的，一路上上下下的，亏结实了。这里是塬上了，农田基本建设搞得很好，我们所到之处，坡地基本上都修成梯田了，这种工程劳动量是很大的。

麦子很多，而且还都活着，气候显然比甘泉暖。枣树很多，无梢林。到了张家河，没吃上饭，饿着肚子继续前进，又走了 20 里，到达新胜古大队。晚上和大队党支部书记鲁文彪同志谈了谈，收获很大，详见纪录。我们准备在这儿盛（陕北读 sheng，住的意思）一天，参加劳动，作进一步调查。

听说延水关过河有困难，还很危险，主要是水流急有浮冰，时有事故发生，小船不能过，人少不给渡。但也不是绝对的，等待我们的会是什么命运呢？搞不好就要望"河"兴叹了。暂且不去想它吧。

今天行程 70 里，总 330 里。

1972 年 12 月 23 日　星期六　阴　零星小雪

今天参观新胜古，先去黄河滩水浇地看了看，地没有找到，黄河倒是看见了。真是黄河啊，黄得厉害，浊流婉转，流速很快，倒没见到多少冰。岸边是坚石陡壁，没有黄土。然后我们去「参观」修梯田，确实不简单，几架山都修得差不多了。这里有几个关键：1. 统一规划，2. 集中治理，3. 常年不停。方法正确，再加上干劲，今年下来他们每人有 2 亩平地了，这样面貌就基本改观了。新胜古有不少好经验，要仔细总结一下。

这里驴的品种比较好，体形大，耕地也靠驴。

我们队修梯田差得多，没计划，没干劲，回去一定要改变这个状态。到了新胜古这一步，要想再增产，肥料是个关键。他们种的地还是很远的。

修梯田的定额管理，还挺有意思，值得效仿。这种方法也可以推广到其他方面去。

给老安和家里发了信。今天行程0里，也算第一次休整，总330里。

1972年12月24日　星期日　阴　雪

一夜瑞雪，铺了两寸来厚，真是"漫天皆白，雪里行军情更迫"。我们向队里借了，或者说要了把笤帚就起身了。因为有雪，小路不通，只得绕车路走。千里冰封、万里雪飘的北国风光的确很壮观，但也实在不好走！一步三滑，不到十里路走了一个半小时，累出一身汗，鞋也湿透了。但最让我们关心的还是如何过黄河。

终于到延水关了，这是个很小的山村，坐落在黄河畔上。今天恰恰扳船［当地方言，既开船摆渡。］，可谓车到山前必有路，人至河边定来船。延水关渡口自古就非常有名，有着无数悲凉传奇的故事。我们下到河边，根本看不出码头，两岸都是石崖，黄河像是从峡谷中流过。渡船不大，不过只有不到十个客人，船老大是个四五十岁的汉子，共有四个艄公。河水湍急混浊，上面漂着冰凌，大家上了船，人家也不问价，船蒿一点荡开小船，向河中间摇去。船靠近河中心，水流越来越急，涛声越来越响，艄公的号子铿锵起来，划桨的频率也越来越快，船摇晃得很厉害，浪花不断地打进船舱，还真是有点吓人。好不容易抢过中流，艄公和我们都松了口气，不料船老大却把船版住，吼了一嗓子："抹河钱喽!"一个后生拿起个黑旧的笸箩，伸着两根手指，面无表情地走到我们面前。大有水浒中没带钱就请你吃"板刀面"的煞气。所有客人，包括我和陶晓峰都非常利索地付了船钱，没有一个问价还价的。不过只要两块钱一人，并不算黑。后来听说船价是公社定的，不准乱收，只是保留着祖宗的收钱方式而已。

渡过了黄河天堑，这下我们的命运彻底掌握在我们自己的手中了，只要不停地走下去，计划就会如愿以偿的。

过了河是山西的永和关，看上去与延水关大同小异。但一买馍馍，陕西的粮票却用不成了。我们带了几斤干粮，向洪崖渠前进。一路都是上山，和延川塬顶上差不多，但梯田要少一些，而且多数是老梯田了。由于下雪，没看见社员劳动。下午3点半，到达公社，这里的干部都下［村］去了，只留下几个值班的，生产情况基本上和河西差不多。也有红枣，麦子种得较多。

第一次休整结束了，下一个大目标是太原。今天行程30里，总360里。

东方评述：

后来看到过很多篇知青从延水关过黄河的文章，每一个人的故事都各不相同。有1969年底回京探亲，因为没有路费而选走此路的；有为躲避"关于北京知青就地闹革命的通知"而来此偷渡的；有为了观看壮美跌宕的黄河冰凌的；也有慕古渡口之名来瞻仰"延关飞渡"的。但他们却有一点是共同的，那就是对黄河的雄浑、放荡不羁的惊叹，对延水关的一叶木舟闯河的感悟。

（二）汾河平原——文章千古事，社稷——戎衣

东方评述：

这一节记录了我们从永和关到晋祠的经历，突显了山区与平原的差异，不仅看到环境和地域的不同，更体验到山里人和外面世界的差异。说起来陶晓峰和我与山西都有很深的渊源，陶晓峰的父亲陶鲁笳同志在"文革"前一直担任山西省委第一书记，大寨最早就是他亲手树立的典型，陶晓峰小时候在太原生活过很多年。我原本就是山西人，老槐树的嫡系传人。但是不知为什么，踏上汾河平原那令人羡慕的美丽辽阔土地，我们的心头却泛起一丝对延安黄土地和大庄河乡亲的眷恋。

1972 年 12 月 25 日　星期一　阴转晴

从洪崖渠出发，又是雪地行军，我穿的是一双单鞋，可结实了，同昨天一样没走两步就湿透了，只能走，不能停，停下来脚就冻得不行。只好靠大自然的最高规律——运动来解救了。

50 里地很顺利地过去了，下午两点多到达永和县。这〔个〕县有 4 万人，属临汾专区，地广人稀，沟里有梢林，一路看到的农田基建主要是打坝，梯田不多。县城挺整齐，有座相当漂亮的桥，商店比甘泉县正规。我们补充了行囊，增添了干粮和大蒜，各买了一双鞋，还买了一瓶白酒，名字很怪，叫做"肉冰烧"。大蒜和酒是为了防止拉肚子和太冷时暖暖身子。下午 3 点半，继续向隰县进发。

路上遇到一个小伙子，是坡头公社赵家沟大队的脱产会

计，挺健谈的，给我们介绍了不少情况。

赵家沟在永和县西北的一个山沟里，吕梁山的山脚下，主要种沟地，有40余户人家，500多口人，3个自然村，大队核算，自然条件比较好。今年这里干旱，他们队的口粮仍在600多斤，可谓高矣。队上有6台手扶拖拉机，多种农业机械，拖拉机主要用来耕地，今年又买了推土机。大队会计是脱产的，算账，买东西（真是奇怪）。红利主要靠畜牧和粮食，全大队有20多群羊，1500来只。口粮二八开，没有口粮标准的限制，多打多吃。

他们不修梯田，农田基建主要是打坝，用于淤地、蓄水和浇地。这里十年九旱，梯田很难高产，坝地比较保险。

路上看到不少大幅标语："远学大寨，近学高家山！"

显然是永和县的一个先进典型。据说粮食投得很高，接近1000斤，农田基建搞得好。但书记、主任和会计非常"厉害"，家中粮食够吃十年。

这里到坡头公社有25里，走得挺轻松的。我发现我们可能是走出来了，有两个感受：1. 走路是不容易的，我们年轻力壮还累成那样，红军长征的艰苦，也可体验一二了。2. 困难是要用决心和毅力去克服的。3. 出来走走，收获很大，眼界比只待在本大队开阔了许多。

坡头公社热情地接待了我们。今天行程75里，小里80，总435里。

1972年12月26日　星期二　阴转雪

一早从坡头出发，查看地图后决定翻山走小路。一路打听着翻过两架山，在深山沟里的一个小村——王沟里，有一所小学校，只有一名民办教师，原来家在隰县附近，后来调到这里，对自己的工作很安心。这个村子的全部适龄儿童都入学了，这也是这位老师对人民的贡献，令人钦佩。我们在这里喝水吃午饭，然后继续赶路。

翻山出沟到岔口，离隰县县城还有 25 里，我们准备直取石口，又翻山向七里集进发。中途迷了路，多绕了 10 里地，下山后一问，我们离七里集还有 10 里，而七里集离县城仅有 15 里，原来将方向搞错了，走了半天离隰县还是 25 里。这一带没有见到多少梯田，农业机械还是不少的。

晚上天黑了才到七里集，只得在此歇息。我们从大庄河出来就作了在老乡家里住宿的准备，直到今天是第一次在老乡家里过夜。先试着去找队长，正队长外出开会，副队长串门去了，真难为人。灵机一动去找饲养员，因为一般牲口棚都有个供饲养员睡觉的地方。没想到这下又找对了，饲养员去年还当过队长，人很开朗，出过门见过世面。知道我们的来意后，对我们招待得挺好，在他家里吃了晚饭，晚上又给我们介绍了队里的情况。

这个队是县上抓的一个点，但工作搞得并不太理想，全大队 3 个小队，没人愿意当队长，基本上都快轮遍了。本小队有 100 多口人，种的都是平地、塬地和川地，十年九旱产量不高，今年只投 300 来斤，红利 6 角（包括粮食钱）。生产搞不上去，主要问题在大队领导，上面派下来的人，老好人居多，队干部得不到支持，农业上劳力少，公家修水库抽调了不少人，工作无方向，各种农业机械还都有。我看他们队的条件倒和我们大庄河差不多，看来山区很多地方都存在这些共同的问题。

这个饲养员姓魏，原来在太原煤矿上干过，困难那几年被遣散回来，是个大能人。家有七口人，只有他一个劳力，是缺粮户，五个孩子有两个适龄，在学校念书很不容易！他喂牲口一天挣18分，12头牛，每头15分。这原是两个人的活儿，他一个人揽了，再加上兼着小队会计，一年可挣400多工。这里的队干部是有补贴的。

晚上老魏住饲养室，我们住他家里，裹着大衣睡觉。今天行程80里，总515里。

1972年12月27日　星期三　晴

一早告别了老魏，沿公路北上前进。两旁没什么可记的，不过天晴日丽很漂亮。走了20里到了下李公社，吃饭打尖。由于走公路没啥意思，我们决定搞一次急行军，争取赶一天的路程。中午到了交口，是个新成立的县，尚无轮廓，只有个汽车站，我们匆匆吃了午饭，向大麦郊赶去。

一路疾走不提，只记三点：一、交口封山育林搞得很好，山上都为林木覆盖。但目力所及大树不多，种类有杉、白桦、柠条、杨、松、柏等等。二、庙多。在石口附近，周围全都是秃山，忽见一片柏树林，郁郁葱葱，我们还以为是哪个生产队的林地，走进一看，见一座庙里面有一石碑，大意是5名高僧之墓，歌其功德，后面是门人署名，乃第九代徒孙也。原来这山为寺庙所辖，不准砍伐。后来路过很多村庄，一般都有庙，结构形式基本一致，都是中间一正殿，旁有两偏殿。庙宇这样多不知是否和五台山有关系。三、沿途搞农田基本建设的队不多。

我们还在半山上，天就黑下来了，前不着村后不着店，只好继续走。正赶上翻山背洼，雪尚未消，汽车压过后雪成了冰，又平又光，一步三滑，不断摔跤。后来索性不管，连走带爬一个劲儿向前。风越来越紧，林涛阵阵，颇有夜行军之感。好不容易下了山，又走了七八里，前边灯光隐隐，心里一阵高兴，以为到了。一打听离大麦郊还有 25 里，正值冬季，已是晚上 8 点，只好找住处歇了。公路不远有个小村，进村时娃娃嘲弄、恶狗狂咬，又费了一番工夫，我们总算找到副队长，安排了个睡处。

这是个小山村，缺粮少水，吃水要走 10 里地往回拉，今年粮食只投 200 多斤。有副业，主要是核桃，年产六七万斤。国家收购核桃仁，本地有两种核桃，薄皮的 1 斤出八九两仁，厚皮的出 6 两，价格每斤 0.95 元。这里是林区，"砍把子"也是一项副业。山里有狼、野羊、豹子等动物。据称这里还好，北边中阳、临县才是一塌糊涂，年年逃荒。我们一查地图，和榆林地区隔河相望，原来竟如此相同。夜里还是盖着大衣睡觉，洗漱一概全免。今天成绩可观，走了 110 里，全程 625 里。

1972 年 12 月 28 日　星期四　晴　西风六七级

嗨，今天最大的"成绩"是走错路了，原计划目的地是孝义县，过了大麦郊，我们一直向下走去，没有在西泉路口拐弯。这一错可亏结实了，等我们弄清楚，已经走出去 20 里了！只好返回，风非常大，吹得喘不过气来，回到岔路口一看，从大麦郊出来走了整整 5 个小时了，有效路程只有 11 里。懊恼极了，那可是一步一步用脚量过去的呀。可有什么办法呢，抬起腿，低下头，顶着风再前进。晚上天将黑到达阳泉县，这里有火车了。决定投住旅社，这是此次行程我们第一次住旅店。

旅店有水有电，充分利用，补日记、洗脸、洗脚，倒是不用洗衣服，因为我们根本就没带什么替换的衣服。两天黑夜没盖被子了，今天舒适一下。代价是每人0.80元，能买很多馍呢。

今天走了105里，有效路程65里，全程730里。

东方评述：关于大槐树

前些天就听到人谈论洪洞县大槐树，据说离隰县不远，今天又听到了。当年多少人背井离乡，告别地肥水美五谷香的汾河平原，投向那遥远陌生的他乡，至今很多山东河南人还是把老槐树和老鸹窝人做自己的根。据说真正的大槐树传人小脚趾是没有指甲盖的，只有两瓣厚厚的角质球。我和晓峰作过验证，我的小脚趾果然是那样的，而他的不是。大庄河知青小组里还有一位山西人是张路雄，当时调到王坪公社任副主任，他的小脚趾也是这种甲形，不服不行啊。后来听说解手这一用语竟也和大槐树有关，明朝的六次大规模移民基本上是强制的，在押解过程中移民的手是用绳索绑着的，要小便时只好向官兵报告："老爷，请解手，我要小便。"次数多了，"解手"便成了小便的代名词。

由大槐树想到移民，由移民想到我们插队，知识青年大规模上山下乡，不也是一种移民吗？与当年移民事件相比，二者都是由政府从上而下发起实施的，都是从中央富庶的地区移向偏远贫穷的地区（当然也有很多知青是在本地插队）。明朝的移民使大槐树的后裔在数百年后遍布全中国20多个省，知青大规模插队却在十余年后以全部返城而告终。望着滚滚南流的汾河水，想着古槐树上老鸦的晨噪暮宿，这文化历史的变迁久久在心头缠绕，难以挥去。

1972 年 12 月 29 日　星期五　晴

昨夜来了一伙司机，是杏花村汾酒厂的，一块啦了啦［陕北方言，交谈的意思］挺有意思的。杏花村［汾酒厂］是国营工厂，生产汾酒和竹叶青酒，需求量很大，畅销国内外。一位司机看了看我们的"肉冰烧"，颇为内行的讲评了几句，据说这酒是将腊肉浸在烧酒里制作的。

打早起床，吃了点干粮，7 点多上路，中午 12 点到孝义。进城吃了午饭，奔向汾阳。这一路有一半是沿着铁路走。从出来后我们走过各式各样的路，山路、雪路、古驿道、大路、公路、水路、塬上、沟里，现在又加上铁路，真有意思。查看了一下铁路，钢轨长 12.5 米，轨距 1.2 米，别看是钢的，磨损得很厉害，不知为什么还噼啪乱响。路标很细，每一百米一个。我测了一下，我们一分钟，即 60 秒走 60 复步，恰好 100 米，每一步合 5 尺整，恰巧都是整数。这样走速度很快，120 里地，约 10 个小时，36000 步。

下午走进汾阳地区，这［里］已经是汾河平原了，吕梁山也被抛在后面了。汾河是黄河的第二大支流，是山西的鱼米之乡，一望无边的平原，让我们这些山里出来的人万分羡慕。有几处值得注意的事：1. 耕作制度显然精细多了，打畦，有垄行，秸秆还田、送粪都和山区不一样了。2. 小麦是条播的，长得不如延川，面积也不大。3. 许多地方在灌水，是翻过的空地，这种冬灌不知有何作用。用的是机井的水，电动马达抽水。4. 村子普遍比山区的大，大概有 300 多户吧。

这个地区看来也不很富足，在孝义吃的面条一满 [陕北方言，全、都是的意思] 都是玉米的。下午 4 点半到达汾阳县城，去县革委会开介绍信，未成。说你们直接去贾家庄大队就可以了。晚上投宿旅馆，闹了个笑话，我们刚进门，一个中年女服务员就说："咳！这儿不是你们住的，快出去吧！"原来我们忘记自己衣着褴褛，大概被当成叫花子了。势利眼至此，真是没治了。可想而知贫下中农出门就更不易了，这种社会风气终将被打倒。

今天走了 85 里，全程 815 里。

东方评述：

后来，我们又一次遇到这种被当做叫花子的待遇，而数天之后，这两个"叫花子"到了太原又住进省委书记的家中。我们一度曾再三犹豫到太原是否要去省委大院。最后晓峰说，既到了太原，不去见王（大任）叔叔和知己的发小哥们儿，就太失礼了。两种截然不同的待遇，发生在相距不远的同一块土地上，这巨大的反差，引起了我们的深思。消灭三大差别一直是我们党的重要目标和理想，可在我们的新中国建立了 20 多年了的今天，社会现实却如此不尽如人意。屈子曰：路漫漫其修远兮，吾将上下而求索。

1972 年 12 月 30 日　星期六　晴

早晨步行 10 里来到贾家庄，这是山西省的一个著名老进典型。我们找到县委的一名驻队干部，姓霍，给我们做了个比较全面的介绍。贾家庄大队共有 380 余户，1800 人，新中国成立前是个最贫穷的地方，土地多是低洼盐碱地。而现在年产 200 万斤粮食，给国家贡献 120 万斤（这样算下来人均不到 500 斤粮，合适吗?），亩产 1000 斤，大队核算，无自留地。大队下面设 12 个队、7 个农业生产队，另外有工业队、畜牧队、农机队、副业队和科研队各一个。农副产值大约是 5:5，全面发展搞得很好。农业机械化程度很高，耕地全部可以水浇，有大小农机具 1000 余件。工业队有车、钳、锻、焊，许多机械设备是自制的，维修基本不出队。

全大队共有劳动力 500 余名，400 名用于农业，100 名用于其他方面。粮食分配，娃娃们按年龄，劳动力是自报公议，红利 1.50 元，社员生活水平较高。

村庄建设得很漂亮，像个小镇子，大队积累很多（注意），猪和牲畜都喂糖化饲料。据说发展中没有用多少贷款，自力更生搞起来的，汽车和拖拉机是 1964 年买的。

大队有托儿所、理发组、缝纫组、食堂，都成立很长时间了。食堂有 4 个人，农忙时加人，冬季农闲时 3 人。目前有 50 来人在食堂吃饭。托儿所：春播开始，秋收分粮后关闭。每队 1 个，共有 7 个。

所有的人都记工分，没有脱产人员，社员劳动强度不算太大，基本免去了肩挑，有 200 多辆小推车，除内外轮胎外全部自制。口粮中小麦占 20%，稻子 10%，玉米 20%，高粱 35% 其他杂粮 15%，不太理想，口粮标准 510 斤，实际分得比这略多些（与前面总数有些出入）。农田基本上"方田化"了，大队还办有几个展览室。各生产队产值不一样时，实行多产多奖

制。每人每年收合作医疗费 1.50 元，每个劳力一年可分 400
元，米面加工免费，其他服务收少量费用，菜蔬由大队供应。
总的来看，现在面貌比较理想。

发展中曾有过激烈斗争，尤其在"文化大革命"中，真假
典型问题有争议。70 多位党员团结一致，坚持组织生活，干部
班子也比较强，前面两任党支部书记都调到地区工作了，新任
书记张子建原来是民兵连长，兼公社党委副书记、县委委员。

今后发展方向，抓水利和农机，提高机械化水平，提高产
量，改善口粮组成，提高细粮比例。副业基本维持现在的状
态，防旱还是个问题。

看看这个大队还是很开阔眼界的，但关于发展过程中的斗
争，尤其是干部，社员的思想变化，老霍谈得不多。明天是
1972 年的最后一天了，准备到刘胡兰烈士的家乡云周西村去过
这最后一天。

今天走了 10 里，全程 825 里。

东方评述：

贾家庄 1994 年开始在发展生态农业，2000 年建成了生态
农业旅游园。有湖水面积 36 亩。园林建筑面积达到上万平方
米，都市式的新农村已呈现雏形。

1972 年 12 月 31 日　星期日　晴　风

今天一大早从贾家庄出发，走小路赴云周西村，这个英雄
的故乡，这个向往已久的地方。

清晨，寒风凛冽，汾河平原还在一片朦胧中，我们又是顺

风，向东北进发，一路都是一望无际的良田，全是机耕地，小麦齐刷刷的，秋翻地比例很大。基本上土地都是方的，大片的，作物多是南北，或东西种植的。一路所到村庄都挺大，一个队都在1500人左右，发展不够平衡，有的队口粮只有300多、400斤（东窑庄），有的队合500—600斤，机械化水平看来都不低。

我们认准东北方向一路奔去，大路、小路、麦地、秋翻地、棉花茬地……下午4点到下曲公社，吃了饭，继续前进。天将黑到达云周西村，在刘胡兰公社过夜。

路过唐兴，在由城子到古贤庄的途中，立着个纪念碑。上写着：抗日英雄蒋三烈士之墓，背面是：丰功伟绩，永垂不朽。在贾家庄就听说过这是电影《扑不灭的火焰》里的主人公。我们默默地向烈士致哀，耳边响着主席的教导"成千成万的先烈为着人民的利益，英勇的牺牲了。让我们踏着他们的血迹，高举他们的旗帜前进吧！"

今天走约90多里，全程915里。

1973年1月1日　星期一　晴　西南风转西北风

今天是［19］73年的第一天了，清晨，我们漫步到刘胡兰烈士陵园。这里在村东南不远的地方，我们从西面旁门进去，里面分为南北两部分，北面是墓地和陵园，南面是陈列馆。陵园中心竖立着刘胡兰同志的全身白石膏塑像，英姿飒爽，昂视远方，显示了她纯洁的灵魂，顽强的毅力和崇高的理想。塑像左面是英雄们就义的地方。透过那小块空旷的平地，我们眼前浮现出烈士们顽强斗争，宁死不屈的英雄形象。再往左就是那座有名的大庙，当时烈士们被捕后就被关在那里面，并在审讯室里和敌人作斗争。我们凝视着这里的一草一木，感到无比的亲切和敬仰，暗下决心继承胡兰遗志，为完成刘胡兰烈士所未完成的事业而奋斗终生。

出了陵园，来到陈列馆，天尚早还未开馆，我们只得在门外看了看，大门口的石碑上刻着伟大领袖毛主席题的 8 个镶金大字：生的伟大，死的光荣。背面是郭沫若书的中央关于追认刘胡兰为中共正式党员的决定。

出了烈士陵园，我们心潮久久不能平息，一行大字标语跃入眼帘：忠于毛主席，学习刘胡兰，继承烈士志，建设英雄乡！是的，我们将把英雄的旗帜永远高举下去。

上午吃了饭，已是 10 点，为了赶车，急奔文水。一路不停，下午 1 点赶到火车站，真是巧极了，车尚未开，我们连问也没来得及问，就上车了，到清徐补了票，下午到达晋祠。晋祠是有名的古迹，一是泉水，二是亭阁，三是书法题字。有唐太宗李世民的手书，泉水非常清澈，现在这里是个公园，离太原 50 里。晚上在供销社澡堂宿夜。

今天走了 135 里，步行 35 里，火车 100 里，全程 1050 里。

东方评述：

这一路行程还有一个非常深的印象，那就是山西众多的庙宇。三晋之地，历史悠久，民风淳厚，几乎村村有庙。虽然破坏得很严重，仍可感受到传统文化的底蕴。最令人难忘的要数千年古刹晋祠，和北京的诸多皇家园林相比其规模要小得多，但是山环水绕古木参天，殿堂亭阁雕梁画栋飞檐斗拱精巧玲珑。尤其是那道清澈见底的难老泉水，晶莹透明，常年不息昼夜不舍，据说那就是晋水的源头。和常见的庙宇不同，晋祠不是坐北朝南修建的，而是沿一条由东向西的轴线坐西面东修建的，地形则是由低而高，从下面的水镜台，经水渠、钟楼、鼓楼，到上面的圣母殿。布置得错落有致浑然一体，很难看出这些建筑是不同年代建造的。我们登上瓮山，最高的殿里有一座孔子塑像，两旁对联是：文章千古事，社稷一戎衣，据称是诗圣杜甫的诗句。

在和老乡交谈中，提起庙宇来，总能感到他们的态度和我们不同，心中存有一份尊敬。虽然以我们当时的年纪、经历和所受的唯物主义教育，很难理解他们，但是这一人文认知，却明白无误的印在我们的脑海里。

（三）太行山脉——我们在太行山上

东方评述：

喝干最后一口"肉冰烧"，踏进太原城，这一节记录了我们在太原休整和到达大寨前的经历。山西省委大院是陶晓峰长大的地方，院里住着许多儿时的发小和哥们儿、姐们儿，很多人和晓峰也是多年未见了，听说我们来了，都来相见。回忆各人儿时的糗事，真是一乐，大家亲热极了。这些人除少数参军、插队外，多数在太原当了工人。他们从小受到良好的革命传统教育，见多识广，谈起社会革命，颇有壮志豪情；讲到上山下乡，他们认为比在工厂强；论及现实社会，普遍不能认同；而说到思想改造，则各有不同见解。大家显然都很关心国家大事，和我们知青小组一样，林彪事件也给他们带来了极大震惊，引起深刻的反思。但是在和他们交谈中，还是能感到干部子弟的那种优越感，以及这种优越感背后的一些局限。我和晓峰都认为这一点是值得我们引以为戒的，也庆幸我们能有机会深入了解农村的现状，了解农民的疾苦，这对我们后来的人生之路有着非常重要的影响。

1973年1月2日　星期二　晴　西北风

早起［上］天将亮起身，风和，日尚未出，我们向太原出发了，越走风越大。开始是东南风，后来是西南风，终于成了西北风，越来越猛，两旁树木电线都随风怒号起来，冻得人真够呛。我们下决心继续走下去，饭也没吃成，一气走到太原，时间是11点半。路上遇到自行车比赛，规模很大，沿路禁止汽车通行。

记下两点：一是果园，沿途有好几个，挺大的，修剪技术也很不错；二是水稻，看上去种得不少，密植程度高。晚上住省委书记王大任家。

今天走了50里，全程1100里。

1973年1月3日　星期三　晴

今天休息了一天，上午去街上转了转，按原计划准备在这里作一次休整，这也是我们行程中的第二次休整。太原是历史名城，三面环山，南面对着汾河平原，也称龙城。我妈妈当年还参加过解放太原的战斗呢，市区不大，还算整齐。

这两天接触了陶晓峰的一些发小知己，和我们小组里一样，也都是些干部子弟，多数是工厂工人。大家谈了一些共同的看法，对社会上一些旧习气看不惯，挺愤慨，但是面对这种现实怎么办？答案就不是那么清楚了。

这段时间一面走，一面看，一面想。看到一个地方就和大庄河比一比，然后就想想自己应该在这里发挥什么作用，和曾经发挥了什么作用，今后又应该怎么做。比来想去，许多事实深刻地教育了我们，告诉了我一个地方要想改变面貌，关键在于走什么路线，而路线的执行，关键又在领导。我们这几年来在大庄河的努力之所以收效甚微，就是没有认清路线，没有抓住领导，其他工作似乎也是如此。

作为一个青年，我觉得应该多学习多思考，走向社会后要正视它，熟悉它，认识它，改造它。既不能被它的缺陷搞得迷惑不解，也不能让它的庞大吓得退却。而要掌握规律，用革命的手段创造未来。这就要求我们：1. 要破私立公，有献身精神；2. 要认真学习，掌握理论武器；3. 要依靠群众去工作。

今天行程 0 里，总路程还是 1100 里。

1973 年 1 月 4—5 日　阴转晴

这两天因等陶晓峰，在太原休息，看了一天红楼梦，还没有看完，不好评论。太原自入冬尚未下雪，旱得厉害，麦子显然要受影响了。写了 3 封信，给栗建国、曹（文章）书记和来子。

东方评述：

我们住在省委书记王大任家中，得到了他和家人的很多照顾帮助，也和他本人作了几次交谈。这是一个态度和蔼、气宇不凡的长者，他很关注地听了晓峰和我对陕北农村和知青插队的看法，对我们的一些成绩给予很高的评价，对我们这次步行社会调查更是赞扬有加和热情鼓励。

我们谈到知识青年和工农相结合，谈到延安精神，谈到继承父兄遗志，续写新的篇章等等。王书记是山西本地干部，特别详细地询问了我们一路上在山西的见闻，我们也非常坦诚地讲了我们的经历和看法，包括住旅店时被当做叫花子的故事。呵呵一笑后，王叔叔指出革命的道路是曲折和漫长的，要有作长期斗争的准备，无产阶级只有解放全人类才能最终解放自己。叮嘱我们回去后要虚心向贫下中农学习，为建设社会主义新农村做出自己的贡献。

王叔叔当年也就是我们现在这个年纪，可能还稍微年轻一些。他后来调赴吉林省担任过多年省委书记。当他 1999 年去世时，人们对他的挽联是：人民公仆百姓忠魂。我想我们每一代人都有自己薪火传递的使命，都不可避免地会受到环境的影响和历史的局限，但是如果你为了百姓的利益，为了神圣的信仰无私无畏地奋斗过，那就没有什么可遗憾了。

1973 年 1 月 6 日　星期六　晴

早晨告别了王大任家。这两天确实给他们添了不少麻烦，他们从思想上也给了我们些鼓励。出了太原城，一直向东，翻过丹山，就是著名的太行山脉。这一路都是石头山，土层很薄，煤却不少，到处有用镢头掏过的痕迹。可耕地不多，有点地都是梯田，石头砌堰，住的人也挺稀少，几十里才见一个村。估计这地方粮食产量不高，副业可能不少，来往大车甚多。

山多是秃山，过了张家河才有了点植被，以油松为主。路上走不远就有剪下来的树枝垛，用车拉回去当柴。下山到郭家庄，看见一条标语：继承灵芝志，建设新农村。使人想起云周西村，想起千千万万的先烈，祖国的每一寸土地都是烈士们用鲜血换来的，我们要珍惜她、建设她。

原来估计到寿阳 120 里，想拼一拼当天赶到。后来一问，说有 88 公里，只好走到平头歇了。路标显示 43 公里，刚刚一半，这地图显然有问题，不够准确。

今天行程 86 里——总 1186 里。走得并不多，却挺累的，显然是这两天歇的。

1973 年 1 月 7 日　星期日　晴

早起从平头公社出发，中午 2 点到达寿阳。实际上太原至寿阳是 71 公里，142 华里。吃了饭，继续前进，出城不远又见到纪念尹灵芝的标语，晚上宿在芹泉，现在叫尹灵芝公社，和贾秘书谈了谈。1. 尹灵芝是一位刘胡兰式的女英雄，也是牺牲在敌人的铡刀下，年仅 17 岁。2. 这个地方今年受灾，旱情严重，平均亩产仅 270 斤，口粮 300 多斤，在整个寿阳县还算是比较好的。3. 这里不缺水

但是平地少，修成的梯田不太多，机械化水平也不高。

行程 80 里，总 1266 里。

东方评述：

尹灵芝，寿阳县赵家垴村妇救会主任，共产党员，太行山养育的又一位刘胡兰式的女英雄。1947 年 11 月壮烈牺牲在敌

人的铡刀下，年纪还不到 17 岁。

17 岁呀，正是鲜花盛开的季节，我们在这个年纪离开北京来到黄土高原，谱写着人生新的乐章；花木兰 16 岁替父从军，荡气回肠；红楼梦里林黛玉和史湘云正是在这个年纪，吟对"寒塘渡鹤影，冷月葬诗魂"的凄婉绝响；而现在的女孩也许正在为年龄太小，不能追梦超级女声而倍感伤心。每个时代，都有自己的英雄，每一代人，都有自己独特的情怀，能为心中的理想和信念，披荆斩棘默默前行，不怕吃苦不惧牺牲，这样的生命开出的花才能让黑夜灿烂。

1973 年 1 月 8 日　星期一　晴

早晨天将亮，告别了英雄乡向阳泉进发，沿途情况基本上与昨天差不多。中午 2 点多到达阳泉，这是个工业城市，主要是煤矿，顺桃河进来，一路都是矿山。这里离大寨只有 200 多里地了，下午出城南下，计划赶到平定县。由于时间已晚，搭了一段顺车，晚上 5 点多到达平定县边缘的张庄公社。再往前三五里就是昔阳县界了。地都是修正平了的，确实下了不少工夫。晚上和公社的张秘书交谈，据他介绍，这里今年也是受旱，亩产 280 来斤，正常年景 400 多斤，口粮在 350 斤左右。红利低的 7 角，最高的在 1.20 元到 1.30 元之间，张庄大队是 9 角。这里基本土地都修平了，但人多地少，每人合 1.1—1.5 亩，机井很少，浇不上水。地虽平，土层不厚，因此不耐旱。

现在主要搞水利和积肥，沤制秸秆，这里冬天地不太冻，今冬未下雪，旱象严重。明天就要到大寨了，这次长征也快胜利结束了，我们将要认真学习昔阳经验。

今天行程 110 里，步行 65 里，搭车 45 里，总 1376 里。

东方评述：

这几天一直在太行山上行走。太行山的东麓临华北平原，是很陡峭的，西麓由于和山西高原相连，比较平缓。山西省以产煤著称，阳泉市是个典型的煤城。这几天见到的煤矿比我一辈子见过的还要多。可是这里的人民似乎并不富裕，原以为有了燃料就不用伐树砍柴，不料这里到处是秃山，几乎没有什么植被。虽然挖煤和相关联的产业给当地农民带来一定的收入，但其对地表和植被的破坏也是显而易见的。

人类到底应该如何利用自然资源呢？

（四）学习——农业学大寨

东方评述：

这次徒步东行最直接的目的是学习大寨和昔阳的经验，看看他们到底发展到什么水平，又是如何实现的。经过十多天的长途跋涉，终于来到昔阳，心情激动而振奋。看着这陌生的山水，居然有一点似曾相识，惺惺相惜的亲切之意。

1973 年 1 月 9 日　星期二　晴

今天踏进了昔阳县，所到之处都是梯田，石头垒的堰子。

路上见到不少社员在搞农田基本建设。主要在修水渠和填地。快到县城时遇到两个李家庄公社的社员，他们说这个地区的梯田是很早以前就修好的，不过在学大寨前产量不高，学大寨后产量是逐渐上升的，主要靠肥料和种子，土地上措施倒不多。今年旱了，亩产400斤左右。大队核算，无自留地。昨天那个张庄在1970年和1971年也是大队核算，今年又改回小队核算了。这里县办工程也不少，主要是治理河滩地。

到县接待站一问，说参观大寨可以，住宿不行，只能住在县上。想到全国各地来参观的人很多，这倒也可以理解。我们在招待所登了记，却无人给开门，干脆直奔大寨。

下午一点到达了久已向往的大寨大队，等了很长时间，吃了顿饭，然后在一个接待站同志（县里工作人员）的陪同下进行参观。从"老人树"上山，沿小背峪沟登虎头山，看了马圈、牛圈、猪场，两个储水池，高线运输装置，以及新大寨宿舍。原来"七沟八梁一面坡"都在虎头山北面的坡上，地理条件可谓半山区吧，比我们队条件稍好。沟很小，山都是台状，顶上是一块平地，两面是沟。大寨人正在狼窝掌搞人造平原，有两台推土机在工作，工程铺得很大。梯田多是石堰，看来塌的很少。水渠有明有暗，绕山而来，有两级提水装置，稻田在山上，真是出人意料之外。大旱之年岂不很费水。现在种着麦子，明年不知种稻不种了。问到具体情况，这个接待员啥也不解，真没治。土地都是平的，就连他们留下的"教育田"也是梯田，不过窄一些，堰堰是料浆石圪蛋垒的罢了。可见这个地区以前也是梯田多。

高线运输很有意思，上面两根粗缆线，承受重力，下面两根牵引绳，用卷扬机带动，一次可运料500—600斤。牛、马、猪圈和粉坊都在半山上，这有几个好处：1. 饲草不用下山；2. 粪不用上山，草直接在山上就沤了；3. 不易得传染病。但要有个条件，即山上要有水。果树不太多，队办工业似乎不如贾家庄。

住宅挺漂亮，也是梯田式，一排窑洞，上面一排房；房后面平对着又是一排窑洞，如此向上，共有三四层。远看很像是楼房，就不知上厕所是否方便。私人不喂猪，只有几个鸡笼，证明鸡还是喂着呢。社员每户两孔窑，窑不大，前面的房子多用作厨房，人住窑洞。有一所学校，带个托儿班，常年不散。住宅区见到的人不多，似乎都劳动去了，干劲是起来了。队里仍在继续修建窑洞。

参观没有真正的大寨人作介绍，真是遗憾。这种办法把参观者和大寨人完全隔绝开了，可以理解，但也真可气。其实有许多问题其他的人往往回答不出来。

今天行程 55 里，全程 1431 里。

1973 年 1 月 10 日　星期三　晴

上午参观了南垴大队，由他们的大队长作了介绍，谈得比较详细，追记如下：

这个大队原来是个有名的穷队，40 来户，居住在一个滚滚乱石的石梁上，全长 3 华里，耕地 500 来亩，全分布在这一梁二面坡上。土层薄，无水无碳，过去挑担水走 10 里，一挑煤也是 10 里。生活极其困难，年年吃返销粮，少说三万，多则四五万斤。以前的党支部也说学大寨，但实际走资本主义道路，搞工分挂帅，物质刺激，一天交 2 元，队里就不管了。而他们将猪肉装在棺材里，一块儿拉到阳泉卖，一天挣 20 元。干部脱产，因为成天要量方，包工，没时间劳动，结果越干越垮台。

真正大干起来是在 1967 年，"文化大革命"后，干部统一了思想，同时注意团结犯错误的同志一道工作，参观大寨，找差距。为什么人家产量高自己却不行，为什么 1963 年人家不要救济，建起了新农村。而自己要了 4000 元木材、粮食，连一孔窑也没建起来，关键是路线。

1967 年决定了两件事，一是修 5 华里盘山路，解放挑担子劳力，过去冬天家里挑水、挑煤，加上铡草，无人搞基建。二是治东西的沟。当时全半劳力 80 个，除去副业牲口，农业劳力 60 来个。20 人修路，一个月完成。40 人修地，一个月搞了 40 亩。增添了信心，看到了前途。1968 年接通 2 寸水管，提水上山，解决了吃水问题。1969 年盖新农村，白天在地里劳动，晚上盖房，不计报酬。苦干了几个冬春，将原来的 3 个自然村的居民移到一处，搬进新窑洞里。1971 年将坏地，包括不可耕地，拉土砌堰修成 100 多亩好地，共建成大寨田 500 亩，总耕地面积达到 600 亩。1970 年和 1971 年亩产都上了 800 斤。1972 年又将水管改成 4 寸的，用三联水泵提水，高 300 多米，长二里半，全村实现了自来水。又建了一个蓄水池，计划浇地 100 亩。现在年产 40 万斤粮食，年年卖余粮。也在搞人造平原，去年动土 2800 方，动石 1000 方，造成 16 亩一块地，今年在搞另一块。

牲口 60 多头，羊 150 只，有个猪场，暂时喂得少了，因为县上禁止大队办粉坊，社员个人喂猪。

今后 5 年打算五变，旱地变水地，坡地变大寨田，粗粮变细粮，石山变果园，手工变机械。

几个关键：一是领导；二是头几年要苦干、狠干；三是发动群众。

看了这个大队，我们深受教育。这里的自然条件真太差了，比大寨、比大庄河都差。是纯粹的石头山，无土层，还缺水。但他们却能在短短的七八年内改变成今天这样，真英雄也。

今天行程 25 里，全程 1456 里。

1973 年 1 月 11 日　星期四　晴

东行结束，今天上午乘车离开昔阳赴北京，夜里 11 点多到达北京站。

东方评述：

几天参观下来，我们深深地为昔阳、大寨、南垴人民的艰苦奋斗，改造山河的英雄业绩所感动，几年来的农村生活使我们懂得实现这一切是多么不容易，要付出多么艰辛的劳动。和他们相比，特别是和南垴相比，大庄河的条件并不算太差，可我们目前只能勉强维持个温饱，交完公购粮后，所剩无几，基本上是维持简单再生产。要想从根本上提高社员们的生活水平，同时为社会主义建设多做贡献，就必须在农田基本建设上下一番苦工夫，每人至少要有两亩平地，这是其他一切发展的前提。看看这里，想想新胜古和贾家庄，在发展前进的道路上无一例外都是从修建土地上起步的。只有拥有平地，才能保住水土肥料，才能谈得上培养良田沃土，改变广种薄收靠天吃饭的落后生产方式，建设昔阳大寨式的新农村。

1973 年 1 月 19 日　星期五（东行结束后一周记于北京）

这一路东行对我来说收益是很大的，20 天时间我们走延川、跨黄河、翻吕梁、沿汾河、进太行；途经两省15个县，甘泉、延安、延川、永和、隰县、交口、孝义、汾阳、云水、交城、清徐、晋祠、祁县、平定和昔阳县；三个市，延安、太原和阳泉，总路程1450里，其中步行了1300里。

这是我第一次走这么远的路，也是第一次独立自主的步行外出。因为不是上级组织的，我们一路上遇到了不少困难，体会了许多平常体会不到的事情，使我们对社会有了进一步了解，收获是多方面的。

首先，磨炼了意志。这一方面体现在克服身体的疲劳上，那头几天我们确实是咬着牙挺过来的。陡峭峻立的雁门关，飞腾起伏的延川高原，滚滚的黄河，皑皑的延水关，对我们那头几天来说显得格外艰难。另一方面从住宿上看，也是挺艰苦的。我们曾在延安、延川受到热情的招待，也在七里集交口的饲养室，老乡家过过夜。铺着一条炕席，盖着随身带的大衣和衣而卧。这些经历使我们想起很多事情，英勇的长征，艰苦的游击战，甚至古时候的交通不便，现在的飞机火车，和未来人类的美好前景。不断地加深了我们克服困难的能力。

其次，锻炼了身体。最说明问题的是从隰县到阳曲县那两天，每天走100多里地，并没有将我们拖垮。和头两天走延川新胜古时的狼狈情景形成鲜明的对比。

第三，进一步了解了社会。这一点更是表现在许多细小的方面。例如从我们衣着的变化来讲，虽然我们一直穿着同一身衣服，但在大庄河那算很不错的了，而到了永和、隰县就成了挺一般的了，而一进汾河平原反而成了差的了。……在汾阳和晋祠，我们俩差点被当成了叫花子。一进太原城就更不成样子了。这也很具体的反映出山区与平原、农村与城市的巨大差别。

再有和各种不同的人打了交道。甘谷驿热情的权海帆，新胜古老成的刘主任，洪雅渠冷漠的值班干部，坡头公社热心的下放干部周主任，张家沟温文尔雅的中学女教师，七里集挺世故的老魏，交口县一毛不拔的老头子，汾阳旅馆无知的小市侩，云周西村爽快的勤杂工小李，太原省委大院和蔼可亲的王大任同志，陶晓峰称兄道弟的幼年伙伴，大寨招待所令人厌倦的接待员，丝毫不懂农业的讲解者。最有趣的是那个梦想跟陶晓峰淘换粮票的家伙，似乎还是个干部。这不同的人反映了不同的思想不同的世界观，有些人处于相似的地位，但精神面貌却大不一样，看来革命不革命的关键还是在思想。另外从各地不同的生产面貌及"文化大革命"前后的对比上，也使我们看到农村的逐步发展，看到人的力量。

第四，也是最重要的收获，这次社会调查的主要目的，就是参观了大寨、南垴、新胜古、贾家庄。这几个地区发展很不一样，各自的基础和走过的道路也不一样，但都非常值得我们学习。南垴的艰苦奋斗精神，大寨的共产主义风格，新胜古的农田基建的干劲，贾家庄全面发展的姿态和他们共同的特点——为革命种田的理想，都给我们留下了深刻的印象。我们一路走一路比，思来想去感到有几个关键之处：

1. 改变一个地区的面貌必须有一条正确的路线，不仅有长远的，而且有具体的，一句话"农业学大寨"。

2. 必须有一个坚强的领导班子，用以保证正确路线的执行，用以把党的政策和本地具体情况结合起来。

3. 要下一个狠心打几个硬仗，冲破平常的作息状态，苦干二三年，以便使一些关键的问题得到大的解决，取得今后的主动。

4. 要完成第三个任务，就要宣传群众，使大家考虑清自己的前途，认识到自己的长远利益。

最后，这次东行还使我们感到，只要下定决心，坚持到底，就能取得胜利，所谓有志者事竟成。原来出发时很多人都不同意，包括县上老游、地区老李、大队的贫下中农和我们知青小组的一些同志，他们一来关心，二来怕出事。我们也曾有所犹豫，事实上他们估计的那些困难确实是存在的，但不是不可克服的，下一步是写一个改变大庄河面貌的发展规划。在后来陕北生活的岁月中，我们身体力行，为此作出了艰苦卓绝的努力。

我们是那样年轻，坚信只要方向正确、不怕吃苦，就一定能够改天换地，把大庄河改造成陕北江南。一句话：人定胜天。

结束语

合上这发黄的日记本，却合不上心中那记忆的闸门，一幕幕往事仍然清晰地浮现出来。知识青年上山下乡并不是从我们这一代人开始的，记得小时候就为邢燕子和董加耕自愿回乡务农，走知识分子和工农相结合的道路的事迹所感动。"文化大革命"前的上山下乡是沿着一条健康的道路发展的，但是"文革"中的大规模知青插队作为一场运动显然是错误的，是十年动乱中的一部分，这一错误造成的危害和后果是极其严重的，这一点并不能因为发生过那么多可歌可泣的感人故事而改变。同样应该指出的是，那些在这一特定环境下，和社会最底层的乡亲们一起同甘共苦流血流汗，为改变农村落后面貌而奋斗过的人，他们的功绩与光荣也不会因为这一运动的错误而失色。

知青插队从客观角度上来说给了这一年龄段的人极其特殊的生活经历。我们从大城市来到偏远的农村，用城里孩子的眼睛直视着社会最底层的人民的真实生活，那强烈的反差引起的震撼是难以磨灭的，其影响之深远是数十年后才真正显现出来的；这段艰辛的生活也使我们这些肩不能挑手不能提的学生娃经受了严酷的劳动考验，那是把人锻炼成钢铁的教育；在物质条件极其贫乏的同共生活中，我们和纯朴的乡亲们相濡以沫，结下了深厚的情谊，这一感情桥梁至今不断；当年的知青现在大多已到了耳顺之年，无论最初是如何去的，后来又是如何离开的，那段生活都难以忘却，那方土地都魂牵梦绕，那是我们这些年轻人第一次离开家庭步入社会奉献青春的地方，是我们的第二故乡。这段经历以及由此而生的知青情结是很独特的，也是其他年龄群的人很难完全理解的。

凭着对社会底层的深刻了解和在泥土耕作中扎下的根基，这一代知青中涌现出大批人才，很多成长为杰出的政治人物。艰苦的环境也磨炼出那代人强大的韧性，赋予他们勇于面对挑战、荣辱贵贱皆能适应的能力和性格。甚至那对痛苦和贫穷的深刻体验，也成就了史铁生、路遥等一代独特的知青作家和大量的知青文学作品。

那一年千里东行后，我回到北京，可惜没有见到父母，他们双双去了冶金部在河南的"五七干校"。我只得寄宿在小姨家里，小姨又洗又煮地帮我清除了一身的虱子，并留下了那根与我一路形影相随的枸子斧把。

一晃38年过去了，今年回北京，姨夫居然找出了那根当年伴随我一路长征的枸子斧把，小姨说他们一直把它当做一件纪念品牢牢地珍藏着。睹物思情，那是一段苦难光荣青春流淌的历史，有人称青春无悔，有人道激情无知，也有人说不堪回首。对我来讲陕北的那片沉积厚重的古老高原，那些世代耕耘生养的父老乡亲是我生命中的一块基石。凡是对那片黄土地上的亲人拥有一份真情的，都是我的知己；凡是在那片黄土地上实实在在奋斗过的，都是我心目中的英雄。

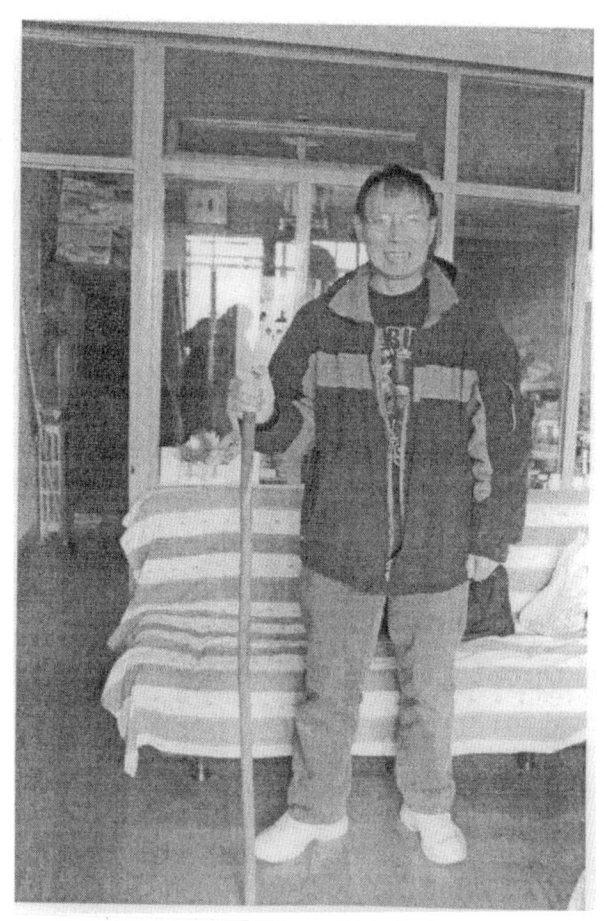

温东方手持当年东行用过的枸子斧把在北京的家中

江丹日记：一个都市女孩的农民之路

　　江丹20世纪80年代在延安大学中文系当过老师，她教的是汉语言文学专业一门很重要的基础课——《文学理论》。本书的具体编撰者就是她当年的学生，并留有很深的印象。那时江老师三十出头，高高的个子，身材丰满而结实，神情纯净而有点羞涩，突出的感觉是个温文尔雅的知识女性。同学们不是从语言，而是从神态上看出江老师不是土生土长的陕北人，因为都市姑娘的优雅在江老师的身上依然活力四射。同学们也没想到，江老师在陕北农村当过将近四年农民，似乎也难以想象他们年轻而优雅的江老师是怎么在延安偏僻落后的山村当农民的。因为此时的大学生已经几乎都是应届高中生了，他们没有这样的经历与体验。其实江老师与许多从城市来的同学一样，也是一位单纯的、内心充满着无限热情与梦幻的都市少女，也不乏调皮与浪漫。她是善良的，她的情愫是崇高的，她内心充满着真诚与坚强。正因为如此，她放弃了本可留京的机会，自觉自愿地来到穷乡僻壤的陕北农村。乡村的落后贫穷和繁重粗陋的劳动与生活是她始料未及的，这使这位单纯的都市少女多少有些狼狈，有些尴尬。但是乡亲们的纯朴、善良与她的内心是融和的。铜锅途中姬三、新贵两位当地青年农民那种近乎本能的无私和乐观；葛大爷长年累月为知青悄悄挑水，以及他朴实至极的理由"北京娃不容易"；被蝎子蜇了之后张老汉的果断施救；还有村里婆姨女子对日常生活的言传身教及细致入微的帮助。这一切使江丹——这位都市少女以及她的同伴们艰苦的插队生活有了温情。随着岁月的流逝，苦难消失了，劳累消失了，甚至冲天的豪情与满腹的愤懑也消失了，而温情却留下了，留在了知青的心中，留在了乡亲们的心中。

1969 年 1 月 25 日，到了革命圣地延安

今天是我们插队路上的第二天了，要从铜川坐大卡车到延安。刚上车时，我们高兴极了，站在车上又蹦又跳又唱，不一会儿就不行了，因为车开始走盘山路。啊，好险呀，车边不远就是山崖，直上直下的。我们坐在车上，越来越冷，我们都把头缩在棉袄里了，大家挤在一起相互取暖。我看见好多人睡着了，他们东摇西撞的，头咚咚地磕在卡车车帮上，都磕红了，可还是磕不醒。后来，我也和他们一样了。

不知过了多久，一个同学高声喊："你们快看呀，我看见宝塔山了！"忽的，所有同学都惊醒了，朝着他手指的方向看去，真的，宝塔山就在眼前了，这是我们向往已久的地方，是革命圣地到了，是我们的广阔天地到了。等我们想从车上站起来时，脚已经冻麻了，难怪从铜川到延安，我们整整坐了 12 个小时了。

听带队的领导说，延长离延安还有 90 公里呢，我们不知

道 90 公里是多远，反正我们是到了革命圣地，这里的山山水水、沟沟岔岔就是当年毛主席带领红军战斗过的地方，我们有志青年就要在这里启程。

注：很多人不理解当时我们为什么要去插队？是不是被强迫的？我的想法：插队是大势所趋，是被一种大的潮流裹挟进去的。当时，毛泽东被大家视为至高无上、视为神明，因此对他老人家的指示是崇拜、是不折不扣地执行。从内心来讲，就没有半点儿怀疑。我当时其实可以不走的，我被学校军宣队抽去为《人民日报》组织的"中小学如何办"的栏目组稿，但我偷偷转了户口，之后给妈妈打了个电话，就想着奔赴延安了。我至今为自己的选择不后悔。

1969 年 1 月 26 日，连滚带爬进了马家沟

太高兴了，我们终于到了插队的地方——陕西省延长县黑家堡公社。原以为到了公社就到了目的地，谁知吃过午饭后，焦志延、秦雷、褚月华、李国维和我被分在马家沟大队，一行人马还要走 20 多里地才能到村里。有几个壮小伙儿来接我们，他们把我们的行李装上小毛驴拉着的车子，我们背着包跟在小毛驴车后面上了路。公路虽然弯弯曲曲，但还好走。过了一条冰河之后，进了沟，这下可麻烦了，因为这里刚刚下过雪，又是窄窄的小路。我们深一脚、浅一脚，没走几步焦志延就摔了个大跟头，我们急忙把她拉起来。没想到走在前面的月华又来了个大马趴，我还在笑她，正笑着也跟着躺下了。也难怪，我们穿的全是塑料底棉鞋。今天我至少摔了十多个跟头，同伴们也不在话下。我们哪儿是走进沟的，纯粹是滚进来的，好不狼

狈。这个沟真不寻常，一点儿不像香山的樱桃沟。走在我们后边的老乡，把我们手提的大大小小的包全背在他身上，很奇怪他一个跟头也没摔。他还在笑我们，等我们回头看他时，他就绷起了脸，一路上一句话也不说。

我们终于住进了一个大窑洞，是永胜老汉的。安顿下来后，我才有心思看了看周围的环境，我们真是进了沟，窑洞在半坡上，后面是山，左右是山，对面也是一座座高山，白雪皑皑看不到边。窑洞长长的，一条长长的炕，足能睡上十几二十人，炕顶头是个灶台，窑最里头放了几个半人高的缸。

累了，休息吧。忽听外面有狗叫，我们连忙跑了出去。哇，小狗，一条小黄狗可爱极了。还来了一群娃娃围着看我们。于是我们把路上吃剩下的面包、馒头所有好吃的都喂了小狗，把带来的水果糖分给了这群娃娃。我们想跟他们聊聊，他们都说"害怕"，为什么"害怕"呢？

注：那一晚上我们在永胜老汉烧的热乎乎的炕上睡得可香了！刚到农村的我们，见什么都是新鲜的、兴奋的，对今后将要面临什么：艰苦也好、困难也好、饥饿也好、前途也好，没想那么多，正如娃娃们说的"害怕"，不是什么害怕，而是陕北话"咳不下"，是"不懂"、"不知道"的意思。

1969 年 1 月 28 日，队里开了欢迎会

我要补记昨天的日记，昨晚的事挺重要。

队里给我们开了欢迎会。队长在天快黑时就敲了钟，队里的钟挂在村中间的一棵歪脖树上。旁边有一口公窑，公窑可大了，是全村的会议室，窑掌有一个大大的炕。窑里没有电灯，

只有两盏煤油灯。我们被迎在炕上坐。老乡陆陆续续来了，大概到天黑时人快到齐了，全是男的。有的老乡上了炕；有的蹲在地上；有的自带凳子，蹲在凳子上。队长讲了一些话，全是陕北话，脸上没什么表情，只是到最后笑了笑，带头鼓掌。我们听得似懂非懂，大家跟着鼓掌，我们也跟着鼓掌。随后队长又开始讲话。一来他说的话我们不太懂；二来盘腿坐坐不住，只好半卧；三来老汉们全抽烟，窑里烟雾腾腾；四来炕上暖暖和和。我们几个知青互相看看，不一会儿全都昏昏入睡了。后来也不知怎么回的自己窑洞，接着又睡了。

注：这是我有生以来参加的最奇特的一次欢迎会。这里没有敲锣打鼓；没有彩旗飘扬；没有摆桌设宴。后来我才得知，尽管这些被欢迎者已经昏昏入睡了，老乡们仍然在这孔窑洞里决定了很多重要的事：一是定下为我们知青在村头打3孔窑洞；二是给我们分了种菜和种粮食的自留地；三是给我们每个知青定了工分，是按男劳力定的（因为我们要和男劳力一起干，觉得自己很行）；四是落实了给我们派一个做饭的大师傅……

想想当初，我们就像孩子一样幼稚、单纯，老乡们就像父母一样呵护我们，他们没有豪言壮语，有的只是纯朴、善良。

1969年2月15日，镉锅

唉，郁闷，今天郁闷之极了。本来挺高兴，早晨雪下得一阵大似一阵，可以不出工了，我们七手八脚开始做点儿好吃的。焦志延和面，国维在烧火，柴火大多都带刺儿，她的手扎出了好几处血，月华赶紧帮她拉风箱，秦雷开始给她整理柴火。突然间，我想起锅里还没放水，一看大铁锅已经烧红了，我急忙用大马勺从水缸里舀了一勺水，站上锅台倒了进去。只听"咔嚓"一声响，把我吓得跳下灶台，不好了，大铁锅一分为二，中间裂了一条长长的缝，水还在噼噼啪啪地爆，一会儿就把火浇灭了。大家全吓呆了，怎么办呢？我更是不知所措，不明白我怎么就做错了？错在哪儿了？

到了中午，姬三和新贵两个小伙儿来了，说是队长派他俩去甘谷驿集上给我们锔锅。我知道我做错了，坚持要跟他们一起去。

午后，雪仍在下。新贵用绳子把锅固定在他的背上，锅太大了，几乎覆盖了他的大半身，看不见头和肩膀。从马家沟到甘谷驿集上，要翻过一座大山，大约有十几、二十里地。上山还容易些，等到下山时，我真成了他们的累赘，地滑山陡，我的腿发软，怎么也迈不开步。他们就一个在前面顶住我的脚，一个在后面拉着我。雪片打在他们脸上，黑棉袄从外到里、从里到外湿透了。这么艰难他俩还在开玩笑。姬三敲着锅底说，这修锅的事常有，都怪铁匠打的不结实。听得出来他是在安慰我。我不忍心再让他们拉着走，索性坐在地上像滑滑梯一样往下滑。到集上时，我们3人全成了泥猴。我不知道锅是怎么锔上的，只知道回到队里时，天已经全黑了。谁也没责怪我一句，但我懊恼不已。

注：40多年过去了，这件事始终挥之不去。其实姬三和新贵没什么文化，也没大我几岁，但他们确实那么勇敢地面对困难、面对生活；那么乐观、积极；那么善解人意。这种精神潜移默化地影响了我们，影响着我们的后半生。

1969 年 2 月 25 日，担粪上山

今天下工后，我们几个做了一个决定：以后每天下工后，要轮流给五保户担一担水，好好练练我们的肩膀。

早晨队长让我们留在场上铡草，我们不干，非要和壮劳力一起担粪上山。谁知一到羊圈就来个下马威。羊粪经过一冬的发酵，有一股说不出的呛味儿，好在老乡按陕北的风俗习惯不让我们女子进羊圈，也只装了两个半筐粪就让我们担走。担担子真不是一件容易的事，担子担在肩上，不是往前倾就是往后仰，我只好用两只手找平衡。平路还好，该上山了，更费力了，气喘不上来、腿哆哆嗦嗦、肩膀生疼，只好往前拼两步就把担子放下，歇歇，没等上到山顶，粪已经快摔洒完了，太丢人了。

第二次上山时，春儿来给我指点迷津了。他让我跟着他，我学着他的样子，一步一步缓缓地悠着走，尽管仍没走到山顶，终归摸到点儿门道了。没想到，下山时又出了洋相。不小心，我的空筐从钩子上掉下来了，顺着斜坡往下滚，春儿飞快地跑下山给我去捡筐了，我颤颤巍巍下了山。

明天怎么办呢？看肩膀两边都磨破了，连手上也起了泡，腰酸腿疼，我难道真是手不能提肩不能挑吗？记得牛支书在送扁担时给我们提了那么多殷切的希望。他说过，这扁担用处大哩，乡亲们不只用它挑水担粪，还用他担过逃荒的儿女，担过打胡宗南的弹药……他希望我们能用扁担担起建设新延安的重任。我一定要下定决心、不怕牺牲，练出一副铁肩膀。

注：我印象中，陕北当时的劳作是太艰苦了。春天要抡起

四五斤重的老镢头开荒，大家排成一排，谁也不能少抡一下，一天要开出几大片山地，老镢头大约要抡起成百上千次。还要在山上挎着粪篓拿粪、播种。夏天要在山上锄地、割麦子、担麦子下山，中午顶着炎炎烈日在场上用连枷打麦子。秋天早晨4点钟就要上山背谷子，白天要收谷子、割玉米、挖红薯。冬天要担粪上山、打坝、修梯田……从事上述的劳作，对我们这些北京生、北京长，从未干过一点农活的十七八岁女孩来说，需要付出多大的艰辛可想而知了。大家全凭着坚强的信念和满腔的革命热情努力闯过了一关又一关。一年过去了，我们学会了各种农活，也磨炼了意志，更懂得了在我们中国，农民的艰辛、最底层人民的艰辛。用普通人的精神和思想逐步替代了学生腔。把最初的革命口号和纯真的理想变为一步步脚踏实地的现实。

1969 年 2 月 28 日，住上自己亲手挖的窑洞

一队长今天宣布，我们的 3 孔窑洞正式落成了。多神奇啊，一个多月前，这里还是一座山梁。这可是我们和老乡用自己的双手一起打成的。开始时用老镢头在山梁上斩出一个直上直下的面，然后在面上挖了 3 个半圆形的洞，再在洞口安上木头玻璃门窗，最后，在窑里盘上了炕、做了灶台、垒了烟囱。

我们的窑洞不深，又是玻璃窗，所以阳光明媚。窑外有一块平地，是我们的院子。院子没有围墙，下面是满坡的枣树。由于挖出的黄土把枣树干埋了不少，我们在坡上一伸手就能够够到枣树枝，等枣熟了我们随时都可以摘到甜甜的红枣了。坡下就是队里给我们分的几分菜地，我们都商量好了，等天再暖

和点儿，就在菜地里种上西红柿、黄瓜、茄子、韭菜。菜地对面，也就是过了小河沟就是我们的自留地，我们准备在那儿种上红薯、玉米、豆子。哈，我们的窑洞可暖和了，小猪和小狗也让它们住进了窑洞。小猪是我从另一个队的知青那儿用小筐装回来的小猪崽，现在圆滚滚的，像个大刺猬，毛是棕红的，不长架子，只长肉、圆圆的。据老乡讲，我们给它喂得太烫了。小狗我们给它取名叫"赛虎"，跟着我们很可怜，饥一顿饱一顿。可它天天守在窑洞外，很忠诚。

晚上我们一切安排就绪了，其乐融融。大家盘腿坐在炕上，围着煤油灯，开始写日记。

注：我们的窑洞真是让我留恋。它冬暖夏凉，窑外的枣红了，我们真的可以随手摘着吃。坡下的黄瓜、西红柿我们总是在上工前顺手摘下来，在小河沟里洗洗就吃。那时，我们真切地体会到什么叫"自己动手、丰衣足食"。

错误的是：把猪和狗请进了窑洞同住。不久我们在窑外养的鸡被狼叼走了；又不久在秦雷的褥子下面就发现了死老鼠；又过了不久，我们每个人身上都起了一串串的红包。老乡说，可能是水土不服，用烧热的黄土疙瘩在身上熨来熨去也不好。记得我回北京时，腿上的疙瘩和棉毛裤粘在一起，妈妈用温水洗下来，一个个脓包、一个个洞，后来我才恍然大悟，这些原来是跳蚤咬的。当时被它折磨的够呛，可却一点儿不懂，不知跳蚤为何物。

1969 年 5 月 4 日，在山上吃早饭

五四青年节，我们仍在劳动。天不亮就上了山，好在今天

锄黑豆，路不远，就在我们的窑顶上。

很多日子了，我们都在山上吃早饭。一听到钟声，各家各户把自家用布包着或用罐装着的早饭放到送饭人的两个大筐里，送饭人再担着筐送上山来。饭送到了，大家都在筐中找自家的饭，我们左找右找也没找到。于是，我们就扯开嗓子喊"秦雷"，秦雷一向做事认认真真、兢兢业业、一板一眼的。有一次，天下着小雨、漆黑一片，她坚持要给五保户担水，结果连人带桶掉进了水井池里，虽说池子不深，但她下半身也全湿透了。每次轮到她做饭时，总是比别人起来的早得多，今天也不例外。听到我们喊她，她跑出窑外，只见她头发乱乱的，脸上抹得黑一块、灰一快，嘴上不停地说："就好了，再等5分钟"。果然，5分钟后她气喘吁吁地上来了，给我们做的勺子扣出来的发糕。国维拿起来刚咬一口就吐了出来，小声说："没熟"，秦雷二话没说，急忙收拾起来说："我再重做"，说着又跑下了山。眼见着窑顶又冒出了浓烟。这时老乡把他们手中的各种各样的馍馍、饼子递过来，让我们吃。我们忍着"咕咕"叫的肚子谢绝了。眼睁睁地看着秦雷窑里窑外地跑，抱一遍柴火，又抱一遍柴火。将近中午时，我们终于吃上了早饭。

注：做饭，是一种生存能力，可是初到陕北时，我们面对的是长满大刺小刺的柴火、不听使唤的风箱、够着困难的大锅、缺油少米和各种没见过的五谷杂粮，要自己推磨碾米，总之，一切都是全新的，一切都要从头学起。不过，陕北的婆姨、女子手把手教会了我们许多，后来我们不仅擀出了薄薄的杂面条，还会自己做豆腐、荞麦疙坨、油馍馍……我们学会了生活，更学会了如何克服困难、面对挫折。事实证明：插过队

的知青都是生活的强者。

1969 年 6 月 10 日，被蝎子蛰了

有两天没记日记了，但前天发生的事我还要补记下来。

前天我们到马家沟后沟的山上锄地，6 月，陕北的天气已经暖和了，上了山，大家把鞋一脱，开始光脚锄地。这时，我们已经和老乡一样了，练出了一副副铁脚板。锄到地边时，我一不小心，踩上了一窝蝎子。这下麻烦事来了，蝎子不知蛰了脚趾头几口，我"啊"地叫了一声，张老汉赶紧跑了过来，他从肩膀上取下了烟袋锅，用手掏了一些烟油就往我脚上抹，一边抹一边对我说："傻女子，快些往山下跑，快些跑回窑里。"我也不懂为什么掉头就往山下跑，张老汉还在后边喊："跑快些，跑快些。"刚到山下，我的脚就从麻变疼了，我忍着疼接着跑，越跑越疼，好在一口气跑回了窑里。这时疼得更厉害了，不一会儿，从大拇指开始肿，越肿越厉害，从脚到小腿，再到大腿，肿得像大象腿，疼得我直掉眼泪。说心里话，这时候我可想家了，要是在家里，爸爸妈妈是医生，总能想办法让我消肿止疼。现在，我没有办法，就这样熬过两天了。老乡和我的战友们都在用各种办法安慰我、照顾我，可是对我的病却束手无策。

注：我的脚过了些日子就好了，我有些后怕，如果不是张老汉的烟袋油，不是我跑着下了山，恐怕得要大家把我抬下山了。当时的陕北真是缺医少药。记得有一次焦志延得了急性肠胃炎，老乡说是羊毛钉，给她在背上挑羊毛，背都挑破了胃炎也没有好。还有一次，褚月华嘴上烂了一块，老乡说是羊胡子

疮，把老山羊的胡子剪来烧成灰贴上去，结果越贴越厉害，最后抹了点带去的红霉素，很快就好了、痊愈了。我不敢想象，如果当时沟里有人得了重病会怎么办呢？为此，我们曾努力学习针灸，回京时，也尽量多学些医学常识，买些医学常识书带给老乡，带些常用的药回去，可毕竟这是杯水车薪。我们多盼望陕北能早早摆脱缺医少药的境况。

1970 年 1 月 20 日，去远山砍柴

眼看我们烧火的柴垛越来越矮了，我和褚月华决定去远处砍一次柴和编筐的树条。

早早吃了口饭我们就带上背绳往后沟走，过了后沟一直走到沟顶了，我们俩开始往山上爬。这里来的人少，能编筐的树条确实不少，还有一些树根，我们俩高兴坏了。轮起柴斧头砍了起来，正砍得起劲，只听"哇"的一声，褚月华不见了，我大声地喊着她，顺着她的声音找了过去。吓坏我了，她掉进了一个大坑里。坑很陡，怎么办呢？无论如何我也要把她救出来，可这时的她连摔带吓已经没了力气。我只好用砍柴斧修一道台阶，我拼命地砍呀，挖呀，好不容易在她的配合下，把她救了上来。眼看着太阳快落山了，我们这时感到又饿又累，已经筋疲力尽了。我们开始整理柴火，看来一下子背不回去了，整了两小捆，我准备背起来，结果刚站起来，腿一软，来了个前滚翻。再看褚月华，她连站起来的力气都没有了。这时，天越来越暗了，我们有些害怕了，因为我们听说过当地如果哪家死了婴儿，会在她背上划个十字，扔到山里让老鹰叼走。我们只能空手走回去了，可这时连走回去的力量几乎都没有了，感

觉眼前冒金星。我们俩靠在一起瑟瑟发抖。天上的星星已经若隐若现了，山黑黢黢地好像越来越高。迷迷糊糊的，好像听到有人喊我俩的名字，声音越来越近了，是有人来了，我俩欣喜若狂，用尽全身力气拼命答应着。是国维和两个老乡来接我们了，他们提着马灯，还提着一罐饭，国维见到我俩几乎哭了出来，从他们焦急的样子看出他们不知已经找了多久了。我俩二话没说，狼吞虎咽地吃完一罐饭，这时才想起从早晨天刚亮到天黑我们没吃饭、没喝水。坐在暖暖的炕上，我对国维说："没有你们的营救，我俩恐怕被老鹰叼走了。"

注：已经过去 40 多年了，这次砍柴的经历仍然历历在目。不过，褚月华说，他们在 2001 年回到过马家沟，那儿现在已经用上了天然气，再也不需要砍柴了，这真是天翻地覆的变化呀！

1970 年 1 月 26 日，打坝

打坝已经进入高潮了。不幸的是今天焦志延从土坡上摔下来了，摔坏了脚和腰。

后沟岔的坝打得还顺利，眼看就快打成了。今天大多数人都在用架子车运土、夯土。焦志延干活总是有股虎劲，她和几个老乡站在土坡上放土，两丈多高的斜坡上，不时有土疙瘩滚下来。突然间，有一磨盘大的土块向下涌，要出现塌方了。在这紧要关头，焦志延猛地扔掉铁锹，向土块扑了过去，顶住了土块。坝上的人和车躲开了，可是焦志延和那块土块一起滚了下来，土块砸在了她的身上，整个人埋在了土里几乎看不到了。土块和土仍在往下涌，不过速度已经减慢了，我们和老乡吓坏了，赶紧冲过去把她从土里刨了出来，只见她嘴里、脸上、头发、全身是黄土，已经动弹不得了，她为了保护下面的人腰和脚都受了伤。几个壮小伙儿把她抬回窑里，我们帮她洗去头上脸上的黄土，看她忍受剧烈疼痛的样子，心里有说不出的难过。虽然只是一瞬间，也许就是这一瞬间会给她的身体带来终生的创伤，可这一瞬间却体现了她的思想、感情、品质，相信她永远都会记住这一刻，记住这人生路上的重要一刻。

注：焦志延是高干子弟，原名叫焦小珍，为了响应毛主席"知识青年到农村去，接受贫下中农的再教育"的号召，毅然决然到延长插队，并把自己的名字改为"志延"。插队后她一直努力履行自己的诺言，严格要求自己，成为我们努力向上的榜样，曾被评为延长县知青模范，出席了县、地"积代会"。后来，她上了大学，当了干部，可她一直念念不忘马家沟的老乡。2001年她为马家沟的乡亲们捐赠了一所学校，一年后就竣工了，这里饱含了她多少辛苦，多少浓浓的情啊！

1970年7月15日，暴雨脱险

我们一大早就和老乡到知青窑洞对面的黄土山上锄地，早晨天还是好好的，但中午时分天色突然暗了下来，经验丰富的队长招呼收工，老乡们飞快地下了山。而我们想着什么急呢，慢慢地在后头走，没想到陕北的天变化真快，不一会儿，瓢泼大雨就下来了，眼前灰蒙蒙一片，泥泞的下山路一步一出溜，我们只能坐在陡峭的山坡上往下滑，情况异常危险。这时山脚下对面窑洞里的几位年轻力壮的老乡，看见我们没回去，不由分说冒着大雨，趟过溪水就上了山。一个人在我们下方用撅头刨坑，其他几个人在旁边扶着我们，硬是把我们一步一步扶下了山，当我们安全抵达山下的窑洞时，营救我们的老乡和我们浑身都成了泥球。

注：时隔了很多年，这次山上暴雨脱险的经历我们记忆犹新。陕北老乡纯朴、善良、见义勇为、在艰苦环境中异常坚毅顽强的精神给我们留下了永生难忘的记忆。

1970 年 9 月 15 日，绝不示弱

劳作了大半年，秋天来了，我们要到山上收黑豆。在陕北农村，没有先进的运输工具，只能靠人工背回来。按当地的习俗，姑娘婆姨是不上山的，只做场院的活计。而来自师大女附中的我们，虽然都是女生，但从不示弱，我们坚持与男劳力上山干一样的农活。种黑豆的那座山与场院相隔大约有四五里地。我们把黑豆秆割下来，老乡帮助打成捆，我们执意要背与男劳力一样大的捆。尤其是秦雷和国维，一米五的个头，也背着很大的捆。硕大的黑豆捆压在他们身上，只看到前边的黑豆捆在移动，却看不到前边的人，他们弯着腰走一段，汗水顺着脖子流，稍作休息，擦擦汗，再坚持走。就这样背到场院，一过秤，秦雷的 [那] 捆居然有 102 斤，已超过了她的体重。

注：劳动很累，但我们情绪高昂，心中充满了战胜困难、获得胜利后的喜悦。

1970 年 10 月 8 日，尝到了挨饿的滋味

夜深人静了，我却毫无睡意。明天我和北京干部老王就要

离开马家沟，搬到葛家圪台大队了。此时，我百感交集。然而，最让我不安的，还是看着窑外明天准备拉到新家的一袋又一袋的麦子、玉米、谷子、豆子……这么多的家当。这是我的同伴们省着、攒着，最后留给我的。

这几个月，我们的伙食越来越好，我们吃过烙饼摊鸡蛋，还吃过红烧肉。每当这时，尤其是今天晚上，我们刚来到队里，一起度春荒的情景更是一幕幕地浮现在眼前。刚来时，国家给我们供应几个月的毛粮，每月45斤。可能因为年轻长身体，或是干活吃得多，或许是计划性不够，总之，口粮极紧张。到了晚上每人只能喝两碗玉米糊糊或是馓豆粥，蒸好的发糕或窝窝头挂在墙上，眼巴巴看着不能吃，因为这是第二天白天的口粮。老乡东拼西凑，甚至把仅存喂牲口的玉米也省下来凑给我们，仍是不够吃。我们和婆姨们学着挖野菜，回来包菜团子，学着掺上榆树皮擀杂面条；学着腌萝卜、蔓菁；学着用土豆做主食。有一次，焦志延得了肠胃炎，吐得吃不了东西，我们从村头到村尾才攒够了一碗白面给她做点儿细粮。有一次，我妈妈从北京寄来了一斤做调料的虾米皮，打开包裹不一会儿，我们把它吃了个精光。有一次，队里放羊时摔死了一只小羊羔，送给知青煮煮吃，国维说，这是她有生以来吃到的最香的羊肉。

一个春天的饥饿，一段最艰苦的生活，可是我们大家齐心协力，在老乡的帮助下，终于战胜了饥饿，战胜了困难，用我们的双手双肩，收获了小麦、玉米、谷子、豆子……今天我最后悔歉疚的是：我们大丰收了，我的同伴们却都走了，他们没能吃上这些好东西。我也后悔怎么没让他们多换些粮票带走。

注：春荒时，我们的确尝到了挨饿的滋味，甚至是饿晕的滋味。当然，原因是多方面的，其中有我们缺乏生活、自我管理能力的原因，有从城市到农村生活环境巨大反差的原因等等。不管什么原因，从另外的角度看，苦难也教育、锤炼了我们。经过了饥饿，我们去掉了身上的骄娇二气，学会了忍耐和坚强；去掉了浮躁和怨天尤人，懂得了知足和幸福；去掉了空想的口号，学会了脚踏实地的生活。

在1970年的下半年，我们队的知青有的去了三线工厂，有的当上工农兵学员［上了大学］，有的在当地当了干部，因为只剩下两个人，所以和北京干部一起被合并到葛家圪台大队。

临走的那天晚上，我心里的确很不平静，回想起来，有对马家沟老乡的留恋；有对那里一沟一壑的不舍；有对被招工和上大学同伴们的思念；有独自留下的孤独；有对新家的憧憬……其中很重要的还是感慨那患难与共的战友情，毕竟在摸爬滚打中相互鼓励、相互搀扶下度过了一段最最艰苦的岁月，这份最真挚的情分，值得我们一生珍惜！

1970 年 10 月 11 日，难忘陕北老乡

昨晚可把我吓坏了。来葛家圪台队时间不长，环境也不熟悉。朦朦胧胧中，我好像听到有"咯吱"、"咯吱"的脚步声，一步一步由远而近，一直走到我们窗前，停了一会儿又像快步走了。会是小偷吗？会是坏人吗？来干什么的？

一大早我就起来了，发现窑前放了满满两大桶水，原来昨晚是有人给我们担水。可他是谁？为什么送水来呢？直到傍晚

时分，我才解开了这个谜。收工了，老乡三三两两，陆陆续续把他们各自背回的柴摞在我们的柴垛上。和我一同做饭的这个队的同学告诉我，从他们来队时起，队里就做了明文规定，把上工休息时砍的柴全部送给知青用，一年多了，老乡们天天这样做，没有一个人破坏规矩。正说着，那个同学手指着前边："你看，葛大爷来了，他就是送水的人。"我顺着他的手指看过去，葛大爷估计有五十开外了，紫铜色的脸膛，背有点驼，穿着个羊皮袄马夹，他把柴放在垛上，就点上一锅旱烟，"吧嗒、吧嗒"抽了几口，转身走了。

同学接着告诉我，葛大爷没结过婚，旧社会家里穷，是苦水里泡大的娃，娶不上个婆姨，新社会了，没个张罗的人，这事就撂下了。他干活可下力了，不爱言传，自从知青来了，他就坚持不断地给知青挑水，尤其到了刮风下雨、下雪天，更是一天不耽误。别人问起来，他只说："北京娃不容易"。听着同学的讲述，一股股暖流涌上心头。

注：我真的很想念葛大爷，想念延长县马家沟、葛家圪台的老乡们，他们是那么纯朴、善良、无私。他们高尚的品德深深地刻在了我们心里。

1972年4月12日，给娃娃们当老师

我被队里乡亲们推荐，准备过几天就要离开队里去陕西师范大学上大学了。今天队上的娃娃们给我送来了铅笔、本子、小镜子、小画片作为纪念，他们舍不得我，我也舍不得他们。

记得1971年春节过后，我和任修培就当上了村里的民办教师。说是小学，实际就是一口大窑洞，一、二、三年级的学

生在一起上课，大的有十三四岁，小的还穿着开裆裤。我教语文，任修培教数学。开始时，学生真是不好管，我又气又急。上课了，想往外跑就往外跑，想说话就随便说话。有一次，我刚要念课本，虎娃就和平娃打了起来，滚在一起弄得满身是土，满窑都是土。我大声喊着："出去，站到外边去罚站"。还有一次，我让14岁的妞妞念课文，她结结巴巴总是念不出来，我带着她念，念着念着她竟然哭了起来。没办法，我开始家访。虎娃的爹跟我说："我是个大老粗，没文化，可我想让虎娃好好读书，再不能当个睁眼瞎。老师你要觉得他不好管，打了骂了都成，不行就不让他上学了，让他干活吧，干活他可虎着呢。"妞妞妈含着眼泪跟我说："老师啊，多帮帮俺女子吧，我生养了十几个娃，就落下两个明白娃娃，我想让她给咱家争个气。"这两件事深深地触动了我。后来，我多了耐心，也更多地和娃娃们沟通，多给他们讲道理，多补课。终于在我的努力下，他们都有了很大进步。

注：我离开队里的那天，含着泪水的娃娃们和他们的父母一直把我送到公社，直到我坐上了汽车，他们还跟着汽车跑。想起这般情景，我只有遗憾，我为他们做的事太少了。不过，我在陕西师范大学毕业后，又回到延安大学当了8年教师，这也算对陕北的乡亲们的一点点小小的补偿吧。

日记拾零：撒落在记忆深处的艰难与温情

　　这是几则零散的日记，有的活泼而温情，有的艰难而苦涩，也有的压重而严肃。马成英的知青工作日记虽短，但也颇有史料价值。总之它们都从不同的侧面反映了北京知青在延安下乡插队的生活和心态，使我们感受到那个年代的脉搏，以及那一代知识青年的心路历程。感叹也好，惊疑也罢，仁者见仁，智者见智，但那种纯净、博大的情怀总是不能抹杀的。

　　本辑最后的几则日记是比较特殊的日记，日记的作者冯松是北京知青的后代。父母带着正上中学的冯松回延安，来到父母曾插队的村子里参观，冯松在这短短三天的日记里写下了他的所见所闻所感。从知青孩子的眼里、心中感受当年北京知青的上山下乡，也许是认识这场运动的又一重要视角。

一、赵红梅日记一则

1969 年 × 月 × 日　晴

　　今天，轮我做饭。天没亮就来到灶房。先用柴把煤引着，随着风箱"呼啦啦"地扇着，煤着旺了。上山的人们已经走了，锅里的水开了，淘碗小米倒进去；放上蒸屉，铺上屉布。今天的主食是蒸黄儿（类似北京的发糕）。我把发好的玉米面搬过来，放上泡好的碱水，就拉起风箱。蒸气弥漫了整个灶房，加上些炭渣让火慢慢着；油锅热了，把切好的菜瓜片倒进去，撒上盐来回翻炒几下，盛出满满一脸盆。这时黄儿熟了，另取一个盖帘洒上凉水，把蒸屉倒扣在盖帘上，用刀切成大条，再用线勒成一个个小方块，码在筐里盖上屉布。

门外传来了梁队长的吆喝声："送饭喽——"今儿是梅占津送饭，他帮着把米汤盛到大罐里，挑着饭菜和队长一起上山了。我在涮锅水里倒些麸皮、红薯梗，用文火煨着。自己吃了两块黄儿，就去挑水。井在坡下，担着满满两桶水上一个30度的斜坡才能到灶房。缸满了，锅里的猪食也好了。我将煮好的麸皮红薯梗搅一搅盛到猪食桶内。把锅涮干净，放上水，把火封好。该去喂猪了，还没走到猪圈，就听见那猪哼哧哧地拱圈门。见我来了，使劲地咂着嘴。猪食勺还没落到槽里，它就扑上来。一桶食没五分钟就吃得光光的，那肚子撑得滚圆，摇摇晃晃地回到草堆上打呼噜去了。

我提着篮子，叫上邻居娥儿。一起到自留地摘豆角。今年我们自留地种的玉米间套着架豆［角］，一串串豆角挂在玉米秆上，不一会儿就摘满一筐。我看玉米棒子已经饱了粒儿，就掰了十几个。回到灶房，兰子来了，她和娥儿是知青的熟客，今儿赶上例假没出工。我们一边摘着豆角，一边拉话儿。队长婆姨端着碗酸菜来了，有白菜、胡萝卜、洋芋，自打到这儿每天都有老乡送酸菜。

说笑着，菜择好了。该筛炉渣了，我把灶下的炉渣撮进筐里，搬到当街架在块石头上，使劲儿地摇着，沫子掉下去，筐里只剩下炉渣。把烧干净的炉渣捡上去，留下，炭渣倒在煤旁，与好煤掺着使。正在这时听见有人喊："谁家的猪跑出来了？"我赶忙跑到猪圈："是我们的猪，它把圈门拱开了。""喽喽喽儿！"我大声叫着。有人把猪赶过来，帮着我把猪圈好。他看着我满脸的灰问道："你是北京娃吧？"我尴尬地站着，双手紧贴在围裙上。队长婆姨走过来说："这是公社白书记。"我更不知如何是好了。白书记笑了，他问我们知青习惯不习惯。还有什么困难？最后邀请我们去公社串串。该做后晌饭了。我先把青棒子煮在锅里，就去和杂面，十几人吃面条，得和五六斤。我一点点地揣着，揣匀了用湿布盖好醒着。又将豆角丁放在油锅里炒炒，放点酱和盐。兑满一锅水让豆角煮着。随后把一块长1米5、宽1米的案板搬到炕沿上，用那长1米的擀杖，将一块块面擀成片。切成细细的条，摆放在盖帘上。棒子熟了，捞出来放在盆里，将煮棒子水盛到猪食桶内用盖闷上。再放进清水把酸菜切成细丝放在大海碗里。这时窑畔上传来了牛群的嗒嗒声。上山干活的人们回来了，我拉起风箱，把火烧旺。同学们到河里去洗脸了。锅开了，我把面拌开放进去，轻轻用筷子搅动着，水开了几滚，把面捞到盛有凉水的大盆里。同学们回来了，看到盆里的棒子，你争我抢，人手一个，大口地嚼着。"真香"，吃完棒子，又端起面条，加上豆角丁和酸菜满满一海碗，呼噜噜地吃起来，半个小时的功夫面条一扫而光。智珠、万英去喂猪，颖光帮着收拾灶房，我把第二天蒸黄儿的面发上，放在灶头上又把火封好。天已经黑了，关上灶门，4个人一起回到宿舍，各人都点上盏小灯，捧着各自的书读了起来。

二、丁淑敏日记六则

引子：翻开尘封的日记，40年了，那曾经的知青岁月鲜活、生动，历历在目地跃然纸上。我庆幸保留了这些日记，是它们让我的青春留下细致入微的痕迹。

乘专车从北京至铜川，再乘敞篷卡车抵达黄陵县隆坊公社，再由各生产队接到每个村。从学习做农家饭，到熟悉每一种农活，经历冬春夏秋四季的雪雨风霜。参加"五·七"连水库修建会战，徒步拉练360里，从黄陵到延安，接受延安革命传统教育，与解放军医疗队联谊。从入团到入党，从知青转为公社干部，全身心投入延安建设的那段特殊年代。

我在延安插队工作近11年，历经上山下乡的高潮到"文革"结束，迎来十一届三中全会的召开。我们迈步在历史赋予老三届知青所能经历的道路上，丰富了青春的内涵，不可避免地带有时代的印记。当年插队时，我不满16周岁，现在已经退休。记得《钢铁是怎样炼成的》中有这样的一段话："当回首往事的时候，不因虚度年华而悔恨，也不因碌碌无为而羞耻……"我感觉，经历了上山下乡的知青，都拥有无悔的青春岁月，有清纯，有苦涩，有艰难，也有快乐，但更多的是锻炼，是磨砺。我们和共和国一起经风雨，见世面，共同成长。摘录日记的点点滴滴，以纪念北京知青插队并工作于延安的那些日子。

1969 年 1 月 24 日

22 日早 6 点到学校，在全校师生的欢送下，乘汽车到北京站。10 点 34 分火车启动，离开首都和家人，奔赴延安插队。晚 10 点多过黄河。23 日早 7 点多过华山。下午 3 点到铜川市，住在铜中，在铜川市革委会吃了两顿饭。24 日早上 6 点多，乘解放军开的带篷大卡车，直奔隆坊公社。共行驶 4 个多小时，200 多里地。途经黄陵县城，未停车。汽车一直行驶在丘陵山区，到处是黄土沟壑。过了黄陵就都是土路，特别陡，一会儿上山，一会儿下坡，天上飘着小雪，特别冷。车开得很有技术，挺快，汽车溅起的黄土弄得满身都是，每个人都像土猴似的，口罩上都落了厚厚的一层。

中午 12 点多到隆坊，吃了中午饭。下午，各队的老乡用小驴车把我们接到队里。

1969 年 2 月 5 日

这几天，我们开始自己做饭。刚到队里的那些天，由生产队派一位大娘为我们做饭。将近中午，我把灶火点着，昨晚就发了面，放上两层的笼屉，蒸馒头。约半个钟头后，开始炒菜。炒菜锅在灶台靠近土炕处，与蒸锅相连。火烧得很旺，但炒菜锅却不太热，我又加大了火，并向里烧。一会儿，有人说闻着煳味了。我赶紧撤火，端下笼屉，可是已经晚了。锅早已烧干了，笼屉散了架，刚端离锅就轰的一下着火了，其他人赶紧过来帮忙。我心里感到害怕，特别慌乱。几天都没学会做饭，这次还差点把锅烧炸了，笼屉也毁了，心里真不是滋味，眼泪跟着滚了下来。

我饭也没吃，找了一个僻静地方，独自坐下。我想不能这样无能，一定要学会做饭，突破这一关。

1969 年 7 月 4 日

中午，天阴得厉害，我们在场屋躲雨，暴雨瓢泼般地倾泻着，还夹着冰雹，一直下了有半个多钟头，才向西南刮去。我还是第一次见到这样大的暴雨，而且越下越大。场边的大坑都灌满了，向场上倾流。

我们村子地势低，大路上的雨水都向村里涌来。我和李玉香返回村里，人们都出来了，到处都是泥泞，耳朵里充满了流水的巨大声响。刘家的一棵老槐树被雷击了，劈下来两个大树杈，把路都挡住了。涝池的水溢出来向村南倾斜着，像个瀑布似的，从土崖边老木匠家边上，冲出一个大裂缝，飞泄着奔向担水沟。街上水流成河，趟水来到牛家，更是一个惊人的场面。水从窑洞顶上喷下来，冲刷着窑洞和厕所，叶其荣吓得把铺盖和生活用品搬到邻近的老乡家。赵柏林在二队窑背后跌进水坑，浑身都湿透了。

整个村子都被暴雨无情地冲刷过了，满眼都是黄土、泥泞和流水。村里老乡说，如果下大雨，村里就是这样。人们不知疲倦地到处奔走，询问着，查看着。

这场暴雨对庄稼损害极大，沟滩地的玉米都被水冲平了，套种的豆子全部淹死了。老乡说，往年收成都靠沟滩地的玉米，今年肯定减产了，少打几十担。

听说对面梁园子村里的马被暴雨冲走了，全村的老乡都下沟寻马去了。

1969 年 8 月 31 日

今天分别给爸爸和姐姐回信。爸爸去了河南的五七干校，姐姐比我早一年去了东北建设兵团。我在信上告诉他们，现在农活不忙，有时上窑修建。近几天开始拉粪，准备种麦子了。今年秋庄稼都长得不错，谷子、糜子、荞麦长势都很好。就是玉米不如往年，因为 7 月的暴雨，可能会减产。

麦收后，交完公粮，进行了分红，知青每人 60 斤麦子（其中有奖励粮，按工分算，出勤多的奖励多；今年每个劳动日约合 7 两多，往年有 1 斤多的），10 元钱。村里还没有通电，公社离我们村 7 里地，有发电设备，可以听到公社的有线广播。村里马上就要成立合作医疗，药品也买了，成立了医疗小组。赤脚医生已经去公社卫生院学习，以后小病就不用出村了。合作医疗是每人出 5 角钱，村里给出 1 元。看病每次付 5 分，药费 5 角以下公费，超出部分自己付。

1969 年 9 月 29 日

从 9 月 19 日起，就开始下连阴雨，已经 11 天了。这种鬼天气我以前从未遇到过。雨下得人人心里都很烦，本来庄稼都开始收割了，也只好淋在地里。塬上的玉米和高粱都收了一些，当地人吃不惯高粱，都拿来喂牲口。我们学老乡用高粱秆扎盖帘，还作了些刷锅用的刷子。

因为下雨，队里绞水的绳子也掉到井里了（这里的水井有 100 多米深），后来借了外队的绳子也掉下去了。天下雨，井又深，不敢派人下井打捞，吃水都成了问题。没法子，只好学老乡，把缸搬到院子里，接雨水吃。这个法子真见效，还不到一天的功夫。两个水缸就都满了。知青都说，这是吃地上的粮，喝天上的水，这法子比绞水可省事多了。

1970 年 7 月 3 日

目前为止每家分了两斗麦，再分就只有芒麦了，但是芒麦长势不太好。秃麦除交公粮外，再储存一些，已经所剩无几。今年的麦子收成和去年相比差得很远。因为风寒（冬旱）、春冻、返青时发生虫灾，还多亏今年化肥施得多些，要不然将不可想象。

今年的麦子产量和去年相比差得很远，每亩平均只有 80 斤，总共收了不到 100 担。去年亩产 130 斤、共收了 170 担。今年如果有 200 担，除交公购粮，再留种子、储存粮，就很富裕。

三、李革资（李英增）日记选

引言：在毛主席"知识青年到农村去，接受贫下中农的再教育"的指示号召下，1969 年我们班 7 个女生自愿由首都北京来到革命圣地延安，我在农村和南塔煤矿生活了近 8 年，这是我一生中难忘的 8 年，收获最大的 8 年。曾出席过偏桥公社、宜君县积极分子代表大会和延安地区妇女代表大会。回忆往事，到延安插队是我青年时期做得最有意义的一件事。

1970 年 7 月 5 日

村里让我去公社开积代会，作为贫下中农扎针灸解除病痛的发言，我特别惭愧，因为自己在各方面做得还不够，距党和毛主席的要求，距贫下中农的希望还相差很远，只有去了好好向别人学习，更努力地改造自己吧。

1970 年 7 月 10 日

从一点一滴小事做起，用自己的行动填写入党志愿书。

1970 年 7 月 12 日

对革命无限忠诚，为人民鞠躬尽瘁。虚伪是与这种思想背道而驰的，是小资产阶级思想的表现。我一定要克服头脑中的小资产阶级思想意识，做一个诚心诚意为人民服务的人。

1970 年 7 月 15 日

彭村啊，我现在爱上了你，我有决心、有信心和贫下中农一起改造我村的落后面貌，要在改造客观世界的同时，努力改造主观世界。

1970 年 7 月 16 日

责己严，责人宽，看一个同志首先要看他的长处，要用自己的短处和别人的长处比。那种总拿别人的短处和自己长处比的人永远不会进步！

1970 年 7 月 17 日

一对红计划：为了更好地改造世界观，实现全知青小组一片红，使我们尽快地适合革命的需要，为建设革命圣地延安贡献力量，我和小刘结成了一对红。我们有决心一起努力学习毛主席著作，一起斗私批修，一起开展革命大批判，一起虚心接受再教育，一起刻苦改造世界观，共同携手前进，努力奋斗，特制定以下计划：

一、要用只争朝夕、挤和钻的精神学习毛主席著作。坚持 3 天学习一次，要做到结合实际学，带着问题学，并写学习笔记。

二、要团结友爱，经常谈心，开展批评自我批评，不断斗私批修，从关心、爱护、帮助同志出发，和大家建立深厚的阶级感情。

三、全心全意为贫下中农服务，想贫下中农所想，急贫下中农所急，用完全彻底和两个极端两把尺子检查和衡量自己，做贫下中农的好女儿、贴心人。

四、学毛主席著作要在用字上狠下功夫，发扬一不怕苦，二不怕死，革命加拼命，苦干加巧干的精神，在生产劳动中起先锋模范带头作用，为建设革命圣地延安，为改变我村的落后面貌而努力奋斗！

1970 年 7 月 31 日

现在青年时期的时间是多么宝贵呀！我要珍惜它、抓紧它，用好它，把自己的一分一秒成为为人民服务的时间，把自己的一分一秒成为改造世界观的时间，把自己的一分一秒用战无不胜的毛泽东思想来统帅，决不能让它滑掉，决不肯让"私字"占领，要和"私字"争时间、争战场、争胜败。

1970 年 8 月 2 日

每件事第一次做时，要虚心向别人学习，向别人请教，然后再在实践中、在斗争中锻炼，不懂就是不懂，不要装懂，要放下臭架子，要不耻下问，恭恭敬敬地学，老老实实地学。

1970 年 8 月 4 日

出身不好是坏事，但也可以变成好事，那就是严格要求自己，虚心向别人学习，刻苦改造世界观，那坏事就可变成好事，就可加速思想革命化，使自己尽快成为无产阶级革命事业接班人。

1970 年 8 月 5 日

我真没想到这么快就要离开彭村了，说老实话我真舍不得彭村，舍不得贫下中农们，我与这里的一草一木、一山一水，结下了感情。是彭村使我懂得了延安精神，懂得了自力更生，学会了磨面、砍柴、锄地、耕地、播种、插秧等等农活，锻炼了我的革命意志，和贫下中农建立了深厚的感情。我深深地爱上了农村，爱上了我的第二个家乡——彭村。

1970 年 8 月 7 日

今天来到了新的战斗岗位南塔煤矿，这里的一切都是自力更生、白手起家，体现了延安精神。我要在新岗位上更刻苦地学习毛主席著作，用毛泽东思想解决自己的活思想，战胜非无产阶级思想，在新家能够为人民立新功，接受好工人阶级再教育。

1970 年 10 月 9 日

我周围的每个同学都有值得我学习的地方：向小张学习对工作认真负责、不怕苦；向小柴学习敢说敢干，坚持真理；向小闾学习工作踏实、认真细心；向小郭学习以革命利益为重，服从分配；向小潘学习性格直爽，关心集体；向小刘学习热心助人，团结同志。

1970 年 11 月 5 日

来到南塔煤矿，每月有 37 元的工资了，我要每月给村里同学寄 5 元，让他们买酱油等零花用，我也算是家里第一个出来工作的人了，帮帮村里的同学是应该的。

1971 年 2 月 13 日

最近自己的事务工作多，但不能把学习时间挤掉，不能成为没有政治头脑的人。最近几天没学习就感到遇事没主意，问题越多越忙越不能忘记学习毛主席著作，要用毛泽东思想指导自己的行动，做到理论联系实际。

1971 年 3 月 7 日

越是困难，越是没有把握的事，越要干，事在人为，怕字当头，什么事情都干不成。

四、吕青子日记一篇

1969 年 1 月 17 日

1969 年 1 月 17 日，这是我一生中难忘的一天。就是在这一天，我离开了首都——北京，离开了毛主席身边，在与工农相结合的道路上迈出了第一步。这一步将是我生活的新的起点，因为我将接受贫下中农的再教育。自己是否真学习了毛书席著作？还要在今后的大风大浪中得到严峻的考验！这一步是否迈的是结结实实的一步？还要有贫下中农来打这个满分！任重而道远，前途无比光明，这是毛主席指引的道路，紧跟就是胜利！

立下愚公移山志，敢教日月换新天！
人类解放我解放，定叫全球换新装！
小将立下豪誓言，誓叫宇宙红彤彤！
红心永向毛主席，一辈子紧跟志不移！

政治生活计划：

最高指示："没有坚定正确的政治方向，就等于没有灵魂。"我的一生必须是为人民服务的一生，斗私批修的一生，用毛泽东思想统帅一切的一生。而决不能做一个"人不为己，天诛地灭"、怕死、自私自利、鼠目寸光、无所作为、庸庸碌碌的资产阶级寄生虫。

1. 早上必须 7：00 起（农闲时）

2. 第一件事早请示（声音要大，要洪亮，要满怀着对毛主席无限忠诚的心情，要严肃认真）

3. 梳洗（动作要快）

4. 烧水

5. 学习，天天读（雷打不动）

6. 做饭

7. 到贫下中农家，访贫问苦，宣传毛泽东思想（包括帮助贫下中农做好事，要把贫下中农看成是自己的亲人，一家人）

8. 干活（和以上兼顾，灵活机动）（要不怕苦，不怕累，拣重担子挑）干前必学毛主席的教导

9. 做饭

10. 到贫下中农家帮助老农识字，学习毛主席著作

11. 学习班活动（晚汇报）

12. 睡前必读毛主席著作

团结、紧张、严肃、活泼

五、马成英知青工作日记三则

1969 年 1 月 7 日

谈延安任务

杨向勤：山西晋东南原任务 3000 人，而后主席的最高指示下来，去了 6000 人之多。回原籍的已有 1200 多人，每天 70—80 人，最多达每天办理 130 多人。

延安任务全市3万人，分宣武区3000人，延安县1000人，甘泉县2000人，范围是66和67届的毕业生，68届个别要求坚决去的也可以去。社会青年由居民革命委员会介绍回学校一块分配。但必须互相搭配，不要集中。半工半读学校有部分也上山下乡。兵、工、农兼顾。布票平均20市尺，4斤棉花，9元钱。困难多补助，不困难的不补助。小平均具体工作中也可以10市尺、2斤，9元钱不能小平均。春节以前一定要完成，尤其是这月底、下月初完成。20日前完成审批，20号以后编队排出第一列车。

1969年8月20日

北京市宣武区慰问团来甘泉县时的汇报完毕（慰问团成员，15人）：慰问226人。

大部分同学思想情绪很好，从来到走很热情，欢迎。从生活上看有人管，生产上有人教，政治上有人管，大部分同学树立了在农村干一辈子革命［的思想］。南义沟二队为了保护小麦，有着一不怕苦，二不怕死的精神；南寨子李惠英下稻田抢救稻子；南义沟三队周国春爱护小羊羔，给钱至今不要；麻子街宣传毛泽东思想，画毛主席像，最新指示下来，写出贴外，油印发外，地头读报；道镇六队学习抓得很紧，5天学习一次，通过学习加强团结，张成孙劳动有一次昏过去了；寺沟河郑秋风的思想转变，杨淑芬劳动跌伤的事迹。贫下中农欢迎知识青年。南寨子三次接知识青年；象鼻子湾一个老红军讲革命故事；六队帮贫下中农挑水、扫院，象鼻子湾吃的菜几乎是贫下中农给的；夏红娜病了，贫下中农送到医院，做面条；劳动上大部分农活已会做，过节贫下中农请他们去吃饭；麻子街一队端阳节把稻籽送给学生，二队做了豆腐等；六里峁尹志华教育知识青年学习，搞好团结，春节怕想家，给讲革命故事；米家沟7—10天学习一天，分灶时办了学习班，由3个灶合成了一个灶。女5中计划用粮。

反映问题：

1. 吃粮问题供应到9月份，［因］新粮［还］不得［能］下来。

2. 政治学习应该有人抓，三结合领导小组应组织发挥作用。

3. 互相串连，还是比较多的。

4. 住石窑解决得不多，安家费不够，放粮没有地方，安置费控制过紧或过松。

闫永升（道镇公社书记）：

知识青年对工作帮助很大，活学活用毛主席著作突出政治带动很大，不怕麻烦、不怕累，在劳动生产上真正是农业战线的大助手。寺沟河知识青年积极参加农田基本建设。

①吃粮问题作一反映。

②知识青年的政治学习，我们再进一步强调。

③干部应经常下乡检查。

④贫下中农有些地方管得也不够。

1969年8月22日晚

北京市宣武区慰问团来甘泉县时的总结会议。

倪（政委，慰问团的负责人）：

①"三结合"的领导小组存在，但没有具体落实，学习时间也没有落实，有的有报纸，有的队反映没有报纸可以学习，有的队反映"贫下中农不敢管我们了"。

②生活上自力更生，安排上因年龄小，父母不在身边，已独立生活，国家粮食不供应以后吃饭怎么办？象鼻子湾就有一个学生在老乡家吃饭，每月交60斤粮票、16元伙食费。

③对知识青年管理得不严，出现了打、砸、抢等坏现象，威胁行人的安全。听了北京的消息大快人心，要求上面加强管理。

④学生的安家费如何支用不够了解，生活、房屋、农灶具要多少？道镇五队把安家费作为回家的路费；柴窑队把钱支给黑户打窑，结果窑未打成；坡底把安家费买了牲口。给学生送毛主席像等，用〔从〕安家费里扣钱。

⑤枣林大队的男同学调队是否再做细致的工作，搞通思想。

⑥石门队（43中）同学之间不团结的现象，（戴宝莉17岁，和队长哥的娃有婚姻问题的想法，吴振欢很好，秦正声差）。

⑦柴窑二队的几个学生没有参加会议，大队并把这几个学生的档案向大家作介绍。

注：在道镇慰问的有倪政委、60中的李汉英、15中的毕某、95中的李某、女7中的芦某、63中的陈某。

马成英，甘泉县退休干部。

六、冯松夏令营日记三则

7月21日 星期四 晴

今天是我们来延安的第二天，我和我的夏令营同学们一起去参观了那些老一辈革命家战斗、工作过的地方。

上午，我们乘车来到杨家岭，开始了第一站的参观。刚进杨家岭，我们就远远望见一座灰色的庞大建筑物。走近一看，这座大楼上从右至左雕刻着"中央大礼堂"5个大字，显得庄严、肃穆，好像是举行什么重大活动的地方。我们踏着青石砖走了进去，这里可真宽阔！共有几十排长凳，可容纳几百人。主席台幕后还挂着毛主席画像。据说这里是开共产党第七次全国代表大会的地方，现在还保留着当时开会的景象。出了大礼堂，我们上山参观了毛主席等老一辈革命家住过的窑洞，看到了他们当年艰苦的生活，大家都受益匪浅。

下午，我们参观了凤凰山、王家坪、枣园和延安革命历史博物馆。在凤凰山，我们亲手摸了周总理用过的纺车；在王家坪，我们看到了真正的防空洞；在枣园，我们和大人们一起扭秧歌；在延安革命纪念馆里，我们不但看到了真正的枪弹和武器，还欣赏了当地人民表演的精彩节目。

今天，我们看到了以前只能在电影里见到的东西，从中看到了当年那些老一辈革命家那种艰苦奋斗的精神，我们要把这种精神发扬下去。

7月23日　星期六　阴

今天，夏令营的老师们交给了我们一个特殊任务，就是让爸爸妈妈当导游，带我们去他们当年插队生活过的村里去看看。

一大早，我就和妈妈坐上了回村的汽车，来到了妈妈插队的蜀旺村。村子很穷，村委没有办公室，只能在这里的小学校里招待客人。村长领着我们进了一间教室，这里很小，大概只能容纳20几个人吧。墙的四壁贴着毛泽东、马克思、恩格斯和斯大林的画像，教室前面有一块黑板，后面是同学们书法、绘画、作文等优秀作品的展览栏。他们的条件虽然不好，但学习得非常刻苦，很多展览的优秀作品比北京孩子的都好！看到这些，我感到我们在北京这样优越的条件下，更没有理由不好好学习了。后来我又随妈妈去了她以前住过的窑洞，这些窑洞因长久没人住都塌了，但妈妈看到了她以前住过的地方，回忆起往事不禁流下了热泪。我心里也难受，觉得妈妈当年生活很苦。不久，我们便告别了这里，到各个老乡家去看望他们。每位老乡都热情地招待我们，妈妈也像见到了久别的亲人似的激动地流下眼泪。老乡们总是送这送那，把家里最好的东西都送给了我们，我想当年他们也是这样关怀过我的妈妈，难怪妈妈一提起他们就流泪。

今天，我还看到了怎样做烤烟，认识了不少农作物，而且我还决心长大为妈妈插队的村里致富出一把力！

7月28日　星期四　晴

今天，是我们告别延安的日子。大家都舍不得离开延安，离开那些真诚朴实的延安人。

  去火车站前，我们吃了在延安的最后一顿早餐，便背上书包，匆匆地踏上了去火车站的汽车。在车上，一直带我们参观的"青旅"的阿姨对我们的表现作了总结，并夸我们是"好娃子"，让我们回北京要更加努力地学习。

  到了火车站，我们排队进站，那些由当地少先队员组成的鼓号队又开始吹奏起来，我们招着手踏上了去西安的火车。在车上，我们一个劲地向外看，想最后看一眼延安，最后看一眼延安人。不久，火车开了，有很多同学都哭了。我也激动起来。这几天的活动，使我们长了知识，也使我们见到了真情。有人问我们："这里什么最好？"我们回答："这的人最好！"当地老乡对我们说："以后你们长大了，把这里当自个家来住，啥时来，我们都欢迎！"会的，我们一定会再来，我们永远忘不了延安，忘不了那些延安人！

后 记

作为北京知青与延安丛书的第三卷，这部《鸿书私语——我的心路历程》所辑录的日记和家书是当年来延安插队知青心路历程的一个展示。

书信和日记具有较强的私密性，因此，在资料征集方面，难度较大。但为了使北京知青与延安丛书的内容更加丰富，在原北京知青及延安市所属县（区）档案馆及各地"北京知青联谊会"的大力支持与积极协助下，丛书编委会在众多的知青日记和家书中，遴选出具有典型意义和代表意义的部分日记和家书，从中可窥视出知青当年的心灵世界，可以体会到知青父母、亲戚、同学对他们揪心牵挂和思恋之情。唐人孟郊有诗："慈母手中线，游子身上衣。临行密密缝，意恐迟迟归。谁言寸草心，报得三春晖！"诗中的寓意，或可视为是对《鸿书私语》的一种解读。

言为心声，日记和家书是最真诚的心声的袒露。尽管本书所收录的只是部分知青的日记和书信，但从一滴水中可以照射出太阳的光辉。延安大学马列学院曾鹿平教授在具体负责本书的编辑，撰写导读及评述中，秉持日记和书信的原创性，所评所述准确生动，对该书的完成付出了心血。尽管通过网站、文件和各县知青联谊会发了征稿启事，但资料征集还是不够丰富，因此，本书肯定存在一些不足。我们希望本书能够起到抛砖引玉的作用，使更多的人关注这方面的资料收集及研究出版工作，以借鉴历史，开拓未来。

北京知青与延安丛书编委会

2014 年 10 月

图书在版编目（CIP）数据

鸿书私语：我的心路历程／北京知青与延安丛书编委会主编.
—北京：中央编译出版社，2015.2
（北京知青与延安丛书）
ISBN 978－7－5117－2567－7

Ⅰ.①鸿…
Ⅱ.①北…
Ⅲ.①书信集－中国－当代　②日记－作品集－中国－当代
Ⅳ.①I267.5

中国版本图书馆 CIP 数据核字（2015）第 029258 号

鸿书私语：我的心路历程

出　版　人：刘明清
责任编辑：苗永姝
责任印制：尹　珺
出版发行：中央编译出版社
地　　址：北京西城区车公庄大街乙5号鸿儒大厦B座（100044）
电　　话：（010）52612345（总编室）　　　（010）52612335（编辑室）
　　　　　（010）52612316（发行部）　　　（010）52612317（网络销售）
　　　　　（010）52612346（馆配部）　　　（010）55626985（读者服务部）
传　　真：（010）66515838
经　　销：全国新华书店
印　　刷：北京华联印刷有限公司
开　　本：787毫米×1092毫米　1/16
字　　数：297千字
印　　张：27.5
版　　次：2015年2月第1版第1次印刷
定　　价：75.00元

网　　址：www.cctphome.com　　　　邮　　箱：cctp@cctphome.com
新浪微博：@中央编译出版社　　　　微　　信：中央编译出版社（ID: cctphome）
淘宝店铺：中央编译出版社直销店（http://shop108367160.taobao.com）
　　　　　（010）52612349

本社常年法律顾问：北京市吴栾赵阎律师事务所律师　闫军　梁勤
凡有印装质量问题，本社负责调换，电话：（010）55626985